西方陆军机械化作战战术

[英]吉姆·斯托尔 —— 著

朱任东 —— 译

台海出版社

北京市版权局著作权合同登记号：图字 01-2025-1789

Battlegroup! The Lessons of the Unfought Battles of the Cold War by Jim Storr
©Jim Storr 2021
This edition arranged with Helion & Company.
Copyright in Chinese Language translation (simplified character rights only)：
©2025 Chongqing Zven Culture communication Co., Ltd
All rights reserved.

图书在版编目（CIP）数据

西方陆军机械化作战战术 /（英）吉姆·斯托尔著；朱任东译. -- 北京：台海出版社，2025.6. -- ISBN 978-7-5168-4233-1

Ⅰ．E505.1

中国国家版本馆 CIP 数据核字第 2025PK4757 号

西方陆军机械化作战战术
BATTLEGROUP! THE LESSONS OF THE UNFOUGHT BATTLES OF THE COLD WAR

著　　者：[英]吉姆·斯托尔
译　　者：朱任东

责任编辑：戴　晨
策划制作：指文图书　　　　　　　　　封面设计：周　杰

出版发行：台海出版社
地　　址：北京市东城区景山东街 20 号　　邮政编码：100009
电　　话：010-64041652（发行，邮购）
传　　真：010-84045799（总编室）
网　　址：www.taimeng.org.cn/thcbs/default.htm
E-mail：thcbs@126.com

经　　销：全国各地新华书店
印　　刷：重庆长虹印务有限公司
本书如有破损、缺页、装订错误，请与本社联系调换

开　　本：710毫米×1000毫米　　1/16
字　　数：332千　　　　　　　　印　张：20.5
版　　次：2025年06月第1版　　　印　次：2025年06月第1次印刷
书　　号：ISBN 978-7-5168-4233-1

定　　价：129.80元

版权所有　翻印必究

目录
CONTENTS

致谢 ·· 001
序 ·· 003
引言 ·· 007

第一部分 想定 ··· 011
第一章 战略和战役的想定 ·· 013
第二章 军队 ·· 031
第三章 思维方法 ·· 049

第二部分 陆军 ··· 067
第四章 侦察 ·· 069
第五章 作战兵种 I 装甲兵 ·· 087
　附录 A 火力、防护性和机动性 ·· 100
　附录 B 坦克的组件：火炮、装甲和发动机 ························ 103
第六章 作战兵种 II 步兵和反坦克兵力 ······························· 109
第七章 支援兵种：工兵与炮兵 ·· 151
第八章 医疗服务、物资供应与运输部门 ····························· 165
第九章 战斗群、旅和师 ·· 175

第三部分 战术 ··· 193
第十章 防御战术：延迟、防御和撤退 ································ 195
第十一章 进攻作战：推进、攻击与追击 ····························· 223

第十二章 空中对地支援 ………………………………………… 251
第十三章 在森林、建筑密集区和夜间作战 …………………… 267

第四部分 案例 ……………………………………………… 283

第十四章 1987 年 9 月 ………………………………………… 285
9 月 23 日，第 26 坦克团对第 34 装甲营发起进攻 …………… 293
9 月 23 日，899 空降突击营夺取中部运河上的桥梁 ………… 295
9 月 24 日，第 22 装甲旅防御前沿防区 ……………………… 297
9 月 24 日第 3 装甲旅的反攻 …………………………………… 299
9 月 24 日至 25 日第 11 装甲旅的夜间行动 …………………… 302
概述 ……………………………………………………………… 303

第十五章 观察与结论 …………………………………………… 305

后记 …………………………………………………………………… 323

致谢

我还差几个月才能被派遣到冷战时期的部队参谋岗位上。因此，对20世纪80年代军事行动的真正洞察力主要来自比我年长20多岁的军官。我非常感激许多人提供的启发、指导和建议，他们是：来自英国军队的鲁珀特·史密斯爵士上将、罗伯特·巴克斯特中将、乔纳森·贝利少将、迈克尔·查尔顿-威迪少将、蒙戈·梅尔文少将；迈克·克劳肖上校、马尔科姆·格兰特·霍沃斯上校、克莱夫·霍奇斯上校、史蒂夫·詹姆斯上校、杰克·谢尔顿上校和约翰·威尔逊上校；格雷姆·麦克唐纳中校；斯蒂芬·亨伍德少校和吉姆·梅西少校。另外还有来自西德国防军的托马斯·伯格霍夫上校、德克·布罗德森上校和布鲁诺·保卢斯上校，以及来自美国陆军的克林特·安克上校、罗杰·西里尔中校和戴夫·图雷克中校。

这20个名字代表了总共600多年的兵役经历。北约的那些传统国家欠他们以及成千上万像他们一样的人一份重大的感激之情。自由不是免费的。这里的致谢只能代表这种感激之情的极小一部分。

我还要感谢前加拿大皇家装甲部队成员戴夫·温特伯恩，他对一系列冷战时期装甲车辆的设计和操作有着深刻的见解。劳斯莱斯的戴夫·皮戈特在让我了解某些坦克发动机的历史方面是最有帮助的指引者。威廉·欧文也是一位冷战老兵，他和我就这一时期战争的许多方面进行了一系列深入的讨论，并陪同我去往前两德边境进行了为期一周的参观。

马丁·塞缪尔斯博士阅读了本书草稿并发表了评论。另一位冷战时期的战士之妻雷娜·查普曼对整本书进行了校对。

我要感谢他们所有人。

序

2020年11月，在写下这篇前言时，我正在指导英国第3师（铁师）——一支敏捷、任务导向型的多兵种合成部队，能够以多兵种、协同式在政府间、跨机构和多国战场上进行训练、行动和战斗——在索尔兹伯里平原训练区进行"刻耳柏洛斯"演习。这次演习的目标是验证师级指挥部以及其他一些编队指挥部的能力。在参观第7步兵旅指挥部时，我发现许多人都读过吉姆·斯托尔所著的《战争的人性面貌》（The Human Face of War）。旅长把这本优秀的书列为"必读书目"之一。而我现在自信地预测，这本《西方陆军机械化作战战术》将会在我们战士阅读和讨论的书单中超越它，并有助于我们成就一支更好、更强大的作战队伍。

战斗群是我最关心的一个话题。就在参加委任阅兵式后不到一天，我加入了位于西德贝根北约军事训练区6C靶场的第17/21枪骑兵团C中队。该团装备"酋长"主战坦克，是第4装甲旅的两个装甲团之一。我没有参加过特定兵种训练（因此对坦克一无所知），但在当时，这不算是学习或指挥坦克的障碍，我可以从拥有超过27年坦克经验的中士和下士那里快速学到很多东西。但如果当时有这本大师级的书，我无疑会学得更多、更快。他们在教育我的时候制定了非常明确的指导方针：

要多听、多看——上帝赐予你两只耳朵和一个嘴巴是有原因的；多问——永远不要害怕承认你的无知；在无线电上简洁明了地发言；信任你的下属；以学习为荣；如果不确定，就行动起来；生存取决于善用地形、不断变换位置和保持小队纪律；演习很重要，因为它们可以形成节奏（必须一次又一次地进行训练——日夜不停——永远确保快速行动）；永远不要耗尽燃料，也不要让军需补给官给你的小队提供"X食谱"的口粮（沙丁鱼）。

在接下来的一个月里，我完成了在下萨克森州索尔陶—吕讷堡训练区（SLTA）的射击训练和中队/团级演习，自此建立了我与装甲部队的紧密联系。而作为非大学毕业生的一个优势是，你可以在较低层级的部队中度过更多时间，在各个作战部分中打下最坚实的基础。就我个人而言，我曾在"酋长"坦克上担任过小队长，在"蝎"式侦察车上担任过近侦小队长，在"挑战者I"坦克上担任过指挥小队长和副中队长，并被派驻美国加利福尼亚州欧文堡的国家训练中心。

鉴于我在战斗群层级工作的背景和经验，我对本书的喜爱并不令人意外。对我来说，这就像是回忆往事一样。作为坦克指挥官，我亲身经历了严格规范的战备制度，它主导着我们的日常生活，我为这种生活的消逝感到遗憾。我参加过掩护部队和反击部队，除了第17/21枪骑兵团，我还在掷弹兵卫队、爱尔兰卫队、绿色霍华德团和女王皇家枪骑兵团的战斗群中服役过。

吉姆·斯托尔以他最为擅长的方式，极为详细地阐述了北约和华约的战斗序列、战场的建构和逻辑，以及双方采取的手段，还有这些手段会导致冷战时期的未战之战可能呈现什么样的结果。我在其他地方都没有看到这一题材和如此简洁明了的阐述。有兴趣的读者还将享受附带的分析，这种分析魔法般地简化了复杂的现实。

但对我来说更重要的是，这本书为战斗群层面的高效作战——多兵种合成机动——进行了真正深入的研究，这一研究借助于来之不易的战斗经验、作战分析以及兵棋推演、事实和数据的力量，这些数据并非杜撰，而是可以被观察、查询和测算的。这一点很重要，不仅仅是出于求知欲，而是因为这种分析对于实践者具有当代意义。为什么这么说呢？因为我们还没有进化到机器人时代，人们很容易忘记，战争是激烈的、暴力的，兵力依然体现为综合性力量，它整合了所有五个作战领域（太空、网络、海上、空中和陆地）。事实上，在战争中果断地投入强大可靠的兵力的意志，同样是作战能力的重要组成部分，也是威慑能力的重要体现。陆战的协调一致性始于战斗群层面的兵种整合，任务的组织方式旨在使敌人在化解某一种威胁时，必然对另一种威胁更加脆弱。

随着我们对作战知识和直接经验的减少，各国确实都采取了不同行动以弥补这一空白（正如斯托尔所观察到的），有的设计了一套流程，试图消除所有的风险，保护所有的基地。我们变得行动迟缓、反应迟钝，因为过于谨慎反而暴露于风险之下。这本书提醒我们，有一种更好的方式，我们必须回归到一种由坚定的意志、智慧、主动性和无情的机会主义所产生的思维方式（这是一种可以系统化的方法，斯托尔提醒了我们）。对于那些认为机动作战已经死亡的人，我要提醒他们，隐藏、寻找、发现和致盲的挑战由来已久——现在宣告机动作战大势已去，仍然为时过早。

最后，请允许我坦诚地承认，多年来我一直在借鉴吉姆·斯托尔的观点和思想。我之所以能够坚定地这样做，是因为我知道他始终奉行实证主义，勇于说出艰难的真相，这赋予他的作品罕见而令人钦佩的深刻理解、独创思考和智慧。阅读他的作品是一种享受，而在本书中，他将再次编织出一张大网，细致呈现他的丰富发现。

詹姆斯·埃弗拉德
（巴斯勋章、大英帝国勋章获得者，
2017年—2020年曾任欧洲盟军最高司令部副司令）

引言

1984年9月,"矛尖"演习正在进行。一个英国装甲旅受命保卫锡贝瑟峡谷,后者是一条从东南部通向驻德英国第一军防区的宽阔峡谷。他的对手西德国防军第1装甲掷弹兵旅跨越了大半个峡谷,似乎伺机发动进攻。西南肩部的树林由英国女王团第5(志愿)营把守,这是一支本土防卫自卫军(TA)部队。其配属的炮兵连指挥官[1]控制了第1军名义上的大部分炮兵火力。说来惭愧,我虽然是正规军官,却只担任D连的副连长。

经过几个小时的战斗之后,飞机的轰鸣声从头顶传来,我抬头一看,6架德国重型运输直升机在树林上方的低空隆隆作响。大约20分钟后,我们的前卫排报告说,他们已经被德国装甲部队突破了。没多久,数十辆德国"黄鼠狼"步兵战车和"豹1"主战坦克沿着我防空洞几十米外的林间小道开了过去。他们以极快的速度向西北方向行驶,显然有急于奔赴的目标。

大约半小时后,战斗结束了。西德国防军取得了胜利,而我们这些英国兵落败。德国空降部队占领了莱纳河上唯一的桥梁,后者位于英国旅后方约20千米。突破D连的装甲部队已经与之会合。英国人被切断、包围并退出战斗。由此看来,西德国防军之前在峡谷阵地对英军发起的试探性攻击,只不过是一手声东击西。

这并不特别令人惊讶,人们普遍认为西德国防军比英国以及北约其他国家更擅长干"这类事情"。但采用欺敌战术又有什么不对呢?什么是目标?什么是重点?在对付华约可能发起的袭击时,英国在单位层面的所谓优势,还有美国先进的装备和技术,能不能像西德国防军熟练掌握的战术一样有效?

冷战主导了20世纪50年代、60年代、70年代和80年代的全球性事件。世界上许多人真的相信核战争可能会在不经意间爆发。数以百万计的人参与其中，各国预算紧张地用于保持军备，欧洲大部分地区都忍受了繁重的征兵事务、被坦克堵塞的道路、低空飞行的喷气机和大规模的动员演习。但我们对冷战真正了解多少？也许更重要的是，我们可以从中学到什么？

这本书旨在探讨我们可以从冷战时期中央战线的"未战之战"中学到什么。它专注于20世纪80年代，集中讨论较低的战术层次：从连队到旅乃至师级——英国称之为"战斗群"，西德国防军称之为"加强营"，美国陆军则称之为（营级）"特遣队"。

令人惊讶的是，关于这个主题的研究特别少。历史学家倾向于根据已有的书面记录进行研究，但由于实际上没有发生任何战斗，也就没有任何记载，所以历史学家在这一领域几乎没有什么用武之地。关于冷战战略和政治的书籍已经有很多，总的来说，有两种类型的作品描写了期间的间谍活动：一种非虚构的，一种虚构的。关于冷战时期的军事装备，人们已经写了很多文章，但关于如何战斗，几乎没有任何资料。

约翰·英格利希及其同事编纂的《机械化战场》是一本早期的军事会议论文集。[2]肯尼思·麦克西虚构的《第一次冲突》[3]是受加拿大陆军委托编写的教材，哈罗德·科伊尔的《扬基战队》[4]也是虚构的，情节类似。这两本书都假设性地探讨了北约部队在第三次世界大战中的陆战经历。约翰·哈克特将军爵士（和其他人）写了一本以第三次世界大战为名的书[5]，但这本书算不上虚构性历史：实际上，为了呼吁增加国防开支，他把这本书巧妙地包装成了虚构性历史。不幸的是，当它首次出版时，还的确愚弄到了当时只是一名军官学员的我。

还有一些关于苏联武装部队的书籍也非常优秀。大卫·伊斯比的《苏联军队的武器和战术》[6]具有权威性，至今仍是该主题的重要参考文献。彼得·维戈尔的《苏联闪电战理论》[7]是极少数深入而严谨地探讨苏联军事思想和实践的书籍之一。维克托·苏沃洛夫根据第一手资料撰写了《深入了解苏联军队》[8]，这本书有集中描述北约部队的部分，以平衡书中分别有关苏联和华约军队的信息量。

数字革命和互联网的发展拓宽了一系列在当时根本无法获取或极难获取的信息来源。例如，现在相对容易就能找到西德国防军的完整作战序列，或是美国陆军的野战手册，甚至包括当时秘密作战命令的副本。此外，现在也有相当多的书籍深入探讨了某些专题，尤其是军事装备。只不过，其中难免出现错误。例如，苏联T-72主战坦克炮塔的重量并不重15吨；整辆坦克的重量大约为45吨。当然，大多数这类错误并不重要，仅少数比较关键。

尽管战斗从未发生，但对于我的研究来说，非传统的信息来源也是可用的。由于多种原因，一些见解还处于探索阶段，我将在后文陆续描述。

为了研究我们可以从冷战的"未战之战"中学到什么，我们必须充分考虑：首先，会发生哪些战斗？其次，他们会如何战斗？最后，我们可以从中学到什么？本书将逐步完成该过程。

本书第一部分着眼于战略和作战环境、所涉及的军队，然后考虑如何进行分析。了解所涉及的军队可以告诉我们应该关注哪里，以及关注什么。

本书的第二部分探讨了陆军的组成部分、这些组成部分是如何进行组织和战斗的，以及最后如何编成战斗群、旅（团）和师。

本书的第三部分，我们逐步了解陆地战争的主要方面：防御、进攻、空对地支援，以及发生在森林、街巷和夜间的战斗。最后总结部分提出主要观察结果和结论。

总的来说，我们对前三部分的资料来源相当有信心。这些信息现在都是公开的，其中一部分甚至从未保密。至于我们最后形成的观察结果和结论，以我们的智力基础而言，未必完全可靠。中央战区从未发生过陆战，所以对于从这些虚构的战争中可以汲取哪些教训，历史学家常常意见不一。因此，我们应该审慎地加以对待。

本书以20世纪80年代为研究背景。它只关注高强度的常规战争，且主要从北约的角度来叙述。它不考虑非常规战争，这在很大程度上与主题无关。它也不考虑核战、生物战或化学战——现实中这些可能发生，也可能不发生，当然也伴随着长时间的准备。它与电子战相关的信息也很少，有关电子战的可能影响，作者在很大程度上只能略微猜测。同样，它也较少涉及通信（信号）。此外，本书没有深入研讨关于陆军指挥方面的问题，因为这个话题本身就可以再写一本书。一般来说，我不愿意过多地超出现有资料来源所涉及的范围。

当然，撇除以上这些，我们可以讨论的内容仍是相当多的。例如读者将要看到的，本书依赖于两种以前从未被利用过的资料来源。言归正传，我们可以从冷战的"未战之战"中学到什么呢？

本章注释：

1. 迈克·查尔顿-威迪少校（后来的少将）。个人通信。

2. English, John et al eds. The Mechanized Battlefield. A Tactical Analysis (Washington: Pergamon-Brasseys, 1985)。后面简称为'English, The Mechanized Battlefield'。

3. Macksey, Kenneth (Major (Rtd), First Clash: Combat Close-up in World War Three. (London: Book Club Associates, 1985)。后面简称为'Macksey, First Clash'。

4. Coyle, Harold W., Team Yankee: A Novel of World War III, Revised and expanded edition (Havertown, Pennsylvania: Casemate, 2016)。后面简称为'Coyle, Team Yankee'。

5. Hackett, General Sir John et al. The Third World War: August 1985 (London; Sphere Books Ltd, 1979).

6. 尤其是"完全修订版"：Isby, David C. Weapons and Tactics of the Soviet Army, Revised Edition (London: Jane's Publishing Company Ltd, 1981)。后面简称为'Isby, Weapons and Tactics'。

7. Vigor, P.H., Soviet Blitzkrieg Theory (London; Palgrave Macmillan, 1983).

8. Suvorov, Viktor, Inside the Soviet Army. London; Hamish Hamilton, 1982.

第一部分

想定

第一章
战略和战役的想定

本章旨在想定冷战中没有发生的战斗背景，必须包括地理、战略和使对抗双方产生接触的战役计划。接下来的内容可能会让一部分读者产生似曾相识的熟悉感，当然也可能是惊喜。

北约的"中央前线"，更准确地说是指中央防区，是北约中欧盟军司令部（CINCENT）的责任范围，大致包括西德及其西面国家的领土。从1962年起，德国的石勒苏益格—荷尔施泰因州成为波罗的海防区的一部分，因此也就成为北方防区的一部分。

西德从北到南大约有800千米，东西方向上最多约450千米。然而，这样的描述并不完全准确。两德分界线（Inner German Border，简称IGB）和与之相连的捷克斯洛伐克边境线共长约640千米。然而，从位于分界线附近的富尔达（Fulda）到法兰克福（Frankfurt am Main）只有100千米，到莱茵河约140千米。这一区域被形容为西德的"蜂腰部"。德国大部分地区地势相对较低，但波希米亚森林区海拔高达1457米，菲希特尔山脉海拔1051米，更北部的哈尔茨山脉海拔1142米。[1]

莱茵河从德国西部向北流淌。在南部，多瑙河向东流入奥地利，一些河流如伊勒河（Iller）、莱希河（Lech）、伊萨尔河（Isar）和因河（Inn）则向北或东北流入多瑙河。在北部，像易北河（Elbe）、威悉河（Weser）和埃姆斯河（Ems）等主要河流向北或偏西北流入北海。

西德约30%的国土被森林覆盖。这里有许多大片的、一般位于高地的森林。波希米亚森林、图林根森林、索林、莱茵哈德森林和条顿堡森林就是它们中的典型：方圆数十（有时数百）千米，几乎完全覆盖着树木，而且可用道路相对较少。

主要城市之间距离相对较远。只有两个城市（汉堡和慕尼黑）的人口超过一百万。德国大部分乡村地区由长长的森林山脉隔开，构成相当广阔的开放型山谷。这些山谷中分布着一系列相距大约1.5至2.5千米的村庄和小镇，之间通常是开阔的农田。

苏联军队估计，西德约50%的地区适合坦克通过。[2]北约评估称，在主要的森林或建筑区域之外，85%的交战将在双方距离不足2000米的范围内进行。其中，40%的交战距离将小于500米，20%在500至1000米之间，25%在1000至2000米之间。[3]每15至25千米将会有一个需要架桥的主要水道。道路网络可能是欧洲最好的，但能够承载主战坦克重量的桥梁不多。

气候也是一个因素。每年冬季往往持续14小时的黑夜，直到中午或一整天都可能有雾，冬季气温会在冰冻线以下持续100天或更久。不过，春秋季之间也常有持续较长的温暖干燥的时期。

关于苏联是否计划对北约发动战争，表明他们有此意图的确凿证据很少。但有大量证据表明他们确有准备。本节概述了由苏联领导的华约对西欧发动进攻的可能的战略框架。

苏联的计划涵盖了三个战区（Teatr voennykh destviy，俄语中称为"TVD"）。每个战区包括数个集团军。苏联的集团军（army）通常包含3至5个师，相当于北约的军（corp）。在这里，我们主要关注的是西部战区。顺带一提，西北战区方向是波罗的海、挪威和瑞典；西南战区包括土耳其、希腊和意大利[4]；西南战区和西部战区的边界上，有着中立的奥地利和瑞士。而我们的主要关注点是西部战区。来自西部战区的苏联和捷克斯洛伐克军队可能入侵奥地利，以便打开通往德国南部的路线。非苏联的华约国家部队将密切加入苏联战区的行动，但通常不在第一梯队中。

苏联战区的作战包括四个主要组成部分。[5]第一部分，战区空中力量，它也许最先采取行动的。前线的关键部位若没有空中优势，很难赢得整体成功。因此，最初的空战可能是由数百架飞机采取集中式的突然袭击，以建立空中优势。其攻击将针对北约空军基地、指挥部和地对空导弹阵地（SAM）。假设战区空中力量取得一定成功，接下来袭击重点会转移到指挥和通信站点，然后是基础设施目标，包括重要桥梁，譬如摧毁莱茵河上的桥梁，由此阻止法国、比利时、荷兰、卢森堡，甚至英国和美国向西德增援。

第二部分，地面行动。旨在利用可能实施的初期突袭，发动迅速深入的打击。被称为"方面军"的军群属于战区指挥，并只在战争中组建。华约的军群梯队将反映出方面军的初始目标，它们可能深入北约领土内约250千米[6]，横渡莱茵河，在北方切断日德兰半岛。[7]

随后的目标可能是丹麦、荷兰和比利时的北海海岸。然后可能转向西南，直至比利牛斯山脉，进入伊比利亚半岛。方面军的前进速度有多种可能，对于其初始目标，可能需要约100小时或4天的时间来完成。

苏联拥有8个空降师，还有1个波兰空降师，以及捷克斯洛伐克和东德的空降团。因此，空降行动作为西部战区行动的第三个部分，可能会包括多个空降师。目标可能包括打击战略目标（如布鲁塞尔北约总部），或支持地面战役。再次强调，可能会进行夺取莱茵河渡口的行动。

第四部分主要是防空行动。它将有三个主要任务：第一，保护空军基地，确保持续进行华约的空中行动；第二，维持地面部队的机动自由；第三，保护通信线路，以维持后续地面部队的推进。

在本书的范围内，有关核武器、化学武器和生物武器的运用通常不予过多讨论。然而不能排除，西部战区的进攻可能会使用大约100～150枚核武器，毕竟过去确实有人曾建议对哥本哈根和维也纳分别使用两枚核弹头。而北约一旦使用化学武器，几乎可以肯定，华约也会报复回来。当然，华约也可能先发制人地使用核武器和化学武器。

一直到20世纪80年代，北约在中央防区的战略计划大致都是在前沿防守北约领土（特别是西德），同时尽量延缓或避免使用核武器。[8,9]北约面临的主要问题是，许多军队并未按计划在该地区部署。

北约在两德边境部署了8个军的部分单位来进行防御：3个西德国防军的军，2个美国军，以及荷兰、比利时和英国各1个军。西德国防军有36个常备旅，组成11个师和3个军直属空中机动旅。不过这还没考虑到预备役部队，这些部队将使其战时兵力增加至63个旅和数百个国土防御营和连。

在动员时，单个加拿大旅将被加强到师级兵力。北约还计划增援5个军，即4个法国军和1个美国军。北约计划将中央地区分为两个集团军。每个军都来自同一个国家，军级以下几乎没有多国混编的情况。

然而事实上，超过一半的荷兰和比利时军仍然驻扎在各自的国内。英国军需要从国内增援2个常规旅和2个本土防卫旅，以及相当数量的后勤和通信部队。美国计划在中央防区"10天部署10个师"，这需要从其国内运来6个师和几个独立旅。归属北方集团军群（NORTHAG）的3个美国师的装备分别位于德国北部、比利时和荷兰。大部分法国师将从法国本土前往前线部署。

北约对中央地区的"前沿防御"政策意味着驻扎在当地的各军将沿着从莱希河到威悉河的前线作战。[10]然而，在德国中部，空间并不充裕。尤其是流入威悉河的富尔达河，某些地方距离两德边境不到10千米。历史学家可能会证明，公元955年，德意志国王奥托在莱希河岸（位于奥格斯堡以南）彻底击败了马扎尔人对西欧的最后一次入侵。但不能忘记，马扎尔人在公元910年也曾在莱希河岸上获得过一次胜利。

动员开始后，无论是部署防御阵地还是前移增援，这些行动将是非常敏感的——这从政治角度或军事角度上看都是如此。如果时间过早，可能会引发华约的回应，触发本来不会发生的事件；如果时间过晚，北约又可能会被华约军队打一个措手不及。

在中央防区还有两个盟军战术航空军［第2、4战术航空军（ATAF）］参加作战。他们将会与两个集团军紧密配合，司令部设在一起。对应华约的计划，北约空军打算攻击对方的空军基地、指挥部和通信线路，特别是位于东德和波兰境内的目标。上易北河、奥得河和维斯瓦河上的桥梁是关键目标，摧毁后可以切断来自波兰和苏联西部军区的增援。

以现代标准来看，20世纪80年代的空中作战理论仍处于初级阶段：约翰·沃登上校的第一本书出版于1988年[11]。总的来说，战争、战区或"战役"层次的概念在北约武装力量中几乎没有得到认可。

关于苏联西部战区进攻计划的细节，目前存在一些分歧，因为从20世纪

80年代的非机密文件中流出的某些公开地图显然存在错误。以下内容是作者所认为的最佳推断，这是一个说明性情景，与可能发生的事情存在关联。

对于可用的军队，我们是相当确定的。[12、13]东德的苏联驻军由5个军组成。从北到南，第一梯队包括第2近卫坦克集团军、第3突击集团军和第8近卫集团军。第二梯队有北面的第20近卫集团军，南面的第1近卫坦克集团军。除了第1近卫坦克集团军拥有3个师外，其余各集团军都拥有4个师。此外，还有东德的第5集团军位于北面，第3集团军位于南面（两者都有3个师），以及5个准备不足的东德师；波兰有2个苏联师和13个波兰师；捷克斯洛伐克有5个苏联师和13个捷克斯洛伐克师。

苏联的作战计划直接与战略目标相联系。为了实现这些目标，编队将迅速推进，准备面对部署在防御阵地的北约军队，并在遭遇战或仓促进攻中交战。可能会有相对较多的推进点分布在广阔地区，一般为团（旅）级别。在集团军主攻方向上，他们会相对密集；而如果目标是迟滞北约军队，使其远离主攻方向，他们就会相对分散。华约军队将使用二战中经过验证的战法[14]，在突破点尽量避免进行大规模战斗[15]，并只会对成功的突破口进行增援。[16]

回顾二战中苏联的重大作战行动，不仅有大规模的推进，还有大规模的包围。因此，可以推断华约在其战区作战计划中可能至少会计划包围和摧毁一些北约前线的军级单位。然而，目前很难找到关于他们如何实施这种行动的证据。稍后我们会提出一些观点。

若北约防线存在漏洞，华约必将利用它们，使第二梯队各集团军的师能够直接机动到目的地。[17]任何未达成目标的师将继续发起进攻，旨在拖住北约军队。必要时，这些师将持续战斗直至耗尽（损失约40%的兵力）。[18]

战争爆发时，各师将提前24小时收到命令，并从军营出发开始部署。他们将在黄昏时分出发，以便先头师可以在第一缕晨光中跨越两德边境。这些师预计在24小时内突破北约的前沿防御，并在常规情况下以每天25～35千米的速度前进。

华约将部署多个战役机动集群（OMG），旨在阻止北约形成连贯的防御。这些战役机动集群由团或师级规模的部队组成，其任务是前出到主力部队前方，要么直接深入敌境占领战役目标，要么仅干扰北约的作战行动。[19] 实际上，对北约来说，这些攻击与其他华约的推进可能没有什么区别。

西部战区作战似乎有四个主要的前进方向。

其中，地面作战可能如下：在北部，第2近卫坦克集团军将沿着波罗的海海岸前进到日德兰半岛，然后朝着汉堡前往德国北海海岸。波兰和苏联部队将组成第二战役梯队扫清日德兰半岛。

第3突击集团军是一个拥有4个坦克师的坦克集团军，是华约的主力。它将向汉诺威前进，以实现方面军的直接目标，即莱茵河上位于鲁尔河以北的渡口。该集团军的直接目标可能是夺取威悉河的渡口。紧随其后的第20近卫集团军将继续前进，向着安特卫普、鹿特丹或两者兼而有之。第3突击集团军可以看作一系列师级规模的战役机动集群。

第8近卫集团军将穿过图林根森林，以德国法兰克福上游的莱茵河渡口为目标前进。第1近卫坦克集团军将成为第二梯队，然后向英吉利海峡或巴黎方向发动进攻。东德师将在靠近苏军进攻轴线的区域，尤其是在哈尔茨山和图林根森林之间的地区，缠住北约军队。

一个苏联集团军和一个捷克斯洛伐克集团军将通过波希米亚森林进攻德国南部的巴伐利亚。另一个苏联集团军和另一个捷克斯洛伐克集团军将向南进攻奥地利，然后通过多瑙河谷进入西德。另外两个捷克斯洛伐克师将与匈牙利军队和驻匈苏军一起从东边攻击奥地利。

我们将会看到，至少还有10个苏联集团军将会参与战斗。因此，计划中的包围行动可能是：

• 第一梯队集团军的初始任务。这似乎不太可能。
• 第一梯队集团军的后续任务。这将发生在方面军已经投入第二梯队集团军之后。
• 第二梯队集团军的初始任务。
• 其他后续部队的任务。

正如之前提到的，我们无法证明，实际会计划哪些任务。

20世纪70年代末期，北约的防御计划以美国陆军的"主动防御"概念为代表。该计划预见到在前沿战区（FEBA）要进行高度消耗战。[20] 这将发生在掩护部队的战斗之后，这些掩护部队（至少名义上）应包括前线各军的1/3到1/2。特别的是，西德国防军设想了更加机动的作战情况。

到1983年，关于华约后续部队参战的讨论已经积极展开，讨论的主题是如何减轻前沿战区上的兵力对比压力，并迟滞随后华约梯队的到达。这反映了美国陆军的"空地一体战"（AirLand Battle）概念[21]，这一概念在1984年修订后被采纳为北约的"接续部队打击"（FOFA）计划。[22] "空地一体战"和"接续部队打击"是根据新兴装备的特点所做出的合理发展和推断，这些装备包括美国的M270多管火箭发射系统和AH-64"阿帕奇"攻击直升机。

关于北约的中央防区作战计划也存在一些不确定性，部分原因是前文提到的与华约类似的情况（即作者依赖于20世纪80年代的非机密地图）。但北约的计划本身也在不断演变和发展。例如，1981年，英国第1军（Corp，以及类似的军）由4个相对较小的装甲旅组成[23]。然而，到了1983年，相同的兵力被重组为3个更大的师，这一建制一直持续到1991年。

关于可用兵力，情况是比较明确的。1983年后，北约的8个前线军，通常由每个军由3个装甲或机械化师组成。不过，从北到南来看：

a. 荷兰第1军［I(NE)］在主力部队从荷兰出发部署之前，将指挥西德国防军第3装甲师。在此之后，第3装甲师将成为北约北方集团军群的预备队。

b. 和平时期，西德国防军第1军［I(GE)］指挥3个师，另外还有第3装甲师（如上所述）和第6装甲掷弹兵师（该师在战争中成为波罗的海方向盟军所属的一部分）。

c. 英国第1军［I(BR)］在动员时还包括1个步兵师（第2师），用于后方区域安全。

d. 比利时第1军［I(BE)］只有2个师。它在比利时主力部队到达之前指挥1个英国装甲旅[24]。

e. 西德国防军第3军［III(GE)］在动员时将第三个师（第12装甲师）分配给美国第7军［VII(US)］。

f. 美国第5军［V(US)］和第7军［VII(US)］的第三个师除一个旅外，都部署在美国本土。所有美国增援师的重型装备都在欧洲存放，作为"重返德国"计划（REFORGER）的一部分。

美国第3军被指定增援北方集团军群。它在欧洲驻扎一个旅，其余部队将通过"重返德国"计划抵达欧洲。法国第1集团军拥有3个军共10个师，将由中央集团军群（CENTAG）指挥。法国的第四个军，即"快速行动部队"（Force d'Action Rapide，简称FAR），将指挥最多五个轻型师，将被分配给北方集团军群。

除上述外，大多数军还有一些独立旅。到1989年，西德国防军共有12个这样的独立旅。其中一些装备有"豹1"主战坦克、M113装甲运兵车和M109自行火炮（SPG）。其中2～3个旅被指定为前线师的增援部队。此外，还有15个国土防卫团[25]，几乎每个超过10万人口的城镇都有一个国土防卫团，它们位于军的防区之外。

北约拥有标准化的战备和响应计划。单位和编组的战备状态经常进行演练和测试。对威胁升级的迹象做出响应是一个逐步升级的过程，包括四个阶段：军事戒备——简单警戒——强化警戒——全面警戒，动员和部署决策与这些步骤相关联。北方集团军群的情报团队相信他们将获得不少于48小时的战争预警时间[26]。这足以完成初期部署，但不足以将所有荷兰、比利时和英国的部队完全部署到位。

全面部署后，北约将在其整个防区形成连贯的防御。正如我们将看到的，部署每个军兵力30%～50%作为掩护部队的计划似乎是被宽泛地解释了。然而，有人认为，针对华约的任何渗透所进行的编队反击将带来相当大的实际问题[27]，这将在稍后讨论。

北约指挥官控制后备力量似乎过于严格。一个集团军群若没有欧洲盟军最高指挥官（SACEUR）的许可，可能无法部署其预备队[28]，而一个军若没有其集团军群指挥官的许可，可能无法部署其预备师[29]，有些师若没有军的许可，可能无法派遣预备旅[30]。这实际上意味着预备队不受其指挥官的直接控制，而是由其指挥官的上级掌控，这就降低了战役和战术的灵活性。最重要的是，这可能意味着在关键时刻预备队到得太晚。

北方集团军群的防线大约有220千米，从北到南由荷兰第1军、西德第1军、英国第1军和比利时第1军这四个军负责防御。除了比利时军的防区约为30千米外，其他军的防区大约为60～70千米。而中央集团军群的防区大约有420千米，从北到南由西德第3军、美国第5军、第7军和西德第2军这四个军负责防御。其中，西德第3军和美国第5军的防区大约为60～70千米，美国第7军沿着图林根森林的防线长度约为120千米，西德第2军沿着波希米亚森林的防线长度约为165千米。

根据北约和华约的计划，显示双方以下兵力对比（见表1）。[31]

这种比较忽略了（例如）2个美国军直属装甲骑兵团（旅），3个美国装甲旅以及加拿大旅。它暗示所列出的华约非苏联师都处于高度战备状态（实际上并非如此），并忽略了苏联华约卫星国的预备役编制。

该比较假设了从荷兰、比利时和英国部署部队，但未考虑从法国和北美调遣增援部队。在这种情况下，随着来自波兰和捷克斯洛伐克的部队投入战斗，华约和北约兵力之比将达到约2：1。如果所有15个法国师都投入战斗，北约的兵力将增加到36个师，而在美国和加拿大部队达到最大战备状态时，

表1：中央防区的军事力量对比

北约前沿	华约第一梯队（全为驻德苏军）	华约第二梯队（驻德苏军与东德军队）	在波兰和捷克斯洛伐克的华约军队
北方集团军群：荷兰第1军、西德第1军、英国第1军、比利时第1军：13个师 中央集团军群：西德第3军、美国第5军、第7军、西德第2军：10个师 总计：23个师	第2近卫坦克集团军：4个师 第3突击集团军：4个师 第8近卫集团军：4个师 总计：12个师	东德第5集团军：3个师 第20近卫集团军：4个师 第1近卫坦克集团军：3个师 东德第3集团军：3个师 总计：13个师	（战备程度不高） 苏联北方集团军（波兰）：4个师 波兰波美拉尼亚、西里西亚和华沙集团军：13个师 苏联中央集团军（捷克斯洛伐克）：5个师 捷克斯洛伐克第1和第4集团军：8个师 总计：30个师
	25个师		
	55个师		

兵力将增加到43个师。这需要大约10天时间。与上面列出的55个华约师相比，兵力有所不足。

然而，这并没有考虑苏联还有5个近卫坦克集团军（第4、第5、第6、第7和第8近卫坦克集团军）、5个诸兵种合成集团军（每个诸兵种合成集团军通常包括3个摩托化步兵师和1个坦克师），以及苏联空降师。这些军队都驻扎在苏联的西部军区，个别未处于高度战备状态。其中一些部队可能需要3~5天时间才能到达两德边境，如果北约的空袭行动效果显著的话，甚至需要更长时间。其他苏联军队的战备水平更低，并且驻扎地点距离战区更远。

简而言之，北约在防区已经部署了相当于8个军的兵力。然而，华约在第一天很难以8个集团军的规模发起进攻。所以起初，华约不会有明显的数量优势。这可能让一些读者感到意外，但数据说明了一切。

在冷战的最后几个月，（非机密的）英国陆军文件指出，"苏联认为，由于现代武器如此强大，如果北约加以部署，并且获得增援的话，可以阻止苏联迅速取得胜利。"[32]

然而，华约将拥有战役上的（通常也是战术上的）主动权。它可以在整个中央防区前线（两德边境以及捷克斯洛伐克与西德边境）进行攻击。它甚至可以合理地期望在师的数量上实现2到3倍的兵力对比，并且局部的数量优势会更大。

当时有观点估计，美国第5军将遭到6到8个华约第一梯队师的攻击，第二梯队可能是3到4个师[33]。从表1可以看出，这是有可能的，但那样就没有人攻击北边的西德第3军。同样，英国第1装甲师认为自己将遭到3个师的攻击[34]，这是苏联第3突击集团军的第一梯队全部，那就意味着没有人攻击英国第4装甲师和比利时第1军。第2近卫坦克集团军想必也要攻击面前两个北约军（可能还包括波罗的海方向防线的某些部分）。即使加上华约的第二梯队（如表1所示），英国第1装甲师遭到苏联第3突击集团军的全部或大部分师的攻击也不太可能。同理，美国第5军被苏联第1近卫坦克集团军、第8近卫集团军和东德第3集团军同时攻击也似乎不太可能。

英国第1装甲师的防线长度为30~35千米，而3个苏联师最短的进攻线长度为60千米，1个集团军则需要100千米的进攻线[35]；美国第5军的防线长度为60～70千米，而6个苏联师最短的进攻线长度为120千米，2个集团军则需要200千米的进攻线。从现有的资料来看，似乎北约的编组可能过高估计了自身面临的威胁，或者假设了过于悲观和不切实际的最坏情况。目前还不清楚这是故意为之还是偶然的。有关华约巨大数量优势的报道已经被好几位作者重复引用。

北约的前线部队都受到严格的战备状态规定。单位通常需要在收到通知后的两小时内在兵营内完成集结，全年365天，每天24小时如此。然后，他们必须在接下来的两小时内从兵营出发部署。一些单位的战备状态级别甚至更高，其战备状态经常得到训练和测试。

战争中，突然性起着至关重要的作用。苏联在1941年遭到了突然袭击；1967年，作为苏联其代理国的阿拉伯国家也遭到了突然袭击；1973年，以色列几乎被袭击打败。考虑到中央防区战线上的实际兵力对比，苏联似乎相信，最有可能击败北约的机会就是进行一次时间极短的"突袭"。

然而，北约的战备措施降低了实施这种袭击的可能性。如果无法实现突袭，任何华约在中央防区战线上的攻势最多只能形成一系列对防御阵地的急袭。根据苏联的军事理论，考虑到兵力比例，结果不太可能成功。因此，北约的战备计划很可能阻止了苏联对突袭的尝试。这样的战备计划可能在战役层面产生了影响，甚至可能阻止了第三次世界大战的爆发（毫不奇怪，我们这些经常在半夜被叫醒进行又一次战备测试的人对这个问题会有稍微不同的看法）。当然，如果表1中列出的所有华约师在一开始就能投入使用，并且北约没有得到有效的警告，前景将是可怕的。

本书的重点是战斗群，下一部分的讨论将从军级下降到单位级别。为此，本书将以不同程度的细节检视沿两德边境的4个军的防区。其中部分原因是它们跨越了集团军群之间的边界。其中的一组特征地形，包括莱茵哈德森林，被北约中欧盟军司令部指定为关键地带的，对中央地区的凝聚力至关重要。[36]

最靠南面的是美国第5军，其1982年—1983年作战命令的副本可以查阅[37]。它清楚地展示了"主动防御"的特点。

"富尔达缺口"实际上并不存在。该词汇与南部的"科堡入口"和"霍夫走廊"类似，指的是穿越图林根和波希米亚绵延森林的相对较为开阔的通道。通过地图我们发现，从之前的两德边境到富尔达河河岸，再从巴特黑斯费尔德到富尔达市，这片区域内没有一条道路不经过至少一大片树林。[38] 向北，富尔达河谷（通常被描述为"富尔达缺口"）与两德边境平行。在该地区，很少有缺口的宽度超过4千米。2019年的实地勘察并未发现任何真正意义上的"富尔达缺口"。

美国第5军所在的地形起伏不平，但即使是著名的福格尔斯山丘也不算山脉地带。[39] 该地区的重要性并不在于地形，而在于地理位置，它守卫着通往莱茵河最短的路线。一位美国指挥与参谋课程的毕业生将美军所在地描述为"最易防守和最不重要的地带"。[40]

该军计划将该地区划分为两个部分，但将力量集中在北部（第3装甲师）地区。第2装甲骑兵团是军在抵达富尔达河之前的前方掩护部队。从第8步兵师（机械化）派出一个旅和加一个营级特遣队（以第68步兵团第5营为基础，因此称为"TF 5-68"），以加强第3装甲师。因此，并不是每个师防区均有10个机动（坦克和机械化步兵）特遣队，而是分别有14个和6个。在第3装甲师的区域，部署于前沿战区的特遣队平均每队负责3.5～4千米宽的区域。在第8步兵师的区域，这个宽度可能达到7千米。第8步兵师的第2旅将占据第3装甲师区域内的纵深封锁阵地，从奥特劳到劳特尔巴赫。TF 5-68有多种选择，可以封锁其后的三个山口（B49、B275和B40道路）。因此，第5军在北部地区部署了相当强大和深厚的力量。军级的反击行动可能取决于第4（机械化）步兵师的到来，这是一个"重返德国"编制的部队。

具有讽刺意味的是，有一本美国军方出版物似乎对同一计划的"空地一体战"版本进行了详细描述，但好在没有泄密。1992年（冷战后），另一本小册子用一个虚构的美国师描写了第3装甲师的防御，逐级展开至旅、特遣队和作战小队的层级。[41] 具体内容当然是不同的，但与"主动防御"计划最主要的区别在于更强调师、旅和特遣部队的反击。

再往北，西德第3军由两个师（第2装甲掷弹兵师和第5装甲师）、第25空降旅和第54国土防卫旅组成。第6装甲旅最初是第2装甲掷弹兵师的掩护部队，将后撤为军预备队。[42、43] 第54国土防卫旅可能替换了第2装甲师第6装甲旅。第5装甲师可能也会部署一个旅作为其掩护部队。每个在前沿战区的旅通常会将其4个营中的3个部署在前线。沿着军前沿战区部署的共计12个营，意味着平均每个营有约5千米的防线。

需要指出的是，多年来，西德第3军在北约的军事演习中从未受到任何华约编队的攻击。[44]所以上述部署可能是有效的，也可能只是一厢情愿。

在集团军群分界线之北，比利时第1军是北约最薄弱的军。因此，它的防区最窄，约30千米。[45]军部署了一支掩护部队"ComRecce"[46]，其中至少包括一支装甲部队和两个装甲侦察营。它似乎将两个师梯次部署，一前一后。[47]由于它的作用实际上是阻止华约通过（或绕过）索灵山到达威悉河，这似乎是相当合适的。每个师约30千米的前线意味着每个战斗群的防区为5到7千米。

再往北去是英国第1军，其防区大约有65千米长，直至中部运河。有关该军1989年的计划是可以查询的。[48]然而，20世纪80年代，军的部署发生了重大变化，尤其是装甲师从4个减少到3个。[49]

需要质疑的是，该军是否会受到攻击。有一种估计认为，可能会有多达3个师的攻击，即6个甚至9个团，对应第1装甲师前线相对较窄的防区。[50]然而，这些师可能属于第3突击集团军，可以预期其主要进攻方向在汉诺威以北（西德第3军的防区）。所以"3个师"可能只是预测中最坏的情况。另一个更具挑战性的情况可能是对两德边界线进行低烈度牵制攻击，然后由一个第二梯队师沿着对角斜线进攻英军的防区。他们可能跨过中部运河向西南进攻，并穿过前沿战区。还有一个可能性是来自东德军队的进攻，但可能要等到战争的第二或第三天。

英国本土预备队的部署取决于早期"确切警告"（Firm Warning）。[51]这可能依赖于国家（而非北约）的情报来源。"确切警告"将允许部署正规军队，包括本土防卫旅的指挥部和一些单位，这应该在48小时内完成。然后，在北约宣布"军事戒备"时，由女王陛下签署二号法令。它将允许召集本土防卫部队，并动员预备役军人。大致在此时，北约会宣布"简易警戒"。除非有敌方干扰，所有本土防卫部队将在7天内部署完毕。[52]

1982年之前，英国第1军的掩护部队曾是一个装甲师，但后来被减至仅有2个装甲侦察营。关于谁负责掩护哈尔茨山地区的问题，目前还没有确切信息。第1军将第1和第4装甲师部署在前沿战斗区的防线上。其中，第4装甲师部署在哈尔茨山后方，而第1装甲师则占据北德平原的一条宽约22千米的没有大片森林的通道。军下辖师和旅的配属在不同的时间可能会发生变化，特别是第19步兵旅和第33装甲旅。因此，某个时候第4装甲师可能只有2个旅共7个战斗群，而第1装甲师可能会加强到5个旅（包括第19步兵旅和由3个本土防卫伞兵营组成的旅）。

沿着前沿战区的4个旅通常会将所有3个战斗群都部署在前线，这样每个战斗群防区约5千米。但旅直属的预备队力量就会很少，可能仅有一个坦克连。[53、54]

通常，每两个在前沿战区的师会以1个装甲旅作为预备队，该军以第3装甲师作为预备队。第2步兵师负责保护西德第3装甲师的集结区，该师是北方集团军群的预备队[55]。在军的内部，后备力量可以用于增援前线部队、沿前线部队后方进行封锁，或对突破前沿战区的机动中的敌军进行机动反击，预计前沿战区会遭受一定程度的渗透[56、57、58]。预备队中有足够的机动兵力，但缺乏炮兵和工兵。也许是因为有人认为发动反击是首选项[59]，但如果需要争取时间，或迟滞敌军以便投放核武器，此时增援或封锁等选择可能更为合适。[60]

英国指挥官经常表达不安情绪，他们对于在前线不稳定或崩溃时能否进行反击感到担忧。[61]这种情况是西德国防军（Wehrmacht）在第二次世界大战中屡次面临的，但德国军队并不认为这是特别棘手的问题。这个话题将在后面进行讨论。

本书的重点是战斗群，可以做几点观察。在大多数情况下，华约部队保持前进势头。他们计划在可能的情况下避免主动攻击，转而在行军线外发起攻击或进行遭遇战。不过在大多数情况下，北约部队可能已经到达他们计划的部署位置，尽管可能还没有达到预定兵力，也没有进行掩蔽。

在北约部队设法形成完整的防御时，战斗群的防御区域将会有4至7千米宽，其中5千米是典型的宽度（比第二次世界大战时的2千米要宽得多）。[62]北约在对抗行动中，往往会采取接敌运动，然后转为遭遇战或急迫进攻。大多数直接火力交战将在双方距离不到2000米的情况下进行。

北约部队将首先遭遇苏联进攻者。东德、波兰和捷克斯洛伐克部队将紧随其后投入战斗。他们最初会遭遇美国、德国、比利时、荷兰和英国的防守部队，稍后加拿大和法国部队会参与进来。

至关重要的是，华约军队会认为，在任何遭遇战中，只要能不惜一切代价保持继续前进就是胜利。占领地区并不重要，重要的是到达战役目标，包围北约部队，或同时实现两者。第一辆到达莱茵河的华约坦克可能意味着胜利，甚至最终引发在战区投放核武器。

本章注释

1. Hammerich, Lt Col Helmut R. J Military and Strategic Studies, Vol. 15 Issue 3, 2014, p.171.

2. English, John et al (eds.), The Mechanized Battlefield: A Tactical Analysis (Washington: Pergamon-Brasseys, 1985), p.5. 后面使用 'English, The Mechanized Battlefield'.

3. English, 前引, p.7.

4. Dick, C J., A Treatise on Soviet Operational Art – Army Field Manual, Vol. II, Part 2, Chapter 3, Operational Planning: Context and Concepts. Section 1, The Strategic Context.载于HQ Allied Rapid Reaction Corps' Reader for G5 Branch Operational Group Staff Ride (31 August-3 September 2009), 后面简称为 'Arrcade Planner', p.42.

5. Dick, 前引. p.41

6. Isby, David C. Weapons and Tactics of the Soviet Army, Revised Edition (London; Janes' Publishing Company Ltd, 1981). 后面简称 'Isby, Weapons and Tactics', p. 25.

7. Hammerich 前引. p.160.

8. HQ I (BR) Corps OPO 1/89 – General Defence Plan (GDP) [1989] in Arrcade Planner, Para 3.i.(2). p.170.

9. Herbert, Major Paul H., Deciding What Has To Be Done: General William E De Puy and the 1976 Edition of FM 100-5, Operations, Leavenworth Papers Number 16, Fort Leavenworth, Kansas; Combat Studies Institute, 1988. p.65.

10. Hammerich 前引, p.160.

11. Warden, John A III. The Air Campaign: Planning for Combat (Washington, D.C; National Defense University Press, 1988).

12. Isby, Weapons and Tactics, pp.30-31.

13. 参见Warsaw Pact Order of Battle June 1989, v. 1.0 January 28, 2001;<http://suptg.thisisnotatrueending.com/graveyard/26912082/images/1377961541351. pdf> accessed 1704hrs BST, Friday 29 May 2020.

14. Vigor, Professor P H. Soviet Echelonment of Forces in English, The Mechanized Battlefield, p.22.

15. Simpkin, Brigadier (Retd) R.E. OBE MC, Technology, Threat and Possible NATO Response 载于English 前引, p.86.

16. Suvorov, Viktor, Inside the Soviet Army (New York, Macmillan, 1982), p.171;载于English, The Mechanized Battlefield, pp.1-2.

17. Middeldorf, Eike. Taktik im Russlandfeldzug. Erfahrungen und Folgerungen (Berlin; E. S Mittler & Sohn, 1957). Author's translation (hereafter 'Middeldorf, The Russian Campaign'). P132.

18. Vigor 前引, p.15.

19. Isby 前引, p.54.

20. Field Manual 100-5 Operations, 1976, Washington, DC: Headquarters, Department of the Army, 1976。[后面简称 FM 100-5 (76)行动,见第五章]。

21. 在第七章的 FM 100-5 (82)行动中进行了描述。

22. Long, Jeffrey W, Maj USA. The Evolution of U.S. Army Doctrine: From Active Defense to Airland Battle and Beyond. MMAS Thesis. Fort Leavenworth, Kansas; US Army Command and General Staff College, 1991, p.140ff.

23. 1982年秋，我带领英国第2装甲师的纵队夜间从驻地营房出发，进行了最后一次野战演习（FTX）。大约一个月后，我担任了它的降旗晚会的值班军官。司令部（HQ）后来搬回英格兰北部的约克，成为第2步兵师的司令部。

24. 第33装甲旅，1986年，我担任该旅司令部参谋。

25. Dragoner, O W. Die Bundeswehr 1989, Teil 2..2 Heer, Passim. <https://www.relikte.com/ basis/docs/bw_2_2-4.pdf> accessed 0939hrs BST 1 June 2020.

26. COMNORTHAG's General Defence Plan (GDP) – Annexe C, Intelligence. NORTHAG Assessment of the Threat, HQ NORTHAG, 25 March 1988. Para 2g in Arrcade Planner, p.138.

27. 例如Hackett, General Sir John et al, The Third World War: August 1985 (London; Sphere Books Ltd, 1979), p.195; 以及其他各类个人通信。

28. Hackett前引著作中的建议，p.210.

29. 例如英国第1军. HQ I (BR) Corps OPO 1/89 – General Defence Plan (GDP) in Arrcade Planner, Para 1.b.(3) (d). p.162.

30. Hammerich前引, p.162.

31. 根据NORTHAG Assessment of the Threat [1988] (Footnote 26), pp 154-5.

32. Design for Military Operations – The British Military Doctrine, Ministry of Defence D/ CGS/50/8. Army Code 71451, 1989. p. 22.

33. East German Ministry for State Security Top Secret document 626/82 <https:// digitalarchive.wilsoncenter.org/ document/112680> accessed at 1008hrs BST, 1 June 2020。还可参考注释36。

34. 个人通信。

35. Isby, 前引, p.25.

36. NORTHAG Assessment of the Threat [1988] (Footnote 26 above), p.142.

37. Operations Plan 33001 (GDP – General Defense Plan V Corps/USA. East German Ministry for State Security Top Secret document 626/82. 该计划于1981年1月1日生效。它被翻译成德文并由东德国防部在1982年12月16日下发。该文件被重新翻译成英文，可于2020年6月1日英国夏令时 10:08 https://digitalarchive.wilsoncenter.org/document/112680>访问。不幸的是，该文件没有附带照片。网上的其他图片明显是错误的。

38. 例如有地图文件：Kompass Wandern-Rad Sheet 461, Fulda Hessische Kegelspiel Milseburg 1：50 000 (2010-14)。

39. 它们海拔最高773米。

40. Coyle, Harold W., Team Yankee: A Novel of World War III. Revised and expanded edition (Havertown, Pennsylvania: Casemate, 2016). Hereafter 'Coyle, Team Yankee', p. 99.

41. FM 71-23 (92), Tactics and Techniques for Combined Arms Heavy Forces: Armored Brigade, Battalion/Task Force and Company/Team. Chap 4, Sect IV.

42. 布鲁诺·保卢斯上校在20世纪80年代的大部分时间都在第6装甲旅服役，请参阅致谢部分。

43. 1983年，我在第6装甲旅第62装甲掷弹兵营服役了两周。

44. 根据一位担任很高职务的参谋：个人通信。

45. 根据对美第5军北部边界和英第1军南部边界位置的估算，德第3军和比第1军的防线总长度约为90千米。

46. 意为"侦察部队"。

47. 个人通信。

48. HQ I (BR) Corps OPO 1/89 – General Defence Plan (GDP) [1989] in Arrcade Planner, pp161-187. 同样没有照片。

49. 他们包括了一个师的参谋长、另一个师的计划官、一个装甲旅的参谋长和副参谋长、一个正规增援旅的副参谋长以及一个本土防卫旅的参谋长。

50. 个人通信。

51. HQ I (BR) Corps OPO 1/89 – General Defence Plan (GDP) [1989] in Arrcade Planner. p.182.

52. 同上。

53. The British Army Pocketbook: A Pocket Guide, Second edition, 1987, Copyright R & F (Military Publishing) 1987, ISBN 0 946966 01X, p.27.

54. 第1装甲师左前方的第22装甲旅实力更强。它可能保留一个重型装甲战斗群作为旅预备队。

55. 个人通信。

56. 尤其是前沿战区的部队规模从3个师（辖6个旅）减至2个师（4个旅）。

57. McInnes, C J, BAOR in the 80s: Changes in Doctrine and Organisation, Defense Analysis Vol. 4 (1988), pp.377-94, Arrcade Planner, p.87.

58. Hammerich 前引. p169.

59. 个人通信。

60. 个人通信。

61. 个人通信。

62. Middeldorf, Eike. Handbuch der Taktik. Für Führer und Unterführer (Berlin: E. S Mittler & Sohn, 1957). Author's translation (hereafter 'Middeldorf, Handbook of Tactics'), pp.244-5.

第二章

军队

在中央防区的军队基本上都是现代机械化部队。它们之间都有相似之处，但又各具特色。他们在组织、装备、人力等方面存在差异，而最重要的是军事理论，军事理论反映了军队的基本作战方式。本章着眼于苏联、美国、英国、西德军队，也涉及法国军队。更具体地说，它研究那些将在中央防区作战的军队的组成部分。

冷战紧随二战而来，西德国防军的做法反映了前西德国防军在与苏联军队作战中所学到的经验。苏联、美国、英国和法国军队的军事理论反映了他们在与前西德国防军作战时所总结的经验。但北约军队要对抗的是苏联军队，不是西德国防军。

几乎所有冷战时期的军队都拥有标准化的师，它们按照连、营、旅或团的常见结构组织起来。它们包括装甲兵和步兵；侦察、工程和炮兵单位；反坦克和防空单位；通信兵和直升机。所有这些军队都有后勤编制，包括医疗、补给和维修部队。还有一小部分专业人员，如情报人员和宪兵。

然而，只有苏联陆军拥有师属反坦克营；只有美国陆军每个师设有两个武装直升机营。1944年5月的西北欧战事中，几乎每个装甲师（德军和盟军）都下辖2个而非3个旅。英国陆军将这种结构一直保持到1982年。法国陆军一直保持这一结构到冷战结束。几乎所有别的国家的师都要大得多。

自第二次世界大战以来，军事装备出现了相当大的衍伸和演变，例如美国坦克（从M26到M46、M47、M48，再到M60）和苏联坦克（T34、T44、

T54、T55、T62、T64和T72）。一些装备在北约得到广泛使用，包括FN FAL步枪（英国人称为SLR），"百夫长"坦克，尤其是105mm L7坦克炮，以及"幻影"飞机。华约的大部分装备都是苏制装备。然而，变化亦悄然发生。例如，20世纪80年代出现的新一代北约坦克（"豹"2、M1"艾布拉姆斯"和"挑战者"）看起来与其前辈有很大不同。

而变化最大的却不那么直观，即相关电子产品。新研制出的计算机芯片结合了金属氧化物半导体元件和超大规模集成电路技术，主要应用于传感器、制导武器和通信系统，它们使战场电子设备变得更经济、广泛、可靠。

过去认为雷达非常昂贵，以至于只能部署在战斗机上，这样的观点也逐渐被推翻。战场监视雷达，例如美国的AN-TPS 5和AN-PPS系统，以及法国的RASIT，已经部署了一段时间。炮兵的反炮雷达和夜视装置也是如此。然而，将雷达安装到家用汽车中作为停车助手的想法还停留在科幻小说的阶段，数字革命尚未到来。

有效的制导武器已于20世纪70年代投入使用。反坦克系统包括美国"陶"式和欧洲的"米兰"反坦克系统。AIM-9"响尾蛇"是典型的空对空运用。到了20世纪80年代，它们的应用已经相当广泛。

然而，这些发展产生的最大影响不是体现在战场上。传感器和计算能力的改进支撑了"空地一体战"和"接续部队打击"等战区级概念的发展。

另一个变化更加微妙。最后一批二战老兵退役了。20世纪80年代的上校和将军，总的来说都是冷战老兵。

不少关于第二次世界大战中苏联军队的文章都有失公正。例如，"……苏联的安全系统是个传奇，他们的安全系统从未被德国人渗透过。"[1]然而实践中，苏联的安全系统，特别是他们的通信安全（COMSEC），经常像筛子一样漏洞百出。不止如此，他们还时常将计就计，欺骗西德国防军。

同样，人们一再声称苏联在战役层面上拥有主动权——毫无疑问，如果你在人数上超过你的敌人三百多万，就像苏联在第二次世界大战中那样，你也更容易表现出主动性。[2]对于对中央防区的进攻，他们可能通过高度战备和一些驻军靠近两德边界的因素，实现一定程度的突然袭击。但是其他因素，如信号情报（SIGINT），则可能会削弱这些优势。

一个苏联师有1个坦克团和3个摩托化步兵（机械化步兵）团，或是相反比例。一个团通常有3个相同兵种的营和1个其他兵种的营。这个单独的营通常被分割成各兵种混编的编队。因此，摩托化步兵营和连将得到坦克的增援，或角色对调。在一个师中，坦克连与摩托化步兵连的整体比例约为1.4或1.7比1，或相反。然而，在一个团内，这个比例几乎总是固定在3∶1。

苏联军队（以及其他华约国家）保留了团的编制，而不是旅。北约军队早已弃用团级编制。对苏联来说，这在一定程度上降低了灵活性。

苏联的装备简单、坚固，但也很原始。坦克和火炮的口径通常比北约同类产品稍大。然而，大炮和炮弹本身的做工往往比较粗糙，因此效果较差。例如，苏联炮弹的装药量普遍较低，而且质量不高。电子产品通常比北约落后十年或一代左右。

速度是苏联战术的一个关键特征。一个领头的（"尖兵"）连将在第一次接触后20分钟内发起攻击，一个营则需要20～45分钟，一个团则需要1至3小时。[3]跨过两德边境的攻击可能会很快，因为苏军集结区相对前置。其一个团的行军纵队很可能有28～50千米长[4]；这比驻德苏军的一些营房与两德边境的距离还要长。

然而，速度快并不意味着水平更高。自第二次世界大战甚至更早以来，战术并没有发生多少重大变化，在某些细节上更是如此。譬如，他们一个坦克加强营在1980年的进攻方式与1945年的完全相同：当步兵营或团发起进攻时，担任第一梯队的连会以一个波次冲锋。但早在1914年，按照这种战术进攻的部队就已经遭到重创。苏联拥有装甲运兵车，因此采用这种战术时速度更快，但效果并不理想。

在前进过程中，苏联的侦察很可能是高度模式化的，从而暴露了指挥官的意图。经过短暂的猛烈轰炸后，攻击将直接朝向目标，他们很少会选择迂回路线。第二梯队的连和营将直接打击或包围对方的抵抗力量。他们会毫不犹豫地出手，并且很大程度上不考虑可能的后果。这很可能会非常有效。

在防御上，团和师的阵地配置通常很容易识别，它们通常是模式化的，并且只是松散地适应地形。连和营级的反攻将会很快发起，但可以提前预估。在更高的层级上，他们的行动缓慢且执行力较差。

许多炮火的目标是基于糟糕的情报预估出来的,而不是实地侦察得到的,再加上要拼命达到规定的弹药支出标准,因此轰炸通常很猛烈,但目标不准确(因此无效)。多层级的火力控制流程相当笨拙,因此在防御或攻击的初始阶段,火力最初可能还会有效,但随着射程的增加和推进速度的加快,协调性和火力效果将会下降。

另外,苏联和北约军队最大的区别在于人员运用。例如美国或英国营的6~8门迫击炮往往只需要1名军官指挥。但在苏联军队中,这需要6个人。[5]

高度戒备的"1类"编队(包括驻德苏军全部)接受过完整但效果不佳的训练。这些士兵们服从性强,但缺乏积极性。2类部队中可能有1/4的士兵最近接受过一些训练。至于许多3类部队的士兵,则很可能已经多年没有接受过训练。[6]

那些训练不足、积极性低的士兵,只会一味服从军官的指挥。[7]一位匈牙利上校曾揭露,在思维僵化的部队中,主动表现反而更容易威胁到职业生涯,甚至生命。[8]

总体而言,苏联军队的效率可能令人吃惊。他们的部队会严格遵守安排。这可能会取得巨大的成功,也可能出现意外。尤其不确定的是,他们将如何应对任何严重的逆转,无论是局部的还是整个中央防区的。

美国欧洲陆军(USAREUR)的师是北约最大的师之一。每师由10个营共40个机动连组成。比例是坦克营6个,(机械化)步兵营4个,或者两者各5个营。这使得坦克与步兵的平均比例分别为1.5∶1或1∶1。然而,营和连之间是交叉配属的,这导致了特遣部队之间几乎无限的排列组合。

美国陆军部队的装备是北约中最精良的,但不一定是最好用的。装备总体良好,功能齐全且坚固耐用,但也有一些值得注意的败笔。其中包括M60A2主战坦克和M551"谢里登"装甲侦察/空降突击车。两者都配备了152毫米炮射导弹发射器,但一直无法正常工作。"谢里登"还有许多其他的缺点。M114装甲侦察车在机动性上表现不佳。1973年停用后,美国陆军没有合适的侦察车,直到20世纪80年代中期才引入了M3"布雷德利"。

一直到20世纪80年代,美国军官们通常都笼统地认为他们所采用的战术直接源自第二次世界大战的经验。[9]然而,对已出版军事条令的研究清楚地显示，美军战术与越南战争呈现明显的相关变化。20世纪60年代出版的美军战术手册用简单明了的语言编写，大致描述了他们与英国和西德国防军同等级别手册类似的战术。[10]、[11]、[12]简单来说，这些条令描述了"该做什么"。至于"为什么要这样做"取决于战术情况。而在特定情况下"怎样做"则由指挥官决定。

修订版显然弥补了早期版本中的缺点（第九章会举例）。不过，到了20世纪70年代末，战术手册明确描述了"怎样做"[13]，强化了美国陆军军官不知道自己在做什么的印象。

这是有意而为，包括威廉·德普伊将军和唐·斯塔里将军在内的三名高级军官（分别负责1976年和1982年版本的FM 100-5编写工作）认为，军队并不知道该怎样做，它需要被教导。[14]这在某种程度上是有道理的。许多初级军官只在越南服役过，而美国欧洲陆军司令部在20世纪60年代末几乎没有进行过重大演习（例如，1972年12月的"大篷车Ⅰ"演习是美国陆军欧洲司令部十多年来的第一次野战演习）。[15]然而，编写（或是指导编写）20世纪80年代条令的准将们都是活跃于20世纪60年代的上尉，以至于80年代后期编写的手册回到了60年代的风格。在多个版本中，措辞都是相同的。[16]"怎样做"消失了，通常被"怎样计划"取而代之。这是一个进步。然而，正如我们将在后文看到的，这反映出一种过度计划的倾向。

事实上，情况还不止这样简单。首先，德普伊对美国陆军军官总体评价不高，他认为这些缺点不仅仅是由越南战争带来的。[17]其次，20世纪70年代的条令，从某些方面暴露出相当大的弱点。且不说手册的呈现方式有点像漫画书，高级军官以非结构化、不精确的独白形式向下级下达命令[18]，营、连级别的战术简单粗糙，有点像"学校课本"；对战术编队又过于强调，以至于忽视了它们与地形的适应性[19]，德普伊将军也是这样认为的。[20]到了20世纪80年代末，出现了对分析、预先计划和集中控制的过分关注[21]，提出的机动方案似乎过于复杂。[22]总体来说，战术要么显得过于简单，要么表现出不必要和不适当的复杂性。

人们普遍认为，对抗坦克的最佳防御手段就是坦克。[23]事实并非如此：在第二次世界大战中，美国最好的坦克歼击车（即自行反坦克炮）营在摧毁敌方坦克方面，比任何其他坦克营都有效得多。[24]这一论点反映了普遍的缺乏分析。正如我们所看到的，二战期间，骑兵团被装甲侦察部队替代，这一转变是深刻而积极的，但基本上没有得到重视。坦克也是同样的情况[25]——陆军的条令要它在交战距离很少超过2000米的战区进行射程3000米的直瞄火力战斗。[26]

"主动防御"强调压制，尤其是对直瞄火力武器的抑制，是"决定成败所在的基本战术"[27]。它建议一个编队应该将其高达2/3的战斗力集中在其防区的1/5内。这种方法本质上是防御性的和消耗性的。[28]

相反，"空地一体战"强调，在战役层面上，数量最不重要；机动性才有最大的潜力。它承认在战术层面上，"战争的物理学"——武器、杀伤力、时间、距离、空间、速度和物质数量——"严重制约了指挥官的自由度"。[29]然而，这与"积极防御"的消耗特点相去甚远。

"空地一体战"强调机动进攻："当敌人被赶出阵地时，摧毁是最实际的……"[30]此外，"要想取胜，必须进攻。"[31]它区分了纵深战役、近距离战役和后方战役。"空地一体战"强调纵深战役在扰乱、孤立和限制敌方第二梯队部队方面的作用。新服役的阿帕奇攻击直升机和多管火箭炮在纵深作战中将发挥关键作用。军是进行纵深作战的主要层级。[32]然而，"空地一体战"往往夸大了此类远程系统摧毁敌方第二梯队部队的能力。[33]

更平衡的观点认为，纵深进攻创造了机动（的师和旅）击败对手的条件。"空地一体战"最终的突出地位可能源于这样一个事实，即它的引入比主动防御更为敏感。[34]实践中，美国欧洲陆军的总体方法介于1976年的主动防御和1982年的空地一体战之间。这两种学说背后都牵涉了政治影响[35,36]，两者都不能完全反映现实。

在整个20世纪80年代，军事条令（以及与之相关的实操）表明，行动的节奏或许会相当快。某条令曾建议一个特遣部队构建防御阵地的时间花费为2小时45分钟的，同一资料未提供特遣部队快速进攻的时间表，但暗示可能是仅几分钟的事情。

这表明巴顿的精神依然存在。自1942年起，装甲师的条令就强调高速推进以及使用包抄和迂回。[37]美国陆军在第二次世界大战中的经验就是快速、大胆的机动。美军曾与一支精干且经验丰富的军队作战，但令人惊讶的是，后者的装甲相对较少。（诺曼底登陆后，除了突出部战役外，西北欧一般只有4～5个德国装甲师。而盟军则多达25个。）[38]

在最好的状态下，美国陆军的编队清楚地展现了20世纪80年代的巴顿精神。但问题在于，陆军试图通过详细描述并为其制订计划来获取这种活力，以至于编队及其单位越来越呈现出过度计划的倾向。这种趋势在第二次世界大战期间有时就很明显。从逻辑上讲，它取决于两个主要谬误：

- 第一个谬误是认为在只能假设的情况下，我们可以预测敌人接下来要采取的行动。
- 第二个谬误是认为详细描述一次交战中的所有计划行动有助于成功。

这两种谬误都会导致过度的控制，尤其是强行要求同步——这在1976年首次引入美国的条令中。[39]

从大范围来说，美国欧洲陆军慢慢地从越南战争的阴影中走了出来，士气和纪律有所提高，社会问题大致都得到了解决[40]。同时，最后一批越南战争前的老兵离开了士兵行列，他们曾对保持所谓的"老式"（越南战争前的）军队精神发挥了关键作用。

20世纪80年代，美国陆军是一个相对集中化的机构。下级军官通常不太受信任，或者更确切地说，他们被默认为会打败仗。[41,42]英军和美军的旅大致拥有相同数量的少校军官，两者的主要区别在于，美国的少校几乎全部都在营和旅的参谋岗位工作，而大多数英国少校则指挥连队。相比之下，西德国防军的旅中，少校军官大约为前者的1/4。

英国陆军莱茵军团（BAOR）包括：司令部（也是北方集团军群的司令部）；第1军；英国（行政与后勤）支援司令部；以及英国柏林步兵旅。许多英国士兵都具有丰富的作战经验，这在北约内是罕见的。（如1986年的一个代表性的步兵营中，指挥官和许多高级军士曾于1968年在亚丁服役，而该营的每个人，除了刚入伍的新兵外，都曾在北爱尔兰服役过，许多人服役过多次。）1990年，前往科威特执行"沙漠风暴"行动的部队大多数来自莱茵军团。其历史评价非常明确：它运作良好，具备真正的战斗力。

和美国陆军一样，英国正规军也完全是职业的（没有征兵制）。典型的莱茵军团士兵每年大约有100个晚上都要"起夜"——通常是进行军事演习。同一时期，没有其他中央防区上的军队可以像英国军队那样成功地在北爱尔兰执行任务。当然，重要的是第1军在中央防区的表现如何。

英国所有的14个机械化营都属于莱茵军团，占其常规步兵的1/4。每个营每次在德国驻扎约5年时间。另外1/4的英国常规步兵被指定增援莱茵军团。然而，英国3/4的步兵不是机械化的。大约1/4，包括3个莱茵军团的营，每年在北爱尔兰服役。相反，17个装甲和装甲侦察营中的14个都在莱茵军团服役，每10年中有7~8年执行巡回任务。

大约一半的英国本土防卫军步兵（大约40个营中的21个）在战争中被指定为莱茵军团的增援力量。几乎所有指定的本土防卫军单位在1980年和1984年的增援演习中（分别是"十字军"和"勇士"演习）都被部署到德国。平均而言，他们大约每4年回德国一次。

一个典型的前沿战区装甲旅由1个坦克营和2个步兵营组成。这意味着有4个坦克连和6个步兵连，即16个坦克排和18个步兵排。因此，尽管有些旅的坦克会多一些，但坦克与步兵的比例几乎是1∶1。与美国欧洲陆军一样，大量的交叉配属是常见的。

装备总体来说还是不错的。每隔20~25年就需要制订采购计划来更换主要装备。"百夫长"主战坦克于1945年开始服役，20世纪60年代中期被"酋长"取代。20世纪80年代中期开始，"酋长"被"挑战者"取代。同样，FV432装甲运兵车在20世纪60年代投入使用，并在20世纪80年代末被"勇士"步兵战车取代。（"酋长"的缺点将在第五章描述。）

每年，莱茵军团1/4的战斗群都会在位于加拿大萨菲尔德的英国陆军训练部门进行为期一个月的实弹演习。有一天，一名西德国防军军官在观察训练时问：为什么英国人要把简单的事情搞得如此复杂？他指的是战斗群的"快速"攻击行动（他们通常需要大约一个小时才能实施）。莱茵军团的主要缺点是倾向于发明不必要的战术程序，以及没有实现标准化。14个机械化步兵营就有14套大同小异的"标准操作程序"（SOP）。其他军兵种也类似。指挥官们被教导在制订计划时要考虑到低两级的情况，有时这也导致命令会下达到低两级的层级上。

步兵训练中的机械化战争似乎都是些马后炮。也许正因如此，战术经常显得平庸，特别是对于（机械化）步兵战斗群。军事学院的教育往往描述了一系列线性的独立行动。在每一次行动之后，再下达下一次行动的命令，而没有以30或40千米的时速持续机动战斗的概念。

锡贝瑟峡谷惨败（在引言中曾经讲述）几天后，另一个英国装甲旅集结起来，准备对从其侧翼经过的"敌人"编队进行反击。不幸的是，它被西德国防军的一个旅（可能是同一个旅）发现了。大约45分钟内，德国旅重新整编，并向推进中的英军侧翼发起进攻。

这是一场与1944年诺曼底维莱博卡日（Villers Bocage）事件中英国第7装甲师所遭受的挫败相提并论的灾难。1944年晚些时候，英国第30军（由3个装甲师组成）前往阿纳姆（Arnhem）的行动受到了不过是一个德军坦克营的严重干扰。[43、44]英国第1军仿佛继承了这些装甲战的遗产——保守行动。到了20世纪80年代，他们的战术行动已变得十分缓慢。

其间，战术概念有所发展。备受瞩目的"古德伍德"（Goodwood）概念基本上是一个建立反坦克导弹网络的战术计划，这个网络由步兵保护，并由坦克增援。[45]这个计划最早于1976年提出，实际上是为了配合"米兰"反坦克导弹的使用而发展的概念。

部署大量"米兰"反坦克导弹需要在战场选址和协同作战方面付出相当多的精力，还需要进行长时间和高水平的训练。其他国家在这个问题上没有投入那么多。我们将在后面看到，英国人付出那么多努力是否必要。与美国和加拿大一样，英国指挥官对于在与华约的冲突中实现5∶1或更高的战损比充满信心。[46]

英国人已经忘记了二战期间许多教训的细节：狙击手、前哨、反坡的明显优势，尤其重要的是意外袭击的重要性，这些都被忽视了[47]。1944年—1945年指挥装甲旅的陆军元帅卡弗勋爵所说的那种作战节奏，怕是会令20世纪80年代的同行们感到窒息。[48]英国军队显然失去了对速度的追求。但总的来说，给人的印象是他们缺乏对专业的好奇心。

1983年，尼格尔·巴格纳尔爵士将军（后来升任陆军元帅）成为莱茵军团总司令（CinC）。他领导了一个被称为"巴格纳尔改革"的思想进程。以现在的眼光看来，这些改革的内容并非标新立异，但在当时，它们就像一场地震。因为在巴格纳尔之前，根本没有什么概念性的思考。有些轶事强化了这样一种看法，即旅和师指挥官的知识水平和专业素养都不如20世纪20年代或50年代，几乎没有人是大学毕业生。在没有大规模战争的刺激、晋升却确定无虞的情况下，人们没有太多动力去反思和改进。

哪怕一些声名显赫的团，其军官就像精英绅士俱乐部里的成员一样。对他们来说，重大演习有点像儿戏，训练任务也不繁重。一切都流露出某种"舒适感"。[49]英国军官似乎总是知道自己在做什么，但很少询问原因。

总的来说，英国正规军士兵可能是世界上最好的。其中许多人拥有战争服役经历。他们及其所属的单位都接受过全面的训练。士兵们不但没什么大男子气概，反而相对内向。他们收养流浪小狗；如果有必要的话，他们也会厮杀，然后再去泡茶。

莱茵军团训练有素且有能力，但没有达到应有的水平。它也不像有时想象得那么好。

由于向北约提供了多达15个师，冷战时期的法国陆军值得进行相对详细的研究。不过遗憾的是，相关的英文文献却很少。

法国陆军独特地保留了小型装甲师的结构。1942年—1945年，美国陆军重新装备法国人时采用了这种方式，后被废止，又在20世纪70年代重新采用。[50]然而，"小型"这个词有待商榷。就战斗力（机动连的数量）而言，它们比1944年—1945年在西北欧作战的15个美国装甲师（其中一个除外）之外的其他所有师都要大。另外，法国师有一个不容易解释的内部指挥结构，这个话题将在第九章中进一步讨论。

法国几乎自己制造了所有的军事装备。它们通常运行良好，但并不特别先进。我们将法国AMX 30主战坦克与现代德国"豹1"主战坦克进行一番比较，很能说明问题。AMX 30稍微轻一些，它的发动机动力稍弱，AMX 30的速度与"豹1"差不多，但功重比略低，它的防护稍微好一些。两者都安装了105毫米火炮，但法国型号的威力略弱。法国和德国都是相对繁荣的西方国家，拥有大量的义务兵。AMX 30和"豹1"之间的较量似乎不仅体现了装备本身的差异，还体现了两国军队的不同特点。

要谈论法国军队的战术特点尤为困难。它似乎采用了一种灵活机动的方法，反映了拿破仑传统的很多特点。然而，1940年的悲剧表明，他们的传统可能需要重新塑造。且有一些证据表明，它确实被重塑了。

法国本土军队几乎全部是义务兵。1989年的一份将军名录表明，其中许多人都曾是贵族家庭的成员。[51]一些著名的团仍然保留着，它们的一些传统通过第二次世界大战期间在北非的服役而得以保存。法国本土军官看起来很专业，而职业士官则很坚强。[52]应征入伍者似乎没有像西德国防军的士兵那样训练有素。

怎样强调也不为过的是，西德国防军是建立在对第二次世界大战中德军如何与苏军作战的透彻理解之上的。[53]支持这一论点的两份关键文件可以完全说明这一点。

第一本名为《俄罗斯战争的战术》[54]的书是在西德国防军之父阿道夫·霍伊辛格将军的指导下撰写的。该书于1956年1月出版，由艾克·米德尔多夫中校领导的前国防军军官小组撰写。1944年—1945年间，米德尔多夫曾在国防军最高司令部服役，负责分析战术经验（曾出版《经验教训》）。他又组织了一个小组撰写《战术手册》，于1957年出版。[55]《战术手册》明显是基于《俄罗斯战争的战术》仓促写就的。它一直被用作标准战术参考，直到几年后西德国防军制作了第一本训练手册。可惜两者都没有英文版本。

第二本名为《俄罗斯战争》，从这本书中可以明显看出，西德国防军相信自己在战术层面远远优于苏联红军。例如，以无法修复的坦克数量来衡量，德国与苏联坦克的总损失交换比几乎总是超过10∶1，个别例外，主要是受到围困等情况导致无法修复受损坦克的影响，比如在库尔斯克战役中。[56]《俄罗斯战争》指出，在战争的3年半时间里，库尔斯克战役是其唯一未能实现目标的重大有预谋进攻。即便如此，库尔斯克战役中无法修复的坦克损失也在一个月内得以补充。[57]该书承认了一些失败，例如西德国防军从未找到对抗T-34坦克的完全可行的应对方法。[58]

无论如何，阅读这两本书最清晰的感受是，西德国防军对战术拥有更深入、更有洞察力的理解，并且为西德国防军所继承，这一点远胜于西方盟军。这一发现并不是盲目崇拜德国，而是来自对已出版文本的分析和相似性比较。下面提供了一些例子，其他情况则予以略过。这是为了不过分渲染，也是为了避免尴尬。

20世纪70年代和80年代接受过培训的西德国防军军官们明确知道，他们的战术继承自第二次世界大战中西德国防军的战术。他们通常没看过米德尔多夫的书籍，但它们的语言和内容是相似的。[59]书中有些章节直接被引入了西德国防军的条令中。

西德国防军没有全盘接纳《俄罗斯战争》的内容。关于师的建立及其规模，还是取决于政治需要。在这个问题上，他们也没有采纳曼施坦因元帅的建议[60]，建立了北约中最大的师。到20世纪80年代，在陆军架构四号方案的指导下，装甲师下辖包括36个装甲或机械化连和9个轻步兵连（主要用于维持后方安全）。

1980年通过的陆军架构四号方案重申了对小型的、高敏捷度的战斗群的要求。部队通常交叉配属到排级。旅由8个坦克连和4个步兵连组成，或者比例相反，因此在这一级别，装甲和步兵的比例为2∶1（或1∶2）。

20世纪80年代末，各国师的组织可概括如表2-1所示。

出于多种政治和经济原因，20世纪80年代西德国防军的装备可能与任何现代军队一样好。其中大部分都是相当新式的，设计精良、可靠且易于维

表 2-1：20 世纪 80 年代末师的组建

师	连队总数	坦克连	步兵连	比例	备注
西德	36（外加9个步兵连）	20或16	16或20	装甲旅为2∶1；机械化旅为1∶2；总体为1.25∶1或1∶1.25	在旅这一层级上比例是固定的
美国	40	24或20	16或20	3∶2或1∶1	各旅之间有相当大的不同
英国	32到36	15到20	12到21	1.66∶1到1∶1.4	各旅略有不同
法国	19或20	10或11	9	1.11∶1或1.22∶1	相当灵活
苏联	48或50	23或30	27或18	在大多数团是1∶3或者3∶1[61]，总体为1.66∶1或1∶1.17	在团这一层级上比例是固定的

护。例如，人们可能会批评"豹1"主战坦克的一些主要特征，然而正如我们将看到的，该设计直接源于第二次世界大战中所获得的经验，并进行了更新，以适应现代技术。[62]

1971年推出的"貂"式步兵战车，其主要特征在《俄罗斯战争》中就进行了规定，甚至包括理想的最大底盘高度。[63]另一个例子是，国防军在大战后期的主要侦察车辆是Sd Kfz 234/1。它配备了1门20毫米炮和1挺机枪；它有8个轮子和2套驱动装置，可以向前或向后行驶；它有6个前进挡和6个倒挡。[64]西德国防军的同类产品"山猫"（Luchs）也配备了一门20毫米加农炮和一挺机枪；有8个轮子和两套驱动装置，因此可以向任一方向行驶；并有5个前进挡和5个倒挡。"山猫"稍大、更重、速度更快，并且具有更好的功重比。与234/1不同的是，它是两栖的。[65]它显然是234/1的直接替代品。更广泛地说，西德国防军主要负责将高速自动火炮（例如20毫米口径）引入北约军队。

根据《俄罗斯战争》的说法，"毫无疑问，坦克是对坦克最有效的防御。"[66]如果德国坦克确实以超过10∶1的比例消灭了苏联坦克，那可能是真的。然而——

……问题是，它是否在所有情况下都是正确的选择。……在战术反坦克行动中使用这样昂贵的武器是一个根本性的错误。……当你不是像它所暗示的那样，以1辆坦克对敌方1辆坦克，而是在敌方以10辆坦克对1辆坦克的优势下作战时，这个问题就特别适用。在这种情况下，你自己的坦克是唯一有效的进攻武器。[67]

这一观点与上文第36页上的观点之间比较，再明显不过了。米德尔多夫的分析认为，战术优势主要源于三个方面：

• 机动性：装备和战役实施方面；
• 集中于几个决定性的点；
• 大胆投入力量。[68]

大胆的特征是：制造和利用突然性、速度以及坚决发起进攻。这反过来又需要寻找和利用敌人的侧翼、缝隙、薄弱点和敌人的后方。[69]进攻者（或反击者）可以通过这种方式到达关键地点，从而包围敌人并导致敌人的崩溃。以速度为例，西德国防军的一个营可能会在15到20分钟内以一个战斗群发动进攻。[70]

由于语言壁垒，德国军事理论还经常被英语读者误解。后者可能见过"Fingerspitzengefühl"（大意为"指尖感觉"）这个词，并误会它是一种对战争哲学所谓的形而上学的隐喻，即西德国防军（以及西德国防军）对战争的所谓哲学态度。实际上，这个词的真正含义要简单得多：这里存在一个通感类比，说指挥官需要像物理层面的"用手指触摸；用拳头打击"那样，具有一种抽象地"用手指触摸"的能力（因此有了"Fingerspitzengefühl"这个词）。西德国防军的战术展示了如何做到这一点。

类似的还有一个概念"Auftragstaktik"，关于它的翻译实在糟糕。它本质上是一种分散化的指挥方法，依赖于各级指挥官主动采取行动，但又在总体上符合上级的意图。有案例表明，20世纪80年代和90年代，西德国防军展示了这种精神，而英语国家的军队没有。[71]

德语可以提供简单的复合名词来非常形象地描述战术概念。翻译成英式军事英语的例子包括：

Waldkampf：林中战斗。
Ortskampf：建筑区战斗。
Nähkampf：近距离战斗。
Bewegungskampf：机动战斗。
Stellungskampf：阵地战。

这里有一个重要的术语"Feuerkampf"，它描述的是"火力战斗"的战术，或者说是"以火力为主的战斗"，而不是机动战斗之类。这应该在诸如Nähkampf（近战），Bewegungskampf（机动战）和Stellungskampf（阵地战）的背景下来解释。在英国和美国的军事用语中，"firefight"倾向于表述直瞄火力的交火。而德语"Feuerkampf"也可能包括间接火力，比如反炮兵支援。本书中会使用到这个德语术语。

西德国防军在很大程度上是由义务兵组成的，但士官（NCO）中的全职比例异常高。例如，在一个61人的坦克连中，大约可有25名全职的合同士兵。[72]这个特点至少可以追溯到帝国时代。因此，其训练标准很高。正规军的军官都是大学毕业生。这一点即使在40年后的英国军队中，也还没有完全实现。

20世纪70年代末，许多师级和更高级别的指挥官，以及其他类似的职位，都是国防军的退伍军人，其中一些人获得过骑士十字勋章。他们很多都是令人印象深刻的人物。[73]在1956年—1981年间组建的第234山地步兵营的17名指挥官和副手中，有12名持有铁十字勋章。[74,75]事实上，在1971年以前，所有人都有勋章。

可以有理有据地说，到20世纪80年代，美国、英国和法国军队开始忘记他们在与德军作战时学到的东西。相反，西德国防军非常清楚前国防军在与苏联军队的战斗中学到了什么。在20世纪80年代，它组织得井井有条，装备精良，训练有素，可以在需要时再次登上战场。

然而，西德国防军的独特之处并不是它的传统，而是它对于该做什么以及如何做有着异常清晰和明确的理解。米德尔多夫书中描述的许多想法会引起所有军事专业人士的共鸣。西德国防军的与众不同在于对这些理念的清晰简洁描述，以及对后续执行的严密遵循程度。

因此，西德国防军接受了非常严格的军事训练。他们的演习经过深思熟虑，而且执行得非常出色。最重要的是，他们能够非常好地将这些演习应用到战术情境中。

本章注释

1. Dick C J., Catching NATO Unawares: Soviet Army Surprise and Deception Techniques, International Defence Review Vol. 1 (1986). pp. 1-26 in Arrcade Planner, p.21.

2. Storr, Jim. The Hall of Mirrors: War and Warfare in the Twentieth Century (Warwick; Helion and Company 2018), pp. 108, 129.

3. Isby, Weapons and Tactics. p.48.

4. 同上，第45页。

5. 同上，第162页。

6. 同上，第57页。

7. 20世纪70年代，我的家人在共产主义东欧生活了四年，我认为自己有资格提出一些见解。

8. 个人通信，2003。

9. 个人通信。

10. FM 7-20 (1962) Infantry, Airborne Infantry, and Mechanized Infantry Battalions.

11. FM 7-11 (1962) Rifle Company, Infantry, Airborne Infantry, and Mechanized Infantry.

12. FM 7-20 (1969) The Infantry Battalions.

13. 例如FM 71-2 (1977), The Tank and Mechanised Battalion Task Force, pp. 4-44 to 4-58 and 5-16 to 5-28. 以及FM 71-100 (1979), Armored and Mechanized Divisions Operations, p.i, 等。

14. Herbert, Major Paul H. Deciding What Has To Be Done: General William E DePuy and the 1976 Edition of FM 100-5, Operations. Leavenworth Papers Number 16. Fort Leavenworth, Kansas; Combat Studies Institute, 1988. Passim and p101.

15. Böhm, Walter and Ruiz Palmer, Diego. Reforger (V) 73 Certain Charge (Erlangen; Verlag Jochen Vollert, 2019), p.4.

16. 例如FM 71-2 (88) The Tank and Mechanized Infantry Battalion Task Force.

17. Herbert前引，第16页。

18. 例如FM 71-2 (77)，第5-19页，第24页。

19. 例如Coyle, Team Yankee，第263页。

20. Herbert前引，第34页。

21. 例如Echo Company: the Fifth Player. Hackney, Michael S. 'Infantry', Fort Benning, Georgia; US Army Infantry School, July-August 1985. pp. 20-24.

22. 例如FM 71-2 (77) pp. 4-25 to 32 and 4-35 to 39.

23. 尤其是缘于General Jacob Devers, Commander Army Field Forces 1946-49. Gabel, Christopher R. Seek, Engage and Destroy: US Army Tank Destroyer Doctrine in World War 2 (Fort Leavenworth, Kansas; Combat Studies Institute, 1985), p.69.

24. Gabel前引, passim.

25. Watson, Mark Skinner, Chief of Staff. Prewar Plans and Preparations: United States Army in World War II, The War Department (Washington, DC; Center of Military History, United States Army, 1991), pp.238-9.

26. 例如FM 19-95 (1985) Cavalry. pp.1-2.

27. FM 100-5 (76) Operations, pp.3-13.

28. Long前引, pp.41-33.

29. Long前引, pp.92-3.

30. FM 100-5 (82) Operations, pp.8-4.

31. Long 同上, pp.10-11.

32. Long 前引, pp.73, 292

33. 同上, p.274.

34. 同上, pp.304, 309-10.

35. 同上, pp199-204.

36. Herbert前引, p.103.

37. FM 17 (42) The Armored Division, paras 6, 12, 14.

38. Ellis, John. The World War II Databook (London; Aurum, 1993), pp.184-5.

39. FM 100-5 (76) Operations. pp.3-8.

40. Herbert前引, p.101.

41. 轶事，见Coyle, Team Yankee, p. 237.

42. 这一点现在也没有改变，请您在谷歌上搜索"lieutenants screw up（中尉搞砸了）"。

43. Zaloga, Stephen J., Operation Market Garden 1944 (Oxford; Osprey Publishing Company, 2014), p.20.

44. Kershaw, Robert, It Never Rains in September (London; Ian Allen, 2004), p.405

45. Moody, Simon J., Imagining Nuclear War in the British Army 1945-89 (Oxford; Oxford University Press, 2020), p.165.

46. 有关传闻可见Hackett, General Sir John et al, The Third World War: August 1985 (London; Sphere Books Ltd, 1979), p.195.

47. 例如，把Infantry Training Volume IX, Infantry Tactics, Pamphlet No. 44, The Infantry Battalion, Army Code 70740 (1975)等与20世纪80年代的实践相比较，可以清楚地看到在二战中的问题在十年之后被忽视了。如需进一步比较，请参阅陆军部出版的战时Operations系列。

48. Films: Command of Armour in World War II, Part 2, North West Europe, British Defence Film Library C1405, 1979.

49. 一位将官的个人通信。

50. Vigneras, Marcel, Rearming the French: The US Army in World War II, Special Studies

51. Delporte, David. Entre réalité et prospective: L'armée de terre Française en Janvier 1989 <http://armee-francaise-1989.wifeo.com/> accessed 1616hrs GMT 23 December 2019.

52. 1988年至1990年，我在英国柏林步兵旅的一个步兵营担任作战军官。我们与法国和美国柏林旅的部队有一个完善的合作和联合训练计划。

53. 我特别感谢杰克·谢尔顿上校让我关注这方面。谢尔顿曾多次在西德国防军服役，包括：作为一名参谋学院的学生；担任哈默尔堡步兵学校的联络官；并担任英国驻柏林武官。他现在是公认的一战德国陆军方面的英文专家。

54. Middeldorf, The Russian Campaign.

55. Middeldorf, Handbook of Tactics.

56. Middeldorf, The Russian Campaign, p.33.

57. 同上。

58. 同上的，第13页。

59. Dirk Brodersen和Bruno Paulus上校，个人通信。

60. Manstein, Rudiger and Fuchs, Theodor. Soldat in 20. Jahrhundert (Munich: Bernard and Graebe, 1981), pp. 389-408.Ghislaine Fluck译。

61. 摩托化师的坦克团没有坦克营。Isby前引，第121页。

62. 参见第五章。

63. Middeldorf, The Russian Campaign. p.54-5.

64. Chamberlain, Peter & Doyle, Hilary, Encyclopaedia of German Tanks of World War Two,Revised Edition. (London; Arms and Armour, 1999), p.202.

65. Tanks of the World. Originally published as Taschenbuch der Panzer. Seventh Edition.Schneider, Wolfgang ed. (Koblenz: Bernard and Graefe Verlag, 1990), pp.197-8, 752-5.

66. Middeldorf 前引p.164.在原文中被强调。

67. Middeldorf, 前引。

68. Middeldorf op cit. p.33.

69. 同上，p32.

70. Bruno Paulus上校，个人通信。

71. 为了避免尴尬，这里不再提及这个轶事。

72. Colonel Bruno Paulus, 个人通信。

73. Colonel Jack Sheldon, 个人通信。Sheldon和许多人一起服役过。

74. Truppenkameradschaft <www.truppenkameradschaft-ehem-gebjgbtl234.de/html/ chronik_234.html> accessed 1525hrs GMT, 30 December 2019.

75. 4位副手后来指挥整个营。

第三章
思维方法

本书的第一部分描述了想定的情景：地理、战略和战役背景，以及关于军队的概述。后面的部分将描述这些军队的功能部分（各种军兵种）以及它们的工作方式（战术）。但关于这一想定，有两个方面仍有待讨论，它们是概念性的。第一个方面是要了解战争和战争的行为是什么样的，这就是想定的智力背景。第二个方面是关于思维方法的问题：既然冷战中没有发生过战争，我们如何才能洞察这些未发生的战争呢？从某种意义上说，这两方面应该提供一套方法论，以某种主观和非量化的方式，帮助我们理解应该如何实施战役和战斗；然后给我们一些评估可能的结果的手段。

我们可以从哪儿找到对战争的好的概括描述？我们可以查阅无数的历史，但历史并不能提供概括性的描述。例如我们可以看到克劳塞维茨的著作，他发表了一些对战争本质的重要见解，但关于如何发动战争的内容相对较少。虽然它很有价值，但不符合我们的要求。

我们如何知道什么是好的战术，什么是有效的军事组织？战争原则看起来很有用，但实际上它们只是一套关于如何发动战争的指导方针。它们源于归纳法（寻求从特殊到一般），这在哲学上通常被认为是不稳定的。它们随着时间的推移而变化，并且（例如说）苏联的原则与英国或美国的不同[1,2]，西德国防军没有遵守任何战争原则。那么，我们还可以看看哪里呢？

西里尔·福尔斯是一位军事历史学家，曾参加过第一次世界大战，后来成为牛津大学奇切利战争史教授。也许令人惊讶，他认为战争只有五个原则：集中兵力（或高效使用兵力）、保护、突然性、侵略性侦察和保持目标。[3] 30多年后，一群英国运筹学分析师在研究如何决定战役胜负的问题。他们首先对20世纪的159场陆战进行了调查。最初的发现是，在这些战役中，有61次进攻方未能在战役开头就突破敌人的防线，然后其中的51次，进攻者未能实现其目标。在37次战役中，进攻者迅速突破了敌人的防线，通常是在战役的头半天内。在这37场迅速突破的战役中，有30场进攻者取得了胜利。如果我们将"快速突破"（在头两天内）和"持续突破"（虽突破，但需要两天以上）结合起来考虑，比较结果更加明显。请参见表3-1。

表 3-1：与最初的突破相关的战役胜败[4,5]

最初的突破	进攻者获胜	进攻者失败	胜率	平均的胜率
无	10	51	16.4%	15.5%
延迟	6	36	14.3%	
较快	17	2	89.5%	83.9%
迅速	30	7	81.1%	

因此，凭经验，"胜利之道"是什么？迅速突破似乎很重要。研究人员随后详细研究了哪些因素有助于实现最初的突破，以及这些因素是否有助于战役的胜利。也就是说，他们提出了"什么赢得了战斗和交火，从而导致了战役的胜利？"的问题。他们聘请了一位专业历史学家来列举32个不同因素，以确定其中任何一个是否适用于这159场战役。他们惊讶地发现，几乎任何与数量优势或力量对比相关的衡量标准与胜利的相关性都很低。简而言之，胜利的关键并不在于数量。

他们发现，三个因素决定了实现快速突破并取得战役成功的能力：突然性、空中优势和积极的地面侦察。这些因素的影响是巨大的，如表3-2所示。

因此，例如，在那些进攻方实现了突然性并在一定程度上掌握制空权的战役中，成功突破的概率为82.6%（总共23次战役中的19次），并有52.2%的概率为快速突破（23次战役中的12次）；当这三个因素都存在时，进攻方总是能够突破并成功实现战役目标。大多数情况下（超过80%），它还能够实现快速的突破。

表 3-2：与主要因素[6] 相关的战役突破和胜利

具有这些因素的个数	突破成功	快速突破成功	战役胜利
无：	19.6%	2.2%	20.8%
1个：			
- 突然性	72.7%	45.5%	75.0%
- 积极侦察	75.0%	25.0%	63.2%
- 空中优势	61.3%	16.1%	63.2%
2个：			
- 突然性和积极侦察	80.0%	60.0%	80.0%
- 突然性和空中优势	82.6%	52.2%	93.8%
- 积极侦察和空中优势	66.7%	50.0%	55.6%
3个：	100.0%	82.1%	100.0%

"快速"突破是指进攻者在两天或更短时间内突破任何地方；即表3-1中的"迅速"和"较快"类别。

　　这是非常重要的。概率为100%时，可以算是一种保证，但战争中很少有保证。顺便提一下，空中优势在这三个因素中，不管是单独还是联合起来，从数量上来看都是最不重要的。于是，分析师们继续研究了在实现那些战役或作战行动层次目标时，突然性、积极侦察和战场上（或之外）的制空权究竟是如何起作用的。

　　这项研究提供了四个主要的见解。首先，突然性不仅在战役的开局阶段重要，而且在整个作战过程中的每一场战斗和交锋中都至关重要。其次，突然性和其他因素共同促成了一种"冲击效应"，使敌军部分或全体失去反应或行动能力。当一个部队遭受冲击效应时，其战术或实施作战行动的效能急剧下降。冲击效应可以与突然性分开考虑，它在战术上与成功密切相关。第三，所谓的"积极侦察"是一个不太恰当的命名。它的意思是在各个层面上抓住机会，将局部成功转化为更高层次的成功，也就是积极地扩大战果。最后，空中优势只在某些方面是关键的[7]，最重要的是能够进行或阻止空中侦察。空中侦察有助于识别和利用突然性进行冲击或扩大战果的机会。剥夺敌人进行空中侦察的能力直接有助于实现突然性。对地面部队进行空袭在实现最初突破方面特别重要。它有助于实现冲击效应。并且它在骚扰已经溃败的敌人方面表现出色，这是扩大战果的一个方面。

认识冲击效应及其重要性非常重要。冲击效应可以与几百对一的兵力比相当（这样高的兵力比从未实现过）。冲击效应大部分是由冲击行动引起的。我们可以确定什么是冲击行动，也可以观察到冲击效应。冲击行动基本上是对暴力的突然集中应用，这一概念有助于我们理解武器效果（如炮火）的影响，并将其与机动性联系起来。它还有助于我们理解数量的重要性。简而言之，需要足够数量的士兵和武器，以便它们的效果可以集中应用。但最重要的不是数量本身，而是其集中程度，是手头可用数量的使用方式。

冲击效应和突然性都是完全人为的现象，会随着时间而减弱。为了达成手头的任务，必须加以利用。迅速扩大战果（"积极侦察"）创造了更多的突然性，因此产生了更多的冲击效应等。因此，这项来自20世纪末的研究与福尔斯教授30多年前的纯粹的观察工作非常相似，对战争是什么，以及如何进行战争有着非常符合人性的理解。[8]

从该角度来看，战争是对作为人类组织的敌人的攻击。它是对抗性的、高度动态的、复杂的和致命的。战争植根于人类的个人和集体行为，并在本身就很复杂的人类组织之间进行。战术部署的方式和程度非常重要。最后，战争是无法决定的，因此是不确定的，是不断进化的[9]。

上面提到的运筹学研究令我们确信，战争主要不是数量上的优势问题。例如，在某些情况下，突然性和冲击效应可以与明面上2000：1的兵力比一样有效。[10]因此，对于一名陆军战术指挥官来说，获胜的方法就是冲击效应、突然性和扩大战果。更狭义地说，制造和利用突然性是指挥官能够采取的最有效措施。另外需要强调的是，在没有突然性和冲击效应的情况下，战场结果与兵力比（即数量上的优势）密切相关。这是没有决定性的、相互削弱的、消耗战的特征。

战场上的突然性很大程度上是由进攻方式的突然、攻击时间的突然（特别是提前攻击），以及进攻方向的突然造成的。突然性还强化了冲击行动，即突然、集中的武力使用。冲击行动导致了冲击效应，敌人的个体和组织变得麻木、无生气，或者表现出不理性行为。所有这些都可以在战场上观察到。冲击、突然性和它们的后果都是完全与人类行为有关的，这一点怎样强调都不为过。并非偶然的是，它们在苏联军事理论家的著作中一次又一次地出现。[11] 1976年版的《FM 100-5》也强调了突然性和冲击效应。[12]然而，在《FM 100-5》的概念层次以下，美国的战术教义几乎没有提到突然性。[13]在提到它时，也主要是作为一种需要防范的不愉快情况。

冲击效应和突然性，再加上扩大战果，就会获胜，更快地获胜，并且代价更低。因此，我们应该集中力量创造和利用冲击力，这比集中兵力仅仅为了获得数量优势要好。

制胜方法各有优劣。首先，那些旨在制造突然性、造成冲击效应并充分扩大战果的方法通常更容易成功。其次，战争是复杂的，同时也是不确定的。也就是说，某个因素不会以微不足道的方式导致结果，战争也充满不确定性。用实用主义的思维方式来说：在战场上，我们不能完全确定哪种方法会奏效。应当找出有效的方法并付诸实践，找出敌人薄弱之处并进行针对性打击，比如说"用手指触摸；用拳头打击"。[14]

由于战争是对抗性的、动态的和致命的，先发制人会带来巨大的回报。首先对敌人施加暴力会迫使他保护自己，采取防御。这就获得了主动权：决定战术事件进程的能力。反过来，这又创造了制造突然性、形成冲击效应和扩大战果的机会。为此，还需要速度、灵活性、响应能力，以及组织和战术的敏捷性。

重要的是，前面的段落让我们看到，采取什么样的策略才最有可能带来成功。富于突然性、造成冲击和善于扩大战果的军队往往会赢得战斗和战役。这就是我们观察冷战未战之战的镜头。

我们现在还可以看到较小的军队如何击败较大的军队。他们制造了突然性和冲击效应，然后加以利用。他们快速、灵活、反应敏捷。相反，如果这些条件都没有好好利用，战争就会变成一场以数量为主的艰难对抗。

"胜"和"败"的含义是另一个概念问题。在大多数游戏活动中，这些术语都有明确的定义。它们通常是通过计算分数来判断高下的。例如，在足球比赛中，进球多的一方获胜。然而在战争中，"胜"和"败"的含义并不那么明显。

假设如下情景。一支北约战斗队伍被分配任务，它需要在给定区域内拖延一段特定的时间——一个华约加强营袭击了它——华约的侦察巡逻队和战斗侦察部队陆续遭到北约战斗队伍阻击，20分钟后，其先头连的进攻也受阻，损失惨重。再过20分钟，营的进攻也受阻，伤亡惨重。相比之下，北约部队几乎没有遭受伤亡。半个小时后，北约战斗队的指挥官在获得上级允许后，撤出了任务区域，没有进一步的伤亡。而华约的团长察觉到机会，又拨出一个新的营挺进。

这场假设战斗中，谁赢了？北约部队一度击败了规模上四倍于己的对手，并有序撤退，表面上看是它赢了。但真的是这样吗？从华约部队的角度来看，进攻的营发起攻击，并迫使对手撤退了，那么它才赢了。这怎么理解？双方都赢了吗？

讨论战争中的胜败是有问题的，很大程度上是因为这些术语的定义不明确。在这个例子中，两位指挥官都完成了他们的任务。本书中一般不使用"胜"和"负"。而是使用"完成"或"未能完成"分配的任务。这些术语不可互换。可以说"任务完成"更有价值，因为战争是为了特定的、通常是明确定义的目的而发动的。根据完成或未能完成既定任务，我们能够判断既定目标是否已实现。实际上，并非所有的战术活动都直接支持某个重大目标。但至少这是一个合理的期望。

我们现在考虑如何评估中央防区的战斗结果。哪一方会成功，哪一方不会，我们怎么知道？我们可以而且需要研究军队的条令。简单地比较已出版的条令手册是没有意义的。我们还可以洞察欧洲以外发生的战争。发生过哪些战争？北约和华约军队研究过它们吗？如果是这样，他们观察到了什么，学到了什么？现在我们能不能借鉴这些战争的经验来分析中央防区的"未战之战"呢？

自20世纪80年代起，大约发生了40起武装冲突。[15]然而，我们还需要观察更早的战例。20世纪70年代发生的战争可能与20世纪80年代相关，并被军队所研究。20世纪70年代以来，可找到约60起冲突。[16]在总共约100起冲突中，有许多是非洲的"丛林战争"，其他大体上是南美之乱。很少有装甲部队之间发生的大规模高强度冲突，因此可借鉴性很小。

一般认为，阿以战争，特别是1973年的赎罪日战争，具有高度参考价值，所以得到了深入的分析。赎罪日战争是第一次广泛使用导弹的战争。双方都配备了北约或苏联的装备。西方定义这是一个现代、民主、西方化的国家与其他国家之间的冲突，那些国家的军队训练水平和受教育程度低，装备和训练大多由苏联提供。由于个人战斗力较低、纪律性较差，他们采用了简陋的、密集的战术阵型，一些以色列营的坦克交换比达到了50：1。[17]

北约军队可以获得大量有关赎罪日战争的信息。有些来自媒体，有些来自驻外机构，还有些来自以色列的英语文献[18]。对于这场战争，总体评估是正面的：一支装备精良、训练有素、领导有力的军队可以击败规模更大的敌人。还有很多个例，有些与反坦克导弹有关，有些与物流有关，例如英国因此大幅增加了莱茵军团的弹药和燃料战斗库存。[19]

然而，这些研究对英国或西方思想的影响并没有多深刻。1967年（六日战争）和1973年的观察结果包括：

- 以色列国防军通常"徘徊在充满活力和彻底混乱之间"。[20]
- 其巨大的成就很大程度上是"突然性、决心和速度"的结果。[21]
- 就指挥官而言，"最好是压制高贵的种马，而不是鞭打不情愿的骡子"。[22]

类似的言论通常会得到认可，然后被忽视。其中一些纯粹是沙文主义，主要的原因是自满。还有一些是错误的乐观情绪，例如，莱茵军团的战斗群指挥官可能并不认为自己是"需要鞭打的不情愿的骡子"，但也许他们正是。更宽容地说，他们不经思考地让自己被不必要的、耗时的战术程序所拖累。

西方对1980年—1988年的两伊战争不太感兴趣。它们有一些相似之处。具有讽刺意味的是，英国的"酋长"坦克在伊朗军队中发挥了相当大的作用。而在英国军队中，它没在战争中开过一炮。总体而言，西方国家确实对中东战争进行了审视，并据此做出了一些重要的调整。但这并没有怎么改变它们的战斗方式。

1979年起，苏联在阿富汗作战了10年。这是一场重大但高度不对称的冲突。它说明了几个重要问题。苏联军队从这场冲突中吸取了什么教训吗？它所总结的经验有多少与中央防区的战斗相关？去过阿富汗的退伍军人曾在驻德苏军中服役[23]，但那场冲突并不是一场高强度的装甲战，它可能对驻德苏军的战斗方式影响不大。

1982年，英国在马尔维纳斯群岛作战，阵亡军人约有255名，其中包括123名陆军士兵和43名皇家海军陆战队员。英国陆军确实吸取了教训。[24]很少有人认为这与中央防区的情况直接相关，这可能没错，但有些问题是普遍的，与人性有关，特别是关于训练和领导力的标准。人们似乎一致认为英国的战术是完全正确的，而阿根廷军队犯了基本错误，并且他们训练不足、领导不善的士兵根本不如英国的正规军。[25]

然而，不得不提的是，某位同事在1990年—1991年海湾战争期间从日常岗位中调离，以支援国防部的工作人员。到岗后，他被指示阅读马尔维纳斯群岛冲突的战后总结（AAR），并评估哪些教训与他的新部门相关。他列出了一份相对较长的教训清单，但没有哪一项得到采纳和实施。[26]

由于如上种种原因，这类在欧洲以外的冲突对于本书的研究来说虽然具有深刻的启示，但并不特别有用。例如，由于1982年以色列人在戈兰高地上阻击并打败了叙利亚人，同时在西奈半岛上击败了埃及人，所以人们认为北约就应该在中央防区击败华约军队。相同的逻辑还延伸到了低层次的方面，例如，以色列"百夫长"坦克应该能摧毁阿拉伯的T-62坦克，或以色列伞兵能够在夜间突袭中无伤夺取叙利亚阵地。

显然，这听起来让人心动，但并不令人信服。西方（毫无疑问，苏联也是如此）的专家们对阿以战争进行了相当详细的研究。这是一个明显的比较，但归根结底，它也只是一个比较。总的来说，为了评估冷战时期的未战之战，我们通过研究军事学能取得一些收获，当时的军队通过研究在欧洲以外爆发的战争，也应当有所收获，但我们需要寻找其他方面的信息。

军事运筹学（Operations Research，简称OR）被定义为以科学来支撑决策制定的学问。这些决策可能涉及广泛的问题，包括战术、组织、后勤和装备等。军事运筹学使用多种技术，其中兵棋和模拟可能是最为人熟知的。如果使用得当，它们可以洞察每种可能的结果，并提出概率。当然，它们无法确切预测会发生什么。[27]

兵棋有着悠久而丰富的历史。普鲁士人在19世纪末就开始使用兵棋，赫伯特·乔治·威尔斯也曾参与其中。兵棋在20世纪70年代初成为一项流行的业余爱好（尽管几年后出现了计算机战争游戏），许多爱好者展现出相当丰富的技术知识。兵棋设计师通常会进行广泛的研究。然而，从认识冷战时期未战之战的角度来看，仅仅作为业余娱乐的兵棋存在重大问题。

大多兵棋规则都涉及一定程度的概率。现实生活中普遍存在概率，例如，一名坦克炮手在特定射程上击中特定的目标具有可测的概率。这样的概率可以纳入兵棋的设计中，并在其规则中表示出来。

不过，没有任何模拟或兵棋能够完全忠实地呈现现实。军事运筹学对真实度的高低问题进行了认真思考。有时候设计出的真实度低得令人惊讶。表现形式过于粗糙可能会减弱对战果的有效感知。

这里，兵棋推演应被视为一种分析工具，而不是一种业余爱好。兵棋推演方法多种多样，在合理范围内，人们可以像选择或开发任何其他工具一样使用它们。战场表现取决于组织、战术、领导力和训练等因素，它们都很重要，但大多数兵棋推演方法并不能很好地体现它们。例如，许多兵棋推演表明，英国、以色列或约旦的"百夫长"坦克在给定射程内击中给定目标的概率是一样的。然而，在第二次世界大战中，德国突击炮部队可以实现一门突击炮交换20辆甚至30辆苏联坦克。[28]这在很大程度上受到乘员技能水平的影响，但要在不同的军队中评估各自所达到的技能水平，显然并不容易。因此，这一方面不容易在兵棋推演中得到有效体现。

在业余兵棋推演中，真正的"战争迷雾"往往太少。这通常会导致过度的补偿，随机机会太多，模拟时一次得扔大约一打骰子。这样的推演存在太多抽象（如下文所述），并且过度依赖装备之间的差异。另外，许多玩家无论使用哪支"军队"，都会以相同的方式来"作战"。他们只是在不同的装备和组织之间切换，但使用相同的策略。例如他们执西德部队棋子时，不太可能会像西德国防军指挥官那样思考和指挥。

"上帝视角"问题出现在多种形式的兵棋推演中，尤其是业余模型兵棋推演。每个玩家都可以看到棋盘上的所有内容，然而真正的指挥官不会拥有这样的视角。如果不较真的话，还允许玩家从上帝视角控制棋盘上的每个模型。现实生活并非如此，更不用说像战斗这样复杂、动态和危险的事情了。

商业兵棋推演机制通常不能很好地解决"上帝视角"的问题。

国家偏见也存在于一些桌面兵棋推演或模型兵棋推演产品中。例如，美国制造的兵棋商品中，美军往往比实际的更厉害。因此，不管包装盒上是怎么吹嘘的，我们不能轻易相信随便一款商业兵棋产品就是对冷战未战之战的可靠模拟了。

模型（不是计算机建模）兵棋玩家往往喜欢收集和绘画，他们的模型通常画得很漂亮。然而，他们的游戏地形通常是平坦的，偶尔添加一些"山丘"，现实世界并非如此。作为游戏机制的一部分，玩家有时可以选择放置这些山丘的位置，这样做可以给玩家带来游戏优势，但遗憾的是现实世界并非如此。通过放置地形特征来获得优势并不能帮助我们了解冷战中的未战之战。业余玩家通常只关注装备，对战术知之甚少，也几乎不涉及组织问题。他们的战术知识可能还很初级，即使是那些少数曾在武装部队服役的人，也未必更高明。例如，兵棋游戏爱好者通常要么不部署，要么滥用侦察部队。他们很少保留预备队。现实却是，如果你不侦察，就可能发生意外；如果不保留预备队，意外发生时你将无法做出反应。

兵棋爱好者的军队通常简化为，以一辆坦克或装甲战斗车辆（AFV）代表一个排，等等。但你这样做，你就不能体现排内的战斗，也让连级和战斗群级战斗的复杂性消失了。这样的体验可以描述为"豪华的国际象棋"，其规则常常将角色身上太多的内容归之于概率，而概率数值却经常不合适。例如，在某款兵棋产品中，一名士兵因作战跳伞事故而伤亡的基本概率是1/6，即约17%，这是非常高的。事实上，1/36或1/216的概率可能会更常见，也更容易评估（1/6是在单个六面骰子上掷出1，1/36是在两个骰子上掷出两个1，等等）。然而，兵棋爱好者似乎并不关注这些问题。

一些爱好兵棋游戏的玩家生活在自己的世界里。如果你上网搜索与冷战相关的兵棋推演博客，会发现各种圈子性的、技术性的、但有时是误导性的讨论。博主过于关注技术细节和游戏过程的细节。他们显然也很享受社交互动。当然，这是一个自由的世界，人们可以做他们喜欢做的事，但我们不应该指望这里会产生深刻的见解。

尽管如此，20世纪70年代末，一个十几岁的男孩——我，还有我的兄弟约翰开始了兵棋推演。我们很快就将注意力集中在用小型模型模拟的现代装甲战上。到1977年的年底，我们开始详细记录这些战斗。在接下来的32年里，我们推演了202场战斗，通常是战斗群级别的。五年之中，通过50场左右的战斗，我们对兵棋推演过程已非常熟练。在那之后，随着战术显著改进，兵棋推演的作战地形和使用的模型范围也得到了明显提升。那时我们都是步兵军官，约翰在本土防卫军，我在正规部队。

不久之后，我被分配到一个西德国防军的装甲掷弹兵营。我们不再是业余兵棋玩家。这之后的经历对我和约翰来说都是意义非凡的，包括（我）与西德国防军一起度过两周；（约翰）接受反坦克排长课程上的苏联战术教学，并发射一枚米兰导弹；（我）规划和组织迫击炮的实弹射击；（约翰）策划英国第1军战斗群在前沿战区的反坦克防御；（我）观察装甲战斗群在英国陆军萨菲尔德训练基地进行带有实弹的机动演习。

我们不再像业余兵棋玩家那样热衷于胜负。我们更多出于学习和增长知识的动机，并不特别追求竞争。我们相互信任和尊重，对学习的兴趣远远超过对"获胜"的兴趣（参见上文）。

我们只是模糊地意识到，我们通过兵棋学到了什么。这主要是因为这些东西与我们的专业培训和教育所教的内容在很大程度上是一致的。也是因为，经过数十次的模拟战斗，在潜意识里对它变得熟悉起来。

在为本书做研究时，我分析了兵棋游戏中保留下来的所有材料。[29]数据有三个来源。第一个是对所有202份战斗报告的定性分析。每份报告都包含地图、场景（包括使用的部队）、战斗的过程和结果，以及一些定量信息，例如伤亡情况。第二个是对报告中数据的数值分析。第三个是对我和约翰的笔记本的一些定性审查。

我们参加并记录了202场战斗。我一般都会忽略前55场。几乎所有的战斗都是我们两个人之间而不是和其他人进行的。我通常选用西德国防军或美军作战。而约翰通常选用英国、法国，特别是苏联军队作战。

对战斗报告的统计分析产生了23个观察结果，平均每8~9场战斗就有1个；定性分析提供了130个观察结果，约莫2场战斗就有1个；对于我们的笔记本，产生的观察结果为240个。由此看来，最大的收获实际上不是源自兵棋，而是30年来所做的准备工作。

我们尽一切努力按照指挥官的方式指挥一支特定的部队。这对于英国陆军和不久之后的苏联军队来说都是简单的。经过一番努力，我们似乎已经为西德国防军、法国和美国做到了这一点。虽说不能确保每个细节都正确，至少可以说每支军队都使用了与其他军队明显不同的战术方法。

一场典型的战斗是在占地6千米×4千米的区域内进行的。游戏一般会进行2～2.5小时的战斗，最长需要2天时间。战斗通常在战斗群级别进行。当出现攻击与防御场景，有时最多会用到一个旅。有时一方或双方都只是连级（战斗队）的力量。

我们使用的兵棋原本是一款热门商业产品，有各种版本，销量超过25000份。[30]我们自行引入了九项重要的规则修订，主要是为了改善间接火力、城市作战、空袭和防御等方面的表现，没有改变基本的游戏机制。

我们还凭借多年实战经验，引入了一套个体单位累积士气的度量标准。它追踪了每场战斗中遭受的伤亡，以及胜利或失败，例如部队投降或溃逃的情况。在实际操作中，它基本能将伤亡保持在合理水平。由于它更加依赖于战场上的胜利，所以我们又不断改进战术方法。

前55场推演结束后，我们放弃了追求输赢。相反，我们开始记录所指定（或承担）任务的胜利或失败。对胜负的评价实质上变成了对能力的评估。

到1984年12月的第68场战斗时，我们发现了相当惊人的情景。西德国防军的一个加强连阻击了一个苏军营，造成了超过8∶1的伤亡，然后脱离接触，有序撤退。当然，那是基于之前67场战斗的经验，尤其是我已经用西德国防军作战了26场。

我们记录下了一些明显的趋势。其中最明显的是，苏联军队经常取得胜利，但通常伤亡惨重。这种损失完全符合第二次世界大战的经验，但从长远来看，也是绝对不可持续的。

因此，约翰创建了另一支军队。[31]这支军队使用苏联装备，目的是保留大部分苏联战术以及之前的胜率，但伤亡更少。他又用这样一支军队进行了22场战斗，伤亡减少，胜率提高了。这可能是因为在战斗的每个阶段，都有更多的苏联军队幸存下来参加下一阶段的战斗。

大约在同一时间，我组建了一支瑞典或"诺尔兰"军队。它主要拥有瑞典装备。它的目的是模仿苏联以及一些西方国家的最好的战术，同时仍然反映在大多数义务兵中可以达到的训练水平。我用它进行了36场战斗，结果非常成功，伤亡人数一直非常低。

我们的战斗一般是在体现中央防区的地形上进行的。我们还以非洲合恩角为基础创建了第二个战场。它的目的是探索更低的部队密度和更多的机动部队类型。军队通常使用轮式装甲车，而不是履带式装甲车。我们在那个战场进行了32场战斗。

我们81%的战斗是在中央防区进行的，另外19%的战斗是在非洲之角进行的。我用西德国防军部队战斗了67次，其中27次为连级，37次为营级，3次为旅级。

我们曾考虑一个战斗群该如何保卫一个4～5千米宽的区域。进攻者的数量与它的数量比是3：1。通过对我们战斗的统计和定性分析表明，在没有大的反击行动前提下，通常如果发生以下情况，防御者就会失败：

- 他们阵地的前方是一个向下的斜坡；
- 或者进攻者能够侦察到主要防御阵地；
- 或没有大型障碍物。

然而，如果他们采用更好的防御策略，他们就可以（而且经常）获胜。他们可以在损失极少的情况下做到这一点。装备的变化对结果的影响相对较小。这表明我们的游戏是现实的。我们所达到的拟真度水平足以代表真实的战场活动，由此获得的战术见解也更为可信。

有时，一支军队会以机动性战胜另一支军队，特别是在非洲之角。有时，事实证明，该场景对双方（包括设计该场景的人）来说都是个重大的智力挑战。在202场推演中，似乎只有两次是运气成了影响结果的重要因素。这两个例子都是士气评估的结果。其中一次是苏联机械化步兵连倒霉地慌乱逃跑了。另一次是一个美国空中突击连幸运地坚守阵地直到迎来转机。类似的事情在战争中确实会发生，我们已经在兵棋中也模拟了这一点。

偶尔让北约军队互相对抗，并自定义两支军队和第二个战场，也是颇具益处的。它使我们能够确定哪些观察结果是真正通用的；而不是基于特定的军队、军种和装备。

在为本书进行研究时，我谨慎地运用了我们从兵棋推演中得到的见解。在直接使用它们时，我会使用类似于"推演表明"之类的表达方式，而不强行说"这就是冷战可能的进行方式"。任何形式的军事运筹都具有其局限性，从推演中学到的东西也有限，但它确实可以提供一些见解。特别是，兵棋推演可以展示出一些未曾预料到的行为。它模拟了战争的一些复杂性，因此也就会有意想不到的结果。总体而言，自从我们开始玩兵棋以来已有40多年的时间，我没有发现明显的错误或异常。相反，我们确实得出了一些令人惊讶的发现。

战争是对抗性的、复杂的，并且是不断演变的。因此，在经历一场或一系列战斗之后，军队往往会从经验中吸取教训。然而，如果这些战斗从未发生过，军队也就没有机会学到这些教训。因此，一些对于那些有数十场战斗经验的人而言显而易见的事情，可能对多年从未参与过实战的指挥官来说是毫无意义的，甚至是违反直觉的。这类问题将在后面的章节中描述。

运筹学是对决策的科学支持。它可以提出需要指挥官和参谋考虑的问题，可以提示哪些方法可能成功。它可以提供对一些弱相关因素的见解。业余的兵棋游戏并不能做到这一点，它无法帮助我们探讨冷战中未战之战的教训。但是，如果将兵棋作为运筹学工具使用，它是有助益的。

作者了解到，读者可能对兵棋推演是否有价值存在怀疑。怀疑本身是有价值的，对于这种形式的探究来说是有用的。作者鼓励持怀疑态度的读者保持开放的心态，并在一段时间内暂时搁置怀疑。首先，数据显示，我们的大部分观察并非来自兵棋，而是来自对推演的研究和准备。其次，在这本书的前两章半中甚至没有提到兵棋推演。这可以是一个有价值的工具，但像所有工具一样，只有在正确使用时才有效。

许多军事专业人士对兵棋推演持负面看法。这并不奇怪。他们大部分（甚至所有人）的经验都来自业余兵棋推演。如果这种模拟活动看起来不够真实，他们可能很快就开始贬低它，并对此迅速失去信心。这在一定程度上是因为他们被自己经历所囿:"这不像我参与过的战争"或"……我参与过的演习"。反过来,部分原因在于他们没有意识到,外观的真实度仅仅只是模拟兵棋推演的一个方面。

此外,还有另一个问题。有一点非常重要,那就是要将战斗模拟和兵棋中的胜负之术分开。很少有业余兵棋推演游戏能够做到这一点,也极少有军事专业人士意识到这一点。因此,他在观察兵棋推演时往往会问:"谁赢了?"其实更好的问题应该是:"你们到目前为止学到了什么?"

20世纪80年代初,加拿大陆军的研究人员使用人工导演、计算机增强的兵棋推演进行运筹学研究。在我们不知道的情况下,他们同样在试图解决很多与我们相似的问题,比如如何最佳利用反坦克导弹。[32]令人高兴的是,他们得出了和我们大致相同的观察结果。

英国军队有一个名为"师级兵棋推演"的项目,历时多年。最初由位于萨里郡威斯特拜弗利特的国防运筹分析机构运营。该项目模拟了苏联对莱茵军团中一个英国师的进攻,数据精确到每一台坦克和火炮。在威斯特拜弗利特工作一星期,可能只能推动几秒钟、也许是一分钟的推演进程。在20多年的时间里,它提供了一些非常重要的见解。想一想那些军事顾问学到了什么,在被分配到威斯特拜弗利特的两年里,他们可能只见证了一个场景中的100分钟,还仅涉及两支部队。他们不会从推演中了解太多有关英国部队如何行动的可能,因为他们指挥的就是英国部队。而苏联部队的行动在现有的英国培训手册中有相当详细的描述。这些军事顾问将更多掌握英苏两军之间的互动数据。我们进行的202场战斗并没有涉及那么详细的内容。无论如何,它们为我们提供了一种非常不同的洞察方式。

历史是我们了解过去事件的最好指南,更不用说了解未来了。但它是一面不完美的镜子。有关我的研究,我们几乎没有什么现成的历史可供反思,因为冷战时期的战斗并未真实发生。也许我们能做的不过是推演有限数量的情景,并谨慎地解读结果。最后,我们应该同样谨慎地吸取任何明显的教训。这就是我们在这份研究里要做的一切。

本章注释

1. 有关英国战争原则的历史，请参阅Potts, Colonel David, Principles for Waging Modern War, in The British Army Review, No. 130 (Autumn 2002), pp.10-15.

2. 关于苏联的原则，请参阅Isby, Weapons and Tactics, pp.12-13.

3. Falls前引. pp.11-13.

4. Rowland, D, Speight, L R. & Keys, M C., Manoeuvre Warfare: Conditions for Success at the Operational Level, Unpublished and undated, c. 1993, p.5.

5. 还可以参阅Speight, L R, Rowland, D. & Keys, M C, Manoeuvre Warfare: Force Balance in Relation to Other Factors and to Operational Success, J Military Operations Research V3 N3 1997, pp.31-46.

6. Rowland et al,前引. p.8.

7. Blues R.C., Rowland D, Keys M.C. & Dixon R C, Historical Analysis Paper for PPSG Case Conference on ISTAR, Centre for Defence Analysis document CDA/HLS 44/393, November 1995, pp.7-8.

8. Storr, Lieutenant Colonel J.P., The Nature of Military Thought, PhD Thesis, Cranfield University (The Royal Military College of Science), 2002. pp.138ff.

9. Storr, Jim, The Human Face of War (London; Continuum 2009), p.56. 更进一步的发展见 Storr, Jim, The Hall of Mirrors (Warwick: Helion & Company, 2018), p.274.

10. Blues et al,前引, p.6.

11. 对于突然性，见Dick C.J., Catching NATO Unawares: Soviet Army Surprise and Deception Techniques. International Defence Review Vol 1 (1986), pp.1-26 in Arrcade Planner, pp.15,16, 18, 20, 24, 34-6. For shock see pp.17, 21, 33-4.

12. FM 100- (76) Operations, pp 3-6, 3-7.

13. 例如，FM 71-100 (79) Armored and Mechanized Divisions Operations。目录中没有"突然性"的条目。在文本中这个词也出现得很少。

14. 见第58页。

15. List of Wars <https://en.wikipedia.org/wiki/List_of_wars:_1945–1989#1980–1989> accessed 12.23 hrs GMT 9 January 2012.

16. 同上。

17. Herbert, Major Paul H., Deciding What Has To Be Done: General William E De Puy and the 1976 Edition of FM 100-5, Operations, Leavenworth Papers Number 16 (Fort Leavenworth, Kansas: Combat Studies Institute, 1988), p.80.

18. 例如Adan, Avraham (Bren), On the Banks of the Suez: An Israeli General's Personal Account of the Yom Kippur War (London: Arms and Armour Press, 1980); also Kahalani, Avigdor, The Heights of Courage: A Tank Leader's War on the Golan (Westport, Connecticut: Praeger Publishers, 1984).

19. 赎罪日战争催生了"战场消耗研究和火炮威力与规模审查"（the Battlefield Attrition Study and the Review of Artillery Rates and Scales）（'BAS/RARS'），见第七章。

20. Luttwak, Edward and Horowitz, Dan. The Israeli Army (London: Allen Lane, 1975), p.173.

21. Townshend, Charles (ed.), The Oxford Illustrated History of Modern War (Oxford: Oxford University Press, 1997), p.147.

22. Citino, Robert M., Blitzkrieg to Desert Storm – the Evolution of Modern Warfare (Laurence, Kansas: University Press of Kansas, 2004), p.161. 据Bar Ilan 大学的Dr Eitan Shamir说,原始的引文是牛而不是骡。个人通信。

23. Burlakov, General M.P., Soviet Activity in Germany from 1949 in Arrcade Planner, pp.7-14.

24. Operation Corporate – Lessons Learnt, 由参与冲突的1st Battalion, 6th Gurkha Rifles起草，无日期，无署名，这些文件目前由作者保管。

25. 我在1990年访问了东马尔维纳斯群岛六个主要战场中的三个。

26. Major Simon Moseley, 个人通信。

27. 在1999年至2001年期间，我在当时的Defence Evaluation and Research Agency（现在的Defence Science and Technology Laboratories）供职，为运筹学提供军事方面的支持。

28. 例如可参考Perrett, Bryan. Sturmartillerie and Panzerjäger 1939-45 (Oxford: Osprey Publishing, 1999), pp.19, 21.

29. 约翰于2009年去世，享年56岁。除了我自己的之外，我还有所有的比赛报告和他的几本笔记本。

30. Wargames Research Group, Wargames Rules for Armoured Warfare at Company and Battalion Battlegroup Level, 1950 to 1985 (Worthing, Sussex: Wargames Research Group, 1979).

31. 在使用苏联战术进行46场战斗后首次使用。参见1998年2月27日第141场战斗。

32. English, The Mechanized Battlefield, p.151.

第二部分

陆军

第四章

侦察

　　侦察可能是陆战最重要的方面。从第三章中我们看到，在20世纪的159场陆战（实际上是所有能找到可靠数据的战役）时，胜利主要来自出其不意以及对其的进一步利用。因此，应尽力来发现或创造突然性，这就应该从侦察开始。不幸的是，侦察似乎也是陆战中最不为人所知的方面，至少在英语国家是如此。本章着眼于侦察部队的编队和单位，并对坦克和步兵连的侦察活动进行一定的研究。

　　在第二次世界大战的几次战役中，侦察部队的活动范围很广。中央防区可能不会要求这样做，但是正如我们将看到的，仍然有许多情况需要使用侦察部队。

　　侦察兵的基本职能是观察（或"观看"）和战斗。[1,2,3]从"去看"的意义上讲，乘车或步行这类移动活动可以支持完成侦察任务，但我们可以定义"观察"本身是一种以静态为主的活动；是"监视"（对战场进行系统的、持续的、静态为主的观察）；是"侦察"。一连串的观察员形成了一道"屏障"，其主要的观察（侦察和筛选）目标是敌人、地形，或两者兼有。

　　侦察部队进行的战斗通常在范围和目的上受到限制。它的设置通常是为了支持"观看"。它可能包括某种形式的防护（因此称为"警戒"）；可能会逼退或穿透敌人的屏障；可能怀有更大的目的。各国的定义各不相同，因此我们在这里将使用通用术语。

　　动词"to reconnoitre"通常意味着"进行侦察"。[4]在军事防御中，指挥官可能会指定一个"掩护部队区域"分配给掩护部队：他们或作为"屏障"，或用以"警戒"，或两者兼而有之。掩护部队及其区域通常是在编队层级提供的。若是在战斗群层级，则可能会有一个"安全区"。前进中，指挥官可能还会部署一支警戒部队，一般称为"先导部队"或"前卫部队"。在战争任何阶段，侦察部队都可能被用于形成屏障或保卫侧翼。

术语"战斗侦察"通常指的是由战斗部队（坦克和步兵）发挥其部分功能而进行的侦察活动。例如，在防御中，一个步兵连可能会派遣巡逻队，并建立观察哨或战斗前哨。这涉及安全问题，是构成防御的一部分（将在第十章中描述）。

巡逻队通常是参与侦察的最小战术单元。它可能由一个步兵小组、两三辆步兵战车组成。轻型装甲巡逻队通常选用轮式车辆，用于侦察。重型装甲巡逻队则可能包括坦克，通常用于战斗。

冷战时期的军队同样通过多种方式进行侦察。苏联师级侦察营包括一个轻型装甲连和两个重型装甲连，以及一个远程侦察巡逻连队。轻型装甲连可以派出6个巡逻队，每队由2辆BRDM侦察车组成。重型连包括3个排，每个排都混合了BMP（或其他BRM侦察型变种）和坦克。团属侦察连包括一个BMP排和一个BRDM排，以及若干辆摩托车。因此，它可能只能派出两到三支轻型巡逻队。摩托车主要用于在无线电静默状态下进行通信和联系。[5]

重型巡逻队将在师级和团级的前进轴线上执行任务，团级巡逻队也是如此。找到它们能成为发现对方战斗意图的良好指示。轻型巡逻队将在重型巡逻队之间筑起屏障，它们会尽可能地避免接触，并试图保持前进。重型巡逻队可能会进行战斗，以清除微小之敌。

师级侦察营将沿整个师负责的区域进行单一波次的推进。其后是先头各团的侦察连，它们专注于各自团负责的区域（可能之间有间隔）。在前进轴线上的后一个侦察元素是先头坦克或摩托化步兵团的战斗侦察巡逻队和先头连，关于它们将在后文中讨论。假设师级侦察营的3个装甲战车连一齐行动，那么在师的主要进攻方向上，每2千米左右就会有一个重型巡逻队，而其余地方则是每2～5千米就会有一个轻型巡逻队。

北约认为苏联的侦察战术过于简单而且执行不力[6]，后者在阿富汗的表现更是强化了这一观点。[7]在中央防区，东德沿两德边境的防御给苏联军队带来了一个特别的麻烦：战争爆发时，突破这一防御将明确暴露其作战意图。这样一来，侦察部队就很难远远领先于其先头团。这样一来，侦察部队的价值就会很有限。

美国陆军军属装甲骑兵团（旅）和师属装甲骑兵中队（营）最初混合使用装载侦察步兵的M113装甲运兵车、配备"陶"式导弹的M113装甲车和坦克。他们后来重新装备了M1"艾布拉姆斯"主战坦克和M3"布雷德利"战车。随着时间的推移，混合成分变化很大。在某一阶段，一个排内有装甲运兵车、"陶"式导弹和坦克。在另一个阶段，师属侦察营中根本没有坦克。

美国陆军从未成功部署过小型装甲侦察车。在第二次世界大战中它尝试使用吉普车。他们主要的缺点是太脆弱了。20世纪60年代专门设计的M114履带式装甲侦察车失败了，因此部署了更大的M113，但其隐蔽性不佳。当时人们已在一定程度上认识到隐蔽的重要性：尤其是侦察车辆，更需要保持静谧。[8]（第二次世界大战后期，一些装甲骑兵部队被称为"巴顿的幽灵"。战时的M8"灰狗"装甲车特别安静。）然而"布雷德利"甚至比M113还要大。这促使人们使用非装甲高机动性多用途轮式车辆（HMMWV，俗称"悍马车"）作侦察之用，但其失败的原因与吉普车相同。[9]

美国军事条令经常支持进攻和试探性的交火。例如：

总体而言，侦察任务通常是积极主动进行的……[10]

通常情况下，骑兵将不得不进行战斗以完成其任务。[11]

从历史上看，骑兵获取敌人信息的最佳方式是进攻性的战斗行为。换句话说，就是为信息而战。[12]

在机动侦察中，隐秘性和安全性不是首要考虑的因素。[13]

最温和的情况是：

进行火力侦察可能会失去突然性，因此不要向所有的林线和山头开火并等着敌人做出反应[14]。

据推测，向某些林线和山顶开火应该是可以接受的。同样，在防御方面，屏障部队预计会与敌方侦察部队交战，因此，他们获得了这样做的资源。人们坚信秘密侦察根本行不通。[15]然而，历史仿佛陷入一个怪圈。早在阿帕奇战争以来，美国骑兵就几乎没有预先发现过敌人；除非是盲目的运气，而这几乎从未发生过。[16]他们在第二次世界大战中装备了吉普车，但吉普车很脆弱[17,18]，因此往往只能通过试探性的火力进行侦察。开火会吸引敌人的注意力并丧失一切突然性。他们很少能实现突然袭击，因此秘密侦察没有什么意义。诸如此类的事情发生过多次。

拒绝使用隐蔽技术与限制迂回是相结合的。一些参考文献指出，迂回只有在获得上级指挥官许可的情况下才能进行。[19]当然，不迂回更容易。更多的文件要求骑兵指挥官使用所有可用的侦察兵，不得保留任何预备队。[20]火力侦察；不要迂回；将每个侦察兵部署在前线；突然性相对来说并不重要。这一切都代表了一种非常特别的侦察战术。

骑兵本非步兵，因此装甲骑兵中很少包含任何步兵，偶尔有一些徒步侦察兵。尽管如此，一位学者甚至认为，拥有这些徒步侦察兵便可使装甲骑兵成为一支"全兵种"部队。[21]

历史上，美国军队使用的装甲侦察部队比其他北约国家多得多。在第二次世界大战后期，英国的军通常每7.05个（坦克或步兵）连就会包含1个侦察连。在20世纪80年代，英国第1军的这一数字是8.25；在西德国防军中，这个数字是11.25，如果算上旅属侦察排，这个数字将是9.00。而在美国军队中，第二次世界大战时，这个数字是4.12，到20世纪80年代是5.00。[22]

也许正因如此，美军的编队指挥官倾向于使用其装甲侦察营弥补机动单位的不足，使用其骑兵团弥补师属单位的短缺。[23]由此似乎也导致了对装甲侦察部队没有物尽其用。在中央防区，除了比利时军队外，没有其他北约国家拥有军属的侦察旅。

美国装甲骑兵部队的才华和职业精神是毫无疑问的。它们似乎是从第二次世界大战期间的骑兵过渡而来，并且经受住了时间的考验。但我们应该怀疑，其拥有的大量资源是否得到了最佳利用。对此有一个很好的参考，1927年，一位英国骑兵军官观察到："第一次世界大战的重要教训是骑兵在与其他兵种密切协作时的价值，以及它们在独立大规模行动时的局限性。"[24]

第二次世界大战结束后30年或更长时间，加拿大军队发展出了自己的战术。这些战术部分来自英国，部分来自美国，部分来自本土。这是一个缓慢而渐进的过程。[25]

20世纪70年代，加拿大采购了"山猫"装甲侦察车。"山猫"曾在面向美国陆军采购时与M114竞争失利。"山猫"和M114非常相似，有几个相同的组件。主要区别在于"山猫"是发动机后置的。因此，它不会像M114那样存在前倾的严重问题，而M114往往会"钻入"障碍物中。"山猫"是一种完全适用的小型化、可潜行的侦察车。

与M114一样，"山猫"也装备了一挺12.7毫米重机枪。不过，M114配备了一门20毫米火炮，"山猫"没有。20毫米火炮可以摧毁BRDM和BMP的装甲，但12.7毫米机枪未必能做到这一点。因此，加拿大的侦察车可能在火力上会受到压制。[26]我们稍后将回到这个问题。

加拿大的侦察部队曾短暂接受过使用试探性开火的训练，但后来放弃了这一做法。他们认为这只会暴露自己的位置。他们重新采用了隐蔽侦察的方式。他们将这种选择描述为"以死亡为代价的侦察"。[27]

在使用"山猫"之前，加拿大陆军曾使用英国"费列特"轮式侦察车辆。"费列特"非常小巧，异常安静，几乎可以去往所有地形。它有5个前进挡和5个倒挡。车组经常练习高速倒车。对于只有两名机组人员的车辆来说，这是一个有趣的想法。20世纪70年代，英国将其重新设计为"狐"，配备3人车组和一门30毫米的"拉登"火炮。

英国骑兵通过1899年—1901年的南非战争总结了许多宝贵经验。[28] 1914年年初，一名现役军官发表文章，叙述了他对法国和德国骑兵行动的理解，以及对战术的非常敏锐的分析。[29]文章讨论了对主攻方向上和主攻方向之间的道路的覆盖，以及在排以上每个级别都保留预备侦察队等主题。

第二次世界大战期间，英国装甲侦察部队装备了一系列小型隐蔽的侦察车和配备口径高达75毫米的火炮的装甲车。这些车辆，或者它们的后续型号如"貂"，一直使用到20世纪70年代。它们被"狐"和履带式的"蝎"式（配备76毫米火炮）及其衍生型取代。这些衍生型包括"弯刀"（配备"拉登"火炮）和"打击者"远程反坦克导弹车。"蝎"式家族是非常出色的车辆。它们小巧、快速、灵活，地面承载压力极低。它们可以穿越步行时会陷入泥潭的区域。[30]

编队配属的侦察部队配备了"蝎"和"打击者"，步兵战斗群的侦察排配备了"弯刀"。因此，所有侦察部队现在都拥有重要的武器。皇家装甲兵的官方教义是通过隐蔽的方式进行侦察，并把这一点不断向年轻军官强调，但从未解释过原因。战后的条令强调了避免与敌人接触的重要性，且是极为强调[31]，仍然没有解释为什么。它强调了迂回并要求保留侦察预备队的重要性，但同样没有解释。[32]它强调了反面信息的价值（即没有侦察到敌人，因此可能是潜在的薄弱点），但还是没有解释。[33]

大概对于当时的军官们来说，他们已经有意或无意地领会到这些问题很重要。但到了20世纪80年代，这种认识似乎已经丧失。为每辆装甲侦察车配备强大的火炮可能会驱使车组人员更愿意通过射击压倒对手，而不是通过隐蔽行进或迂回进行侦察。萨菲尔德训练基地的课程是实弹射击，靶子就摆在那里等着被打。迂回会导致自身安全问题，所以现实中根本没有人鼓励这样做。编队的侦察单位通常不在萨菲尔德基地进行训练，但皇家装甲兵（RAC）单位会在装甲战斗和装甲侦察角色之间切换，而战斗群的侦察排确实在那里接受训练。

在较低层级，特别是在步兵营内，侦察通常被视为巡逻的一个方面。其中的内容不仅仅是徒步的侦察，还包括发起一次突袭作为进攻性任务，（例如）出于情报目的抓捕俘虏，出于进攻目的（减少敌方行动自由）和安全考虑（拦截敌方的侦察巡逻）而进行伏击——这大多来自英国陆军二战后镇压殖民地叛乱的经验。其中一些与起源于第一次世界大战的观察哨和战斗前哨（"定点巡逻"）有关。其中大部分内容与中央防区无关，然而，它确实描述了英国和英联邦军队特有的对徒步侦察的重视。例如，这意味着需要几个小时的准备才能进行侦察巡逻，哪怕这不一定有用，也不一定合适。

法国的编制表现出了一些有趣的特征。战斗群有配备装甲车的装甲侦察排（AML系列于20世纪60年代开始生产，其设计具有"貂"式的机动性和外观特征）；旅级没有侦察部队；师级只有一个配备小型轮式装甲运兵车的侦察兵连，以及几辆"米兰"导弹发射车；军级拥有一个配备大口径火炮的大型远程装甲车营。[34]

法军将不得不从遥远的法国开始部署，待最终进入战场时，可能已经非常混乱。军级的装甲营似乎比较合适。与其设置一个规模较小的师级侦察部队，不如建立小型、灵活的师，同时更重视战斗侦察，也就是直接让作战部队进行侦察。

西德国防军的主要侦察车辆是"山猫"，这在第二章中有描述。"山猫"尽管体积较大，但噪声很小。[35]它的20毫米机炮威力强大，与M114上搭载的机炮相同。该机炮可以在1000米的距离穿透BMP步兵战车的装甲，并可使用高爆弹药在2000米的距离外可靠地摧毁软目标。这样的装备直接来源于二战的经验，西德国防军生产了至少2587辆配备20毫米机炮的装甲侦察车辆。总数可能超过3000辆，其中只有399辆搭载了更为重型的武器。[36]

到1942年，西德国防军的装甲侦察营已经发展成为前期师属侦察营和机械化步兵营的合体，有意将侦察和战斗能力结合在了一起。这一点延续到了20世纪70年代的陆军第3序列和20世纪80年代的第4序列中。这两个序列之间的主要区别在于从总共16支轻型和8支重型（配备主战坦克）巡逻队，转变为仅有4支轻型和10支重型巡逻队。每个序列中还有一个机械化步兵连。旅级单位有一个由4支轻型巡逻队组成的排。战斗群层级没有侦察部队。

西德国防军坚信其战术方法是正确的，并将这种信念传递给了西德国防军。其基本目标是制造并利用突然性[37]，采用隐秘手段来发现敌方薄弱点。战斗元素被调集到前线，以夺取关键点，如果可能的话，再悄悄地加以占领，以便师的主力部队能够在有利条件下发动攻击。

对于隐蔽性的要求贯穿于基础战术中，前进时不得使用无线电通信[38]，侦察员只能在自卫的情况下开火。[39]通信保密性非常高效，一次演习中，一名英国电子战军官描述了他们对西德国防军装甲侦察营的侦察情况，称这是"令人害怕"的，因为哪怕他已知附近有德军部队，但他的分析人员还是完全无法探测或定位到它。[40]

前进时，轻型（侦察）巡逻队会分出一部分保留在预备队中。[41]重型巡逻队则用于支援侦察兵。如果敌方的侦察屏障无法隐蔽渗透，重型巡逻队将突破敌方侦察屏障。在防御中，重型巡逻队摧毁敌方侦察力量。在为中央防区进行优化的军级单位第4序列中，装甲侦察营实际上已经变成了以由重型（即坦克）巡逻队组成的两个整连为基干的师属警卫部队。

西德国防军对侦察战术的理解延伸到了战场侦察，这是全军的责任。因此，战斗群没有专门的侦察部队。德文的"侦察"是"Aufklärung"，也意味着"启蒙"（以及"启蒙时代"）。对于德国士兵而言，侦察意味着寻求或利用对地形、敌人或两者的理解。这可能需要战斗，但如果这种理解使他意识到有机会实施突袭，那就不需要战斗。

《俄罗斯战争的战术》一书有一句非常深刻的评论，它说尽管装甲师很强大，但它们非常依赖于信息。[42]如果没有关于敌人的准确信息，它们很容易分散力量。这一评论再次说明了德国战术思维的洞察力和清晰性。

兵棋及相关分析提供了一些有益的观察。我们在进行了仅18个月的游戏后首次就第32场战斗中的侦察问题发表了评论。在第46场战斗之后[43]，我们注意到侦察部队反复遭受重大损失（见下文）。仅仅5场战斗之后，我们就认识到打败敌方侦察在战斗群战术中的重要性。[44]

在装备方面，我们的发现之一是，加农炮通常比机炮更实用。侦察部队主要采取隐蔽行动，通常应该小型而安静。因此，在越野机动性足够的情况下，轮式车辆更具有优势。

在组织方面，我们认识到，师属侦察营应该拥有数量较少但规模更大的连。这有助于在排和连的层级而非营的层级保留侦察兵。在侦察营内还应该有一些步兵，而不仅仅是步行的侦察兵。步兵可以用于辅助任务，比如守卫或清理要道，或者保卫预留的爆破地点。

我们的兵棋推演揭示了一些有关战术的观察结果。如果有足够密集的防守侦察部队存在并展开，那么击败苏联侦察部队就相对容易。这通常意味着每1.5～2.5千米的战线上都有一支轻型侦察队，并且在不远处有重型侦察队可随时支援。这样一来，苏联侦察部队出击不利，他们将不得不加派火力进行攻击，以突破防守部队。这将给进攻者造成伤亡，导致延误，并暴露他们的作战意图。

在这种情况下，北约编队的侦察部队通常伤亡很少。然而，在最初的战斗中，战斗群侦察排通常都会损失1/2到3/4的兵力，而整个战斗群的损失通常只有10%~20%。这一发现与侦察排配备的车辆类型完全无关，哪怕装备了主战坦克的排也是如此。侦察车辆因各种各样的威胁而损失，其中包括装备有火箭筒的敌方侦察兵。战斗群侦察排避免此类损失的唯一方法就是隐蔽侦察。这强烈表明，要么使用小型隐形侦察车（法国、加拿大和英国的型号），要么使用战斗侦察车（西德国防军使用的型号）。自从我们发现了这一点，侦察损失就大幅下降。

西方军队在第二次世界大战期间发现，如果被夹在不断对进的两方编队之间，轻型侦察车辆会受到严重损失。[45,46]一旦双方开始接触，最好的选择是通过观察保持联系，然后在主力部队赶来时向后撤退（让主力部队超越）。我们在兵棋推演中的经验反映了这一点。重视战斗侦察的军队可以避免这个问题。

由此可以看出，美国的"布雷德利"步兵战车在欧洲地形中处于严重劣势。在空旷地区，它们可能会过早被敌方坦克和反坦克导弹发现并避开，或者遭到攻击。在更近的地形中，它们也远比那些更小巧、更隐蔽的车辆更容易被察觉并受到攻击。1995年兰德公司的一份报告指出："显然，当前服役中的车辆（M3和HMMWV）都不是侦察的最佳选择。"[47]

美国军队尝试过在侦察排使用摩托车[48]，效果较好，但这是一种不切实际的应急手段。在第二次世界大战中，摩托车侦察太危险。将摩托车用作应急手段只会强化这样一种看法：美国军队缺乏一种小型、隐蔽的侦察车辆。配备20毫米机炮的"山猫"（Lynx）似乎已经够用了。

还有一种错误的认识，即把生存能力与隐蔽性完全等同起来。事实上，小型、安静的车辆并不足以生存，它们必须在必要时能够立刻保护自己，必须采用隐蔽的战术。如果这样的车辆和战术不足以突破敌方的屏障部队，就需要用上坦克。如果侦察单位需要承担防御任务，它将需要重型反坦克武器；坦克也是一种解决方案。不同的军队以不同的方式解决了这些问题。成功的关键似乎在于理解观察和战斗之间的平衡，装备和战术随之而变化。

有趣的是，美国陆军在国家训练中心（也许还有在"沙漠风暴"行动中）的经历与我们在兵棋中的经历相似。使用错误的战术，侦察部队的损失很大；而特遣部队（即战斗群）的胜利与侦察排的成功相关。[49]可惜在20世纪80年代，美国陆军似乎没有找到正确的平衡。

兵棋推演显示，侦察战术可以非常有效。我们的最后几场战斗之一[50]，即第198场战斗，看到了一个"诺尔兰"战斗群在一场遭遇战中几乎消灭了一整个苏联营。"诺尔兰"战斗群几乎没有遭受任何损失，关键在于其侦察排发现了苏联营的侧翼，而自己没有暴露。然后，它引导整个战斗群进行进攻，结果是完胜。这也很好地说明，我们已经克服了"上帝视角"的问题。

我们能观察到什么，推断出什么呢？本书试图从冷战的未战之战中总结些什么。由此，根据第三章的提示，我们能够对侦察一事有什么心得？

似乎存在一系列可行的办法。它们在很大程度上取决于一支军队有多相信突然性对取胜的作用，并且将这种信仰转化为行动的程度。西德国防军的行动表明，他们普遍相信突然性的作用。美国陆军似乎没有这种信仰，美国的侦察战术似乎系统地放弃了创造突然性的机会。英国和加拿大的军队介于两者之间。它们可能稍微更接近于西德国防军的立场，但不一定是有意识的。因此，我们将研究西德国防军是如何看待侦察的，然后与美国陆军的观点进行比较。接下来的部分将介绍德国对侦察的理解，主要参考了米德尔多夫的书籍。

侦察指挥官只有在拥有预备力量时才能有效地制造突然性并利用机会。任何机会都应该立即抓住，任何犹豫都会降低成功的可能，并导致不必要的伤亡。[51]通过侦察营的观察，师部应尽可能完整地形成一幅图景。这个图景形成得越早，战术决策就能越早制订。至关重要的是，这幅图景是通过勘察地形而形成的，这也是防范意外的最佳手段。[52]该营的组织应将侦察和战斗元素统一在一个单位中。[53]

装甲侦察部队不应有与"战斗任务"不一致的"侦察任务"。武装侦察是战斗的一部分：也就是说，是观察和战斗的结合。[54]应避免过于详细的计划：它们在实践中行不通。[55]实际上，实用主义是装甲侦察行动的本质：了解现实世界中正在发生的事情，并灵活利用这一点来完成任务。

一个装甲侦察营必须能够通过分散的侦察网络形成大面积屏障；能在适当时迅速反击；并能够快速而准确地报告。若将它割裂开来反而会阻碍其正常运作。编队指挥官不应该给它下达双重任务或误用它。装甲侦察营指挥官的思维必须达到师以及更高层次，如何使用好它及其侦察巡逻队是指挥官的责任。如果将侦察营用来像其他战斗群一样战斗，那么当师级指挥官需要它时，它就无法发挥作用了。它需要在后续行动中持续进行侦察。高级指挥官不应将它的侦察元素与战斗元素分开。[56]

一个装甲师应该寻求在意想不到的地方从意想不到的方向发起攻击。这个思路既适用于前进和进攻，也适用于发现反击的瞬间机会。在侦察营内部，侦察兵凭借感知找到敌人的薄弱点，必要时，战斗元素会成为攻克这些薄弱点的关键点，使整个师能够发动有效的攻击。从行军转向进攻，装甲侦察是找到敌人薄弱点的第一步，过于粗暴的应用方法则是失败的第一步。[57]

只有对敌人薄弱点进行深度打击，而且是出其不意，才能带来决定性的胜利。对强大敌人的任何攻击都会使指挥官的注意力过于狭隘，并将兵力困在错误的地方。[58]辨识敌人的弱点基本上比辨识自己的优势更为重要，这是成功的机会所在。

在很大程度上，成功取决于装甲侦察营的指挥官和每个士兵的敏锐洞察力、做出迅速决策的准备和胆识。很少有情况是仅靠接受上级的命令就能利用和扩大战果的。实践中，这需要每个士兵发挥个人主动性。[59]

总之，侦察并不是对敌人门户的小心敲打。如果有成功的机会，必将是猛烈地忽然踹开。该营的每个人都应该对这个机会保持警觉。[60]

这并不是一个详细的计划或方法。装甲侦察营必须明白，循规蹈矩反而会导致失败。相反，他们需要的是想象力和成功的决心。[61]

装甲师应该在行军、机动和战斗之间迅速而频繁地切换。这需要广泛的装甲侦察。指挥官会因滥用装甲侦察营而导致师付出巨大的代价。[62]

装甲侦察营必须比主力部队更快、更灵活。所有元素都必须具有极高的机动性。必须抛弃所有的组织包袱。[63]

对侦察部队而言，机动性比装甲更为重要，火力是第二要求。优秀的越野机动性使得侦察单位能够避开主要道路，减少来自空中的威胁。它为前进提供了多样的路线选择，这意味着可以基于战术目标选择最佳路线，而不受机动性不足的限制，还能支持莫尔特克的古老战术："分进合击。"[64]

战役侦察的任务还应包括保护战斗群的展开和向前移动。战役侦察的早期报告可以并且应该影响指挥官的决策。战斗群的先遣部队——最多是战斗小组规模——应该足够大，足以摆脱弱小的对手，使战斗群迅速推进。通常，它们应该指向控制地形的要点。[65]

战役侦察是战斗群的例行任务，它有助于后者认清战场态势，并与侧翼单位建立和保持联系。它通过对地形的侦察来实施，其深入程度受地形和敌情制约。[66]当双方战斗群之间接触密切时，战役侦察的范围将受到限制。

通常不会下达专门的战役侦察命令。战斗群和战术小队会自行展开战役侦察，例如设置安全巡逻和战斗哨岗，无须特别命令。主要任务包括观察敌情、侦察地形和联络。[67]

无车辆的步兵战役侦察在人数、范围和速度上存在一定的限制。部署巡逻应该是标准程序，通常只能徒步进行。应该在以他们找到的一切敌人阵地为中心的范围里巡逻探测，寻找实施包围的机会。[68]

侦察分遣队（如巡逻队和哨岗）应该知道他们的指挥官需要了解什么[69]——换句时髦话说——了解上级指挥官的信息需求。

上述很多内容都对所有北约指挥官适用。不过各军强调的内容之间存在显著差异。我们可以通过列表来比较冷战时期的侦察学说（参见表4-1）。

表 4-1：德国和美国的侦察理论

德国[70]	美国[71]
成功在很大程度上取决于"灵敏的触摸感知"	骑兵获取敌人信息的最佳方式是通过需要战斗的进攻性行为：为获取信息而战
主要是制造突然性	隐秘性和安全性不是主要问题
侦察兵仅在自卫时开火，毛手毛脚的开始是失败的第一步	火力侦察可能会丧失突然性，所以不要对着所有林线和山头开火
成功取决于"触摸感知"、快速决策以及指挥官和每个人的勇气。尽可能利用当前的有利条件，而不是等待上级的命令	迂回需要上级指挥官的认可
只有拥有预备队的侦察指挥官才能有效地制造奇袭、乘势而上	所有侦察兵都将部署在前方（即不应该有侦察兵预备队）
敌人的弱点从根本上来说比他的优点更有趣，这就是成功的机会所在	对敌方阵地进行定向侦察[72]

美国的侦察理论和实践在几十年间展现出了轻型和重型侦察之间的矛盾。[73]轻型侦察不具备生存能力，因此倾向于变得更加重型。而重型侦察则常被误用于作战，趋向于变得更轻型。矛盾导致了混乱。任何矛盾的存在都表明其背后的行为不被理解。要解决矛盾，必须调查其背后的行为。[74]在这种情况下，根本问题在于需求的矛盾——侦察的需求是要保持隐秘，而战斗的需求是要为主力获取或创造有利的战场地位。

无法制造突然性，以及未能推出一款小型的隐秘的侦察车辆，可能是这种根本矛盾的症状。或者说，它们可能是其原因，也可能是其结果。

侦察骑兵之间有一个笑话，他们宁愿"在下车前死去"。这似乎是一个错误的教训，在第二次世界大战期间，英国的骑兵经常下车（"巡逻经常需要下马……"[75]）。在实践中，真正的问题似乎不是该不该下车（或不愿意下车），而是如何以最佳方式进行隐蔽侦察。如果侦察人员要下车，那么两人车组的规模可能就太小了。

到了20世纪80年代，纯粹的侦察学说在某种程度上已被实用主义所取代，士兵们通常不需要在几十甚至数百千米范围内进行侦察。西德国防军已经减少了轻型巡逻队的数量，并优化了其装甲侦察营，以击败华约前沿的侦察部队。美国的装甲骑兵部队试图以不超过2000米的直瞄火力射程在3000米的地形中进行战斗，这一点并无意义。总的来说，最大的问题很可能是之前提出的第一个问题：如果苏联军队在两德边境对面部署大量火炮，这种情况下，身在边境这一面的人如何能生存下来。[76]

北约装甲侦察营可能在几十千米的战线上进行作战。试验表明，一支英国连队的屏障可以覆盖长达20千米的区域。[77]侦察部队也可以在其师前方数十千米的范围内行动，仅受无线电通信范围的限制。但是中央防区前方通常不需要进行如此长距离的部署。更典型的情况是，一个北约装甲侦察单位在前沿战区向前屏障或警戒10~20千米的距离。

总结一下，侦察应该是观察、移动和战斗的结合。战争主要由制造和利用突然性所主导，侦察部队应该是这一过程中的第一要素。侦察应通过隐秘行动来发现突袭的机会，侦察单位的战斗元素应具有足够的机动性和灵活性，以利用这些机会。他们应该夺取并守住能让战斗群进行突击的位置，以形成冲击效应。然后，他们应该利用这些机会来实现更高级别的作战目标。对于侦察部队来说，成功或失败在很大程度上取决于最初采取的手段。更多关于掩护部队（在防御中）和先头部队（在前进、进攻和扩大战果中）的话题，将在第十章和第十一章中进行讨论。

西方各装甲侦察部队按照一系列可能的方法进行操作，不同之处取决于其军队相信突然性在取得胜利中的关键程度，以及它如何将这种信念转化为行动。从西德国防军的表现看，它通常确实如此，美国陆军似乎没有这样做，英国和加拿大军队则位于这两种立场之间。

战争似乎确实被制造和利用突然性所主导。在这种情况下，发起突然行动者很可能能够迅速并以较少的代价实现他的目标。我们可以确信，如果以适当的力量部署，北约军队可以成功击败初期的华约侦察部队。在冷战的有计划战役和遭遇战中，不同的方法以及由此而生的条令将会显现出来。

应该理性地对待本书中的所有发现。在平坦的沙漠地区可能无法做到隐蔽使用装甲侦察。在多岩石的干旱地形，例如在合恩角的某些地区或美国陆军国家训练中心，隐蔽战术可能会有问题。当然，在这两种情况下，部队与空间的比例会以其他的方式来影响战术。

各国侦察的方法不同，之间的差异是一个重要的发现。我和我的兄弟之前对此只有模糊的认识。在其他领域，即本书的其他章节中，战术上的差异可能没有那么明显，组织和装备上的差异可能更为重要。

本章注释

1. FM 17-95 (81) Cavalry, Preface.

2. Middeldorf, The Russian Campaign. p.67.

3. Dirk Brodersen上校，个人通信。布罗德森是一名装甲侦察官。1995年，他指挥了德国第一支部署到海外的部队，到巴尔干半岛执行任务。

4. The Concise Oxford English Dictionary, Tenth Edition (Oxford: Oxford University Press, 2001).

5. Isby, Weapons and Tactics, pp.370-83.

6. Macksey, First Clash. pp.34-5.

7. Isby,前引。

8. Report of Army Field Forces Advisory Panel on Armor to Chief of Staff, United States Army. Fort Monroe, Virginia. 18 February 1949 (hereafter 'Advisory Panel on Armour'), Part 2, Annex B, Tab 8, para b (1).

9. McGrath, John J. Scouts Out! The Development of Reconnaissance Units in Modern Armies (Fort Leavenworth, Kansas: US Army Combined Arms Center, Combat Studies Institute Press, 2008). Hereafter 'McGrath, Scouts Out'), p.182.

10. FM 17-35 (60) Armored Cavalry Platoon Troop and Squadron, para 273a

11. FM 17-95 (81) Cavalry, Preface, p.i.

12. FM 17-95 (96) Cavalry Operations, pp.3-2.

13. FM 3-98 (15) Reconnaissance and Security Operations, pp.5-3.

14. 同上。

15. 个人通信。

16. Dr Robert Watt，个人通信。Watt写了三本关于阿帕奇战争的书。他是国际公认的该领域的领衔专家之一。

17. Advisory Panel on Armour，多次提到吉普车需要装甲。特别是Vol. II, Tab 2, Annex B, para p.

18. Middeldorf, Handbook of Tactics. p.161.

19. 包括FM 17-35 (60), para 163; FM 17-95 (81), pp.5-4; FM 17-95 (96), pp.3-6.

20. 包括FM 17-95 (81), p.6-15; FM 17-95-10 (93), p.3-1; FM 17-97 (95), pp.3-2; FM 17-95 (96), pp.3-6; FM 3-98 (15), pp.5-3.

21. McGrath, Scouts Out, p.147.

22. 数据来自Ellis, John, The World War II Databook (London: Aurum Press Ltd, 1993)和各种冷战战斗命令。

23. McGrath前引. pp.198ff.

24. Charrington, Lieutenant Colonel H.V.S., Where Cavalry Stands Today, p.53 in Badsey, Stephen, Doctrine and Reform in the British Cavalry 1880-1918 (Aldershot; Ashgate Publishing Ltd, 2008), p.303. 原文强调。我和Charrington的孙子一起服役。

25. 我的另一本书：the British Royal Armoured Corps Training Volume I – Tactics. Pamphlet No 2 – The Armoured Car Regiment 1948。该书首版在加拿大印刷。1960年它被颁发给Cpl J.A. Donaldson，即后来的

Major J.A. Donaldson, CD of Tauvette Rd, Ottawa。参见下面的第31条。

26. English, The Mechanized Battlefield, p.160.

27. Dave Winterburn, 个人通信。Winterburn作为加拿大皇家装甲兵准尉退役。他驾驶过RCAC拥有的大部分装甲战斗车辆。

28. Badsey, Stephen前引。passim and pp.303-7.

29. Campbell, Lieut-Colonel D G M, 9th (Q.R.) Lancers, Advanced Guards in Essex Yeomanry Magazine Vol. XI No. 3, January 1914, pp. 66-73. Reprinted from The Cavalry Journal.

30. 个人经历。

31. Royal Armoured Corps Training Volume I – Tactics. Pamphlet No 2 – The Armoured Car Regiment, War Office Code No. 8404, War Office, 1948, Sect 7 Para 3. 参见前面第25条。

32. 同上, Sect 22 Para 2 (a).

33. 同上, Sect 7 Para 5.

34. L'Armée de Terre Française en 1989 <http://armee-francaise-1989.wifeo.com/> accessed at 0939hrs BST on 12 June 2020.

35. 有一次我后退时差点被它碾死，我没有听到它从我身边驶过。

36. Chamberlain, Peter and Doyle, Hilary, Encyclopaedia of German Tanks of World War Two, Revised edition (London: Arms and Armour, 1988). 通过汇总所有上述装甲侦察车的生产数字得出的数量。半履带的Sd Kfz 250/9缺少数字，它可能是数量最多的轻型侦察车之一（装备有20毫米口径的火炮）。

37. Middeldorf, The Russian Campaign, p.63.

38. Colonel Bruno Paulus, 个人通信。

39. Colonel Dirk Brodersen, 个人通信。

40. Major John Coulthard Royal Signals, 个人通信。

41. Middeldorf前引. p.68.

42. Op cit. p.65.

43. 25 October 1981.

44. Battle 37, 14 August 1982.

45. Advisory Panel on Armour, Vol. II, Tab 2, Annex B, para O.

46. Montgomery, Field Marshal B.L., The Armoured Division in Battle, HQ 21st Army Group, Holland, December 1944, para 26 (a).

47. Goldsmith, Martin, Battalion Reconnaissance Operations at the National Training Centre (Santa Monica, California; RAND Corporation), p.14.

48. Armor Magazine, March-April 1989, p.51.

49. Cameron, Robert S. 'Scouts Out – But Not in HMMWVs': The Rise and Fall of the HMMWV-equipped Heavy Manoeuvre Battalion Scout Platoon, Armor, March-April 2007. pp.26-32.

50. 战斗于2009年2月28日。

51. Middeldorf 前引. p.68.

52. Middeldorf, Handbook of Tactics, p.64.

53. Middeldorf, The Russian Campaign, pp.61-2.

54. 同上。

55. Middeldorf, Handbook of Tactics, p.168

56. Middeldorf, The Russian Campaign, pp.61-8.

57. 同上。

58. 同上。

59. 同上。

60. 同上。

61. 同上。

62. 同上。

63. 同上。

64. 同上。

65. Middeldorf, Handbook of Tactics, p.221.

66. 同上。

67. 同上。

68. 同上。

69. 同上。

70. 参考文献见上文。

71. 参考文献见上文。

72. FM 17-95 (81) Cavalry, pp.5-2.

73. McGrath, Scouts Out. p.198.

74. Hollis, Martin. Introduction to Philosophy (Oxford: Basil Blackwell, 1985), p.51.

75. Royal Armoured Corps Training Volume I – Tactics. Pamphlet No. 1 – The Armoured Regiment, War Office Code No 8274, War Office, 1948. Sect 13 Para 7.

76. Colonel Clint Ancker, 个人通信。

77. Exercise Wide Horizon Director's Report signed by Maj Gen N T Bagnall as Commander 4 Div. HQ 4 Division [sic]. Annexe D-1. Originally HQ 4 Div Encl 33 45526 G:SD. Located in British Army Tactical Doctrine Retrieval Cell, Index 3240.

第五章

作战兵种 I 装甲兵

第二次世界大战初期，大规模坦克编队的运用彻底改变了战争形态。战后初期的条令反映了这一新的现实：

机动性与火力的结合产生了冲击效应，使敌人的防御土崩瓦解。这些效果会扩散到敌人的整个阵地。[1]

此外，装甲师是"一个具有巨大冲击效应的组织"[2]。米德尔多夫和他的同事将坦克与其他作战兵种进行了比较：

- 它可以比步兵更快地发动攻击，而且效果更好，但在没有步兵保护的情况下，面对现代反坦克武器时毫无防御能力……
- 它可以像炮兵一样与敌方步兵和反坦克武器作战；但携带的高爆弹（HE）数量较少……
- 它可以像反坦克武器一样摧毁敌方坦克和坦克歼击车；但它是一个庞大的目标，所有人都在寻找它。[3]

坦克可以在一个平台上完成所有这些任务。同样重要的是，它具有高度机动性，可以简单地行驶。指挥官可以迅速将坦克火力的影响集中在下一片田野，然后是下一个教区，下一个郡，下一个国家。这使得指挥官能够以出乎意料的方式，在出乎意料的地点和时间制造冲击效应，特别是在战争刚刚爆发时。一位英国将军写道，"坦克的设计主要是用来击毁其他坦克。"[4]（"击毁"应被理解为受损后退出当前战斗，这与不可修复的损失不同。）更具洞察力的是，英国坦克专家理查德·奥戈尔切维奇教授写道，击败装甲部队是"最具挑战性的要求"[5]。本章将探讨坦克、坦克单位和坦克战术。由于几个原因，这里的重点将放在坦克上。

坦克具有三个主要特征：火力、防护和机动性。每个特征都是一系列因素的组合。用单一数字或类似的方式来衡量这些因素是过于简单化的。然而，有时为了比较（正如我们在这里所做的），需要这样做。我们还需要考虑"生存能力"和"可用性"。"生存能力"是防护（有效抵御攻击的能力）、机动性（包括规避威胁的能力）和火力（压制或摧毁威胁的能力）的结合，其中，将坦克送到可以对抗威胁的地方的能力是机动性的重要方面，等等。"可用性"通常是可靠性和维护便利性的结合。这五个特征是相互关联的，但不是同等重要的。本章末尾的附录A概述了坦克是如何满足其主要特征（火力、防护和机动性）的，更重要的是它们是如何相互作用的。这里存在一个关键的发现，即功重比的通用标准大约为20马力/吨。坦克的功重比涉及一条物理定律：任何具有相同功重比的坦克，无论是在1920年、1950年还是1990年生产的，其加速度都是相同的。

早在1927年，人们就已经认识到追求坚不可摧是徒劳的[6]，但评论家有时会忘记这一点。正如我们将在接下来看到的，冷战期间，很少有主战坦克能够在高速反坦克武器的最佳射程下幸存下来。因此，装甲厚度——或者更确切地说——装甲的有效性，远非唯一需要考虑的因素。速度对战场和各种战斗形式都产生了明显的影响。

然而，将"相同参数"进行比较的价值不高。战场上的成功并不直接与坦克设计挂钩，而且坦克之间一对一的决斗并不常见。在这个讨论中，还有一个重要的时间因素。让1945年的好坦克与1960年的好坦克较量，并不会有很好的效果；同样，让1960年的好坦克与1980年的好坦克相搏，结果也可想而知。更有用的是从设计者在特定时期为什么做出这样选择的角度来观察坦克的特点。

对"专家"的话要谨慎小心。例如，某在线讨论试图辩论英国的"挑战者"Ⅰ型和Ⅱ型主战坦克是否是"同一辆坦克"。好吧，它们看起来一样：拥有相同的炮和发动机；由同一家工厂制造。事实很简单。"挑战者"Ⅰ是带有乔巴姆装甲和康多尔CV12发动机（最初由劳斯莱斯制造）的"百夫长"。[7]"挑战者"Ⅰ对其进行了重新设计，主要是为了提高可靠性。在电子设备方面也有显著的改进，尤其是火控系统。[8]"百夫长"和"挑战者"之间的零件（组件或备件）具有很高的通用性，而"挑战者"Ⅰ和Ⅱ之间的通用性也相当高[9]，但有个公认的"专家"坚持认为它们是不同的坦克。

军队想要什么样的坦克？我们将以"豹"式坦克为基础进行比较，"豹"被广泛认为是二战中最全面的坦克。做一个简单的思维实验，想象苏联、美国、德国、法国和英国的坦克车组被允许任意选择"谢尔曼"、"豹"或T-34，并接受相应的训练。大部分坦克车组都会选择"豹"式，只有苏联的坦克车组会说它过于复杂、难以维护。

使用火力（主炮在1000米范围内的有效穿透力）、防护性（坦克前部或倾斜装甲的有效厚度）和机动性（功率与重量之比）这三个简单指标，我们可以在图5-1中将"豹"表示为一个三角形。

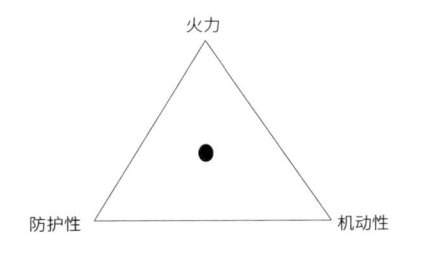

"豹"：
火力：115毫米炮 轧制均质装甲
防护性：148毫米装甲 轧制均质装甲
机动性：功重比15.38马力/吨

图5-1："豹"在火力、防护和机动性方面的图形化表示

图5-2的实线部分显示了早期型号的T-34，虚线则代表"豹"。T-34的火力、防护和机动性分别以"豹"的倍数表示。这个图表可以让我们比较T-34相对于"豹"在这三个方面的性能。

火力
火力: 0.52×

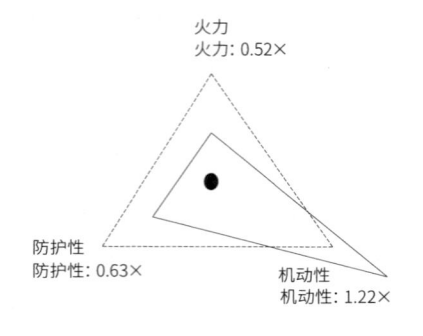

防护性
防护性: 0.63×

机动性
机动性: 1.22×

T34/76:
火力: 60毫米炮 轧制均质装甲
防护性: 94毫米装甲 轧制均质装甲
机动性: 功重比18.90马力/吨

图 5-2：T34/76 在火力、防护和机动性方面的图形化表示

1948年，美国陆军装甲兵学校的首席教官告诉专家小组："我宁愿坐在一辆轻型坦克里，只要拥有一门更大的主炮。我愿意为更大的炮牺牲相当多的装甲。"[10]就在这次会议上，步兵学校提出应最优先考虑拥有足够大的火炮，机动性是第二考虑的因素，而装甲防护则要和上述因素保持一致。会议要求在期望的功重比（净输出到车辆齿轮的功率为20马力/吨）内实现"最大装甲厚度"[11]。此外，"坦克设计中的装甲防护是次要考虑因素，必须保持次要地位。"[12]所有的专家都是二战的高级退役军官。第二装甲师指挥官约翰·科利尔准将表示："我认为我们永远不会对机动性感到满意，我们总是在追求更高的机动性。"[13]

就在这次会议的4年前，蒙哥马利元帅提出想要一种坦克，其重量不超过45吨，配备尽可能好的火炮、足够马力的发动机（假设为20马力/吨），然后在允许的重量范围内加装装甲。战后，哈尔德将军希望制造一种重量最多为35吨的坦克（"豹"重达45吨），功重比达到20马力/吨（"豹"为15马力/吨左右），并配备比"豹"更强大的火炮和相应的装甲。哈尔德希望能设计比"豹"更轻、更灵活的坦克。米德尔多夫的同事们指出：

应优先考虑的是上乘的灵活性和机动性，以及火炮的穿透力，而不是装甲的有效性。[14]

该坦克应配备比"豹"更好的火炮，以便"使其至少与敌方坦克相当或更胜一筹"。然而，他们并不希望配备再大的火炮：

增加口径会以降低机动性和减少备弹量为代价。更远的射程和更有效的弹药不能弥补这一点；这些优势只在坦克的接近阶段发挥作用，并且可以通过更好的灵活性和更好的地形利用来实现。然而，这些劣势会在装甲战斗的所有阶段和装甲部队所有形式的使用中产生影响。[15]

《俄罗斯战争》进一步指出，坦克应具备在2000米范围内摧毁敌方坦克的能力，并且可以使用高爆弹在4000米范围内攻击软目标。该书明智地观察到，掩体中的步兵不太可能在超过150米的范围内被发现。[16]

美国、英国和德国战后的观点一致而明确。它们的优先顺序是：火力、机动性，然后才是防护。后来，以色列的坦克专家以色列·塔尔提出了一个理论，即"一个好的坦克是火力和机动性的综合体，并凭借防护而实现。它不是三个竞争参数的平衡。"[17]这与20世纪40年代末期西方的观点不完全相同，但总体一致。最为重要的是，坦克设计不应是三个竞争参数的平衡。

西方老兵非常明确地表明了他们的优先事项，防护性只排在三个优先事项中的第三位。冷战期间，一些坦克车组人员表达了对防护的偏好[18,19]，随后可能会影响优先级。

最终生产的坦克是围绕实际（或即将）可用的组件建造的——主炮、装甲和发动机。然而，这些组件是为满足坦克设计中提出的需求而开发的。因此，坦克设计中存在一定程度的逻辑自我循环。尽管如此，坦克必须具有真实的炮、装甲和发动机。本章附录B介绍了20世纪80年代初期现役坦克建造的关键组件。

再次强调，苏联坦克是逐渐演变的。T-34的主炮口径从76毫米增加到85毫米，然后依次增加到100毫米、115毫米和125毫米。发动机的研发是为了保持15～20马力/吨之间的功重比。装甲逐渐得到改进，从T-64开始采用复合装甲。在T-64和T-80中尝试使用对置或涡轮发动机，后来没有再重复尝试了。请参见图5-3。

火力: 2.09×

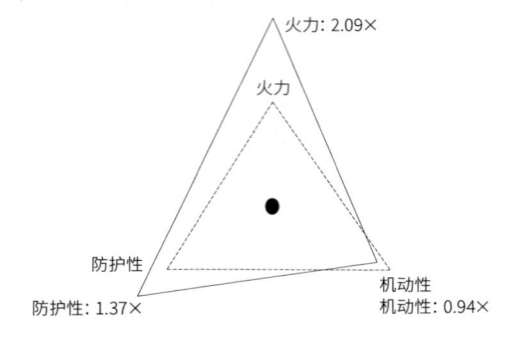

火力

防护性

防护性: 1.37×

机动性
机动性: 0.94×

T62:
火力: 240毫米炮 轧制均质装甲
防护性: 204毫米装甲 轧制均质装甲
机动性: 功重比14.5马力/吨

图 5-3：T62 在火力、防护和机动性方面的图形化表示

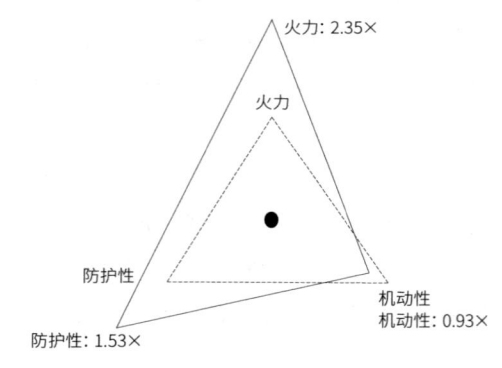

火力: 2.35×

火力

防护性

防护性: 1.53×

机动性
机动性: 0.93×

T60:
火力: 270毫米炮 轧制均质装甲
防护性: 227毫米装甲 轧制均质装甲
机动性: 功重比14.24马力/吨

图 5-4：M60 在火力、防护和机动性方面的图形化表示

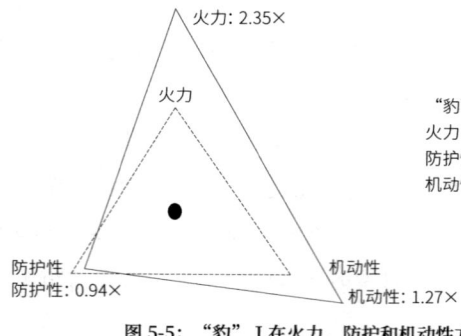

火力: 2.35×

火力

防护性
防护性: 0.94×

机动性
机动性: 1.27×

"豹"Ⅰ:
火力: 270毫米炮 轧制均质装甲
防护性: 140毫米装甲 轧制均质装甲
机动性: 功重比19.57马力/吨

图 5-5："豹"Ⅰ在火力、防护和机动性方面的图形化表示

到目前为止，美国陆军在1944年—1951年间陆续装备了四种几乎类似的坦克[20]，这是一个未解之谜。M60于1959年进入服役，比T-62早两年。M60是第一种装备英国105毫米L7型火炮版本的坦克。（L7火炮是一整代北约、瑞士、瑞典、以色列、日本甚至阿根廷坦克的标准火炮，请参见附录B。）

M60在火力和防护方面显然比"豹"更好，但在机动性方面并不比"豹"更好。以14.24马力/吨的功重比来看，它的动力不足。这可能是因为其AVDS 1790发动机只能输出750马力。M60的装甲效率比"豹"式坦克高，因为它更为倾斜。对于仅厚8毫米的钢板，装甲效果几乎提高了50%。M60是战后最高的主战坦克。一切相同的情况下，更高的装甲战车更容易被发现。M60的高度很大程度上是由其车长指挥塔造成的，该指挥塔增加了70厘米的高度。这个设计在其后继型号M1"艾布拉姆斯"坦克中被删除了。

西德国防军第一款自主研发的坦克是"豹"I，于1965年投入使用。它是基于二战时的"豹"和哈尔德的指导研制的。请参见图5-5。

"豹"I服役重量约为40吨。它明显地优先考虑了火力和机动性。它有一台830马力的发动机可供选择，最终实现了20马力/吨的功重比，刚刚达标。它对于装甲的要求只是至少要能够抵挡20毫米口径的机关炮[21]。西德国防军本可以选择装备一款60吨或65吨的坦克，就像"虎"式坦克一样，但它没有这样做。有人可能会批评"豹"I看起来装甲过于薄弱。然而，不能因此批评它不符合战时经验和据此提出的要求。

有趣的是，在数十场兵棋的战斗中，几乎没有发现"豹"I的装甲使其比其他北约坦克更容易受到伤害,它似乎更具生存能力。与同代的任何其他北约坦克相比，它的机动性使其在摧毁敌方坦克和赢得战斗方面一直更加有效。最为重要的是：

- "豹"I似乎被命中数要少得多，这主要是因为它们的机动性更强。
- 几乎所有击毁"豹"I的射击，实际上能击毁任何冷战时期的坦克。
- 偶尔，一些"豹"I在被高爆反坦克炮弹击中的情况下幸存下来，而使用传统装甲的坦克则会被击毁（因为后期型号的"豹"I具有一些间隔装甲，类似于乔巴姆装甲）。

兵棋显示西德国防军是正确的。

"酋长"坦克比"豹"I晚一年投入使用。"酋长"取代了从1959年起装备有L7火炮的英国主战坦克。英国人主要是为了将120毫米L11火炮（性能更高）投入使用。"酋长"的设计要求是一种重量为45吨、功率重量比为20马力/吨的坦克，比"百夫长"要更轻一些。最初的设计（FV 4201）非常出色，它的重量为47吨，火炮及其系统很好，射击试验进行得很顺利。[22]其新颖的特点包括电机传动的炮塔（因此防火）；受保护的弹药存储；以及革命性的倾斜驾驶员座位，可以降低坦克的高度。这使得车体前部的斜度达到了72度。它还引入了当时的标准四人车组（早期的西方坦克，包括"百夫长"和M47，都是五人车组）。

FV4201的装甲非常出色。它的85毫米装甲实现了270毫米的有效装甲厚度。[23]然而，灾难的是，它的两冲程L60发动机运转速度更快，因此也更热，比四冲程"V"型发动机产生的热量更高。冷却系统必须进行根本性的重新设计，并且需要扩大发动机舱，这增加了5吨的重量。然后必须升级悬挂系统，又增加了更多的重量。新设计改进后，最终成了一辆52吨的坦克。

FV4201确实将炮的俯角从7.5度提高到11度。然而，它最初的生产型仅达到480马力，系列生产型达到585马力，1971年升级后提高到了720马力，1978年进一步升级到了840马力——这是前所未有的，没有其他坦克在和平时期两次升级过发动机，英国国防部显然认识到"酋长"动力不足。即使是在840马力的情况下，"酋长"的功重比也只有13.63马力/吨（重量已增加到55吨）。公平地说，这与M60A3相比不相上下，后者几乎和"酋长"一样重。具有讽刺意味的是，英国在20世纪50年代曾使用过一台810马力的汽油发动机（用于"征服者"重型坦克）。

"酋长"是一个谎言的体现。直到20世纪80年代初，年轻的军官们还在被告知"酋长"是世界上防护性最好的坦克——"酋长"这么重是因为它的防护性能很好，这是有意为之的设计。事实上这是一个双重谎言，甚至可能是三重的。首先，FV4201在47吨的重量中装备了270毫米的装甲，5吨重量也不是为了提高防护性能。这个谎言掩盖了发动机舱的重新设计。第二，重量并不是设计的选择，而是未能获得实现所需功率的合适发动机的后果。第

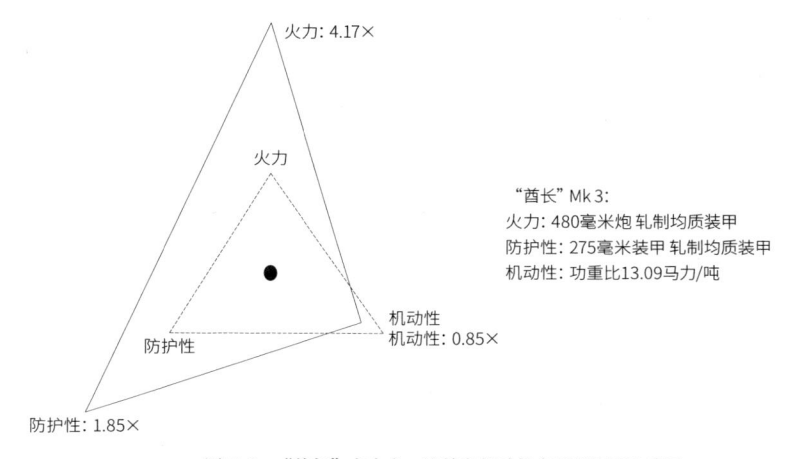

图 5-6："酋长"在火力、防护和机动性方面的图形化表示

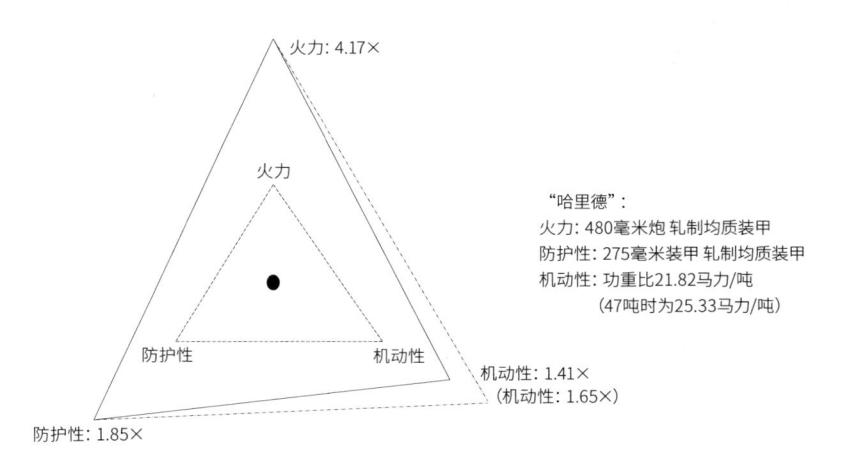

"酋长"Mk 3:
火力: 480毫米炮 轧制均质装甲
防护性: 275毫米装甲 轧制均质装甲
机动性: 功重比13.09马力/吨

"哈里德":
火力: 480毫米炮 轧制均质装甲
防护性: 275毫米装甲 轧制均质装甲
机动性: 功重比21.82马力/吨
（47吨时为25.33马力/吨）

图 5-7："哈里德"和47吨系列在火力、防护和机动性方面的图形化表示

三，设计优先考虑的不是防护性能。它原本优先考虑的是火力（已实现）和机动性（未实现）。最终实现的防护性（270毫米装甲）并不是优先考虑防护性的结果，而是良好的初始设计的结果。这个谎言至少持续到1993年。[24] 请参见图5-6。

20世纪60年代初，劳斯莱斯正私下里开发一款24升涡轮增压V12坦克发动机。公司要求英国国防部推迟"酋长"的生产两年，以待他们完成开发。

但是，军方希望尽快将L11型主炮引入使用，因此"酋长"以L60发动机投入使用。仅仅在L7型炮投入使用8年后就引入了120毫米炮，说明英国人已经优先考虑了火力。劳斯莱斯发动机后来被称为"哈里德"，由帕金斯公司生产[25]，并很快用于升级的"酋长"，出售给约旦。CV12发动机的动力达到了1200马力。如果一辆47吨FV 4201型坦克装备了CV12发动机、L11型主炮，它将会拥有270毫米的装甲和1200马力（功重比约25马力/吨）。它将成为十年中世界上最好的坦克。参见图5-7。

下一代的北约坦克在20世纪80年代问世。西德生产了一种120毫米滑膛炮，专门用于发射尾翼稳定脱壳穿甲弹（APFSDS）。它进入服役比较晚。因此，"艾布拉姆斯"、"豹"Ⅱ和"梅卡瓦"都准备安装这款Rh-120炮（服役时并未安装，早期型号都安装了L7系列火炮。Rh-120比L11及其后续型号更好，这是理所当然的：它服役的时间比后者晚了近20年）。

乔巴姆装甲和输出功率超过1000马力的发动机都已问世。"豹"Ⅱ、"艾布拉姆斯"和"挑战者"Ⅰ都是在它们的前代服役20到25年后投入使用的，20马力/吨的性能基本都得到了满足和超过，等效270毫米装甲的防护性也已经轻松超过，120毫米炮射尾翼稳定脱壳穿甲弹和先进的火控系统已经投入使用。不过，英国要等到"挑战者"Ⅱ出现后才有了一种可靠的坦克来承载所有这些进步。1990年的北约坦克比1980年的要好得多。它们的质量在1991年的"沙漠风暴"行动中得到了毋庸置疑的证明。

一辆好的坦克需要一门运作可靠的高速炮，到1959年，北约拥有了L7；一辆好的坦克需要一台运作可靠的高性能发动机，1965年，德国生产了一款830马力的发动机，足以用于40吨的坦克。英国拥有一款1200马力的发动机，于1972年投入使用（但不是用在自己的坦克上）。坦克设计师可以选择可靠地增强"豹"式坦克的148毫米装甲，然而，西德没有选择这样做；英国选择在一种本来功重比可以达到20马力/吨的坦克上去增强装甲，美国也选择了，但是没有一款发动机能够实现20马力/吨的水平。战后指挥官考虑优先事项时，似乎总是把它们看作相互竞争的参数，与塔尔的观点相矛盾。"艾布拉姆斯"的燃气涡轮发动机的缺陷将在后面讨论。在这里我们应该注意的是，极具讽刺意味地，AVDS 1790最终达到了1500马力。

CV12的关键尺寸与战时的"梅林"飞机发动机或"百夫长"的"流星"发动机相同,误差范围在2毫米以内。[26]"梅林""流星"和CV12都是24升的劳斯莱斯60度V12发动机。[27] CV12实际上是一款柴油涡轮增压的"梅林"或"流星"发动机。可以说,"梅林"又飞起来了。如果你认为坦克不能飞,那你就没开过"挑战者"坦克,更别提"艾布拉姆斯"、"豹"II或"梅卡瓦"Mk 4了。[28]

坦克的发展路径事实上并不像上文所描述的那样简单和清晰。弹药性能常有相当多的改进,而在役坦克的防护性偶尔也会升级,或者火控系统得到显著改善。冷战期间,许多相关信息都是机密的。因此,试图在"相同参数"的基础上比较坦克,这样做的价值有限。最好的坦克无疑是那种能让军队在战役、遭遇甚至战争中获胜的坦克,这在一定程度上是因为拥有更好的战术学说以及实现该学说的坦克。如果战争在很大程度上是关于突袭、冲击和利用的话,那么"豹"I似乎是这一时代最有效的坦克,兵棋推演似乎支持这一观点。不过,我们还没有考虑可用性的问题。在1941年的莫斯科城下,德国陆军耗尽了坦克,这在很大程度上归因于后勤问题而不仅仅是战损。我们将在第八章中探讨可用性的组成部分(主要是可靠性和维修便捷性)。

到目前为止,本章已经涵盖了坦克的技术:坦克的工作原理,以及与指挥官希望采购的坦克的技术特征要求之间的关系。但本章并未涉及太多的技术细节。坦克战术通常是整个装甲部队的战术:无论是战斗小组、战斗群、旅或师。它们将在后续章节中进行讨论。然而,坦克战的关键特征可以在这里简要概述。

以下内容在很大程度上基于美国和德国战后的著作。一些英国著作表达了类似的观点。对于英国人来说,这些观点并不令人信服,最多只是一种愿景,事实并没有观察到太多"不顾侧翼,大胆穿插"的情况(参见下文)。相反,书面资料似乎描述了西德国防军的实际做法,至少在演习中是这样,想想锡贝瑟峡谷吧。美国陆军可能处于中间位置。苏联红军全心全意地拥抱了坦克和装甲战术。然而,正如我们之前已经看到并且稍后还会看到的,他们的战术是简单化的。

坦克是装甲师的打击要素,所有其他要素应该协同支持坦克。[29]机动战是装甲部队的独特特征。坦克应利用机动性，以高速行动来实现突然袭击，并因此取得决定性效果：解决战斗。

装甲部队最有效的运用方式是从行进中突然发动进攻。装甲部队应该寻找弱点：侧翼，以及后方和前方的空隙。然后，他们应该进攻这些弱点，以到达关键位置，从而包围和摧毁敌人。领先的坦克应该大胆地深入敌方深处，基本上不用考虑侧翼。[30]如果需要的话，随后跟进的部队应该负责侧翼防护。装甲是一种突击武器。它试图以纵队前进。它深入敌后，集结并消灭敌人。[31]

机动性使行动成为可能。一支以每小时30千米的速度前进的坦克列队可以在10分钟内深入敌后5千米，赢得当前的战斗，并迅速转移到下一个目标。坦克指挥官应该始终至少提前10分钟思考：不仅仅是下一步的行动，还有如何从那里继续前进的问题。连和营指挥官应该站在可以看到他们的坦克作战的地方来指挥，这样他们就能迅速规划和快速做出决策。[32]

正面进攻取得成功的机会是很少的，让装甲部队去强攻有纵深防御的阵地往往会导致它们遭受严重损失。[33]装甲部队不应尝试与敌方坦克交战。他们应该避免这种情况，将其留给自己的反坦克部队处理，从而保留坦克用于进攻行动。[34]

坦克在适当的情况下应该尽可能利用其炮的最大射程。然而，这并不意味着简单地排成一排开火，而是进行一系列短促而激烈的交战，每次移动到不同的位置[35、36]；无论是在进攻、反击还是阻击行动中都是如此。如果每个坦克排在每次伏击中击毁2到3辆敌方坦克，敌人很快就会被击败。因此，"可携带弹药总击杀量"这一概念对坦克来说是误导性的。[37]是的，可携带的弹药量是一个因素，但"可携带弹药总击杀量"却会让指挥官们以消耗战的思维方式来思考。

毫无疑问，更好的做法是集中多个坦克排和连的火力，同时发动攻击。20～30辆坦克每辆发射4～5发炮弹，肯定比4～5辆坦克每辆发射20～30发炮弹要好。如果这20～30辆坦克多次进行这样的尝试，这一点将显得尤其正确。美国和加拿大军队的战术教义强调了同时集结多个战斗小组以击败一个敌方的团。[38、39]

将坦克单独使用是愚蠢的，特别是在它们没有支援的情况下。[40]如果敌人是近距离作战的步兵，没有支援的坦克将遭受大量损失，并失去取得决定性胜利的能力。[41]一些著作者非常强调坦克对步兵的机枪射击能力：这些人往往是说英语的装甲部队军官。[42、43]然而，实际情况清楚地表明，除非敌人每挺防御机枪平均有两辆或更多坦克对其进行射击，否则机枪对步兵的打击效果并不明显。[44]有更有效的方法来压制或消灭敌方步兵。

坦克的关键弱点是如果没有支援就无法守住阵地。[45]总的来说，不应将它们放置在步兵支撑点里[46]，它们应该真正发挥坦克的作用，而不仅仅是用来支援步兵。这意味着利用机动性和火力来制造突然袭击，造成冲击效应，然后迅速转移。如果它们能做到这一点，弹药消耗将会减少，燃料消耗大致保持不变（因为坦克处于怠速状态的时间相对较少），但它们将赢得更多的战斗。[47]

关于一个坦克连中最佳的坦克数量一直存在一些争论。战后的德国、英国和美国连，坦克数量在13～22辆之间不等。苏联的连则有10或13辆坦克。有人听到一位极度自信的英国装甲兵军官在向分析师解释为什么数量必须恰好是14。他既是对的，也是错的。如果假定他认为的一个坦克连的作战方式总是正确的，且一个连中的坦克数量仅仅取决于这一点，那么他是对的；但一旦有了其他情况，他就错了。这个数量无论是在理论还是实践中，很大程度取决于坦克排和连实际上的战斗方式。这在某种程度上会因连队和军队之间的差异而有所不同。

兵棋测试的经验表明了一种完全不同的方式。我们进行了几十次模拟，每个连队装备有10～17辆坦克。结果显示，一个坦克连一般保持5～6辆坦克是可用的状态，总共可能有9～10辆坦克用以应对敌人的攻击，其他坦克则通常处在移动或者预备状态。这似乎是使用坦克数量最有效的方式。这个发现并不具体和精确，这个数字可能是4或7辆坦克；总数可能是8或11辆。然而，"5～6；9～10"似乎更典型。而且这个数字实际上是一个重型坦克战斗小组中的坦克数量，而不是一般的连。我们将在后面再次讨论这个问题。在这里，我们只是观察到，冷战结束时，美国、德国和英国的连都设置有13或14辆坦克。

设想两个由4辆坦克组成的排。它们是一个战斗小组的一部分，这两个坦克排是战斗小组的先头排。排之间相互向前掩护，此外，在每个排内部，两对坦克之间也会相互掩护。然后，每对坦克中的每一辆坦克也会相互掩护。如果在以两个重型坦克战斗小组为先头排的一个战斗群中出现这种情况，你可能会看到8个"指头"，每个指头是一对坦克，试探着前进。但是，一旦遇到什么情况，瞬间可能会有多达16辆坦克开火。

　　现在设想一个坦克连有四个由3辆坦克组成的排，而不是三个由4辆坦克组成的排。在上述情况下，重型坦克战斗小组可能会有三个坦克排。在一个排内，1辆坦克可能会掩护2辆前进的坦克；或者反之。作战小组可能会有两个坦克排打头阵，或者可能会有三个。因此，这个战斗小组可能只有2辆前进的坦克，也可能有多达6辆。战斗群可能只有4辆，也可能有多达12辆。但是，在某一瞬间内，可能会有多达18辆坦克开火。

　　在实际地形上，似乎从任何距离看，这两种模式可能看起来都有些相似。实践中，很大程度上取决于个别车组和排的训练水平。战斗小组指挥官指挥他们的排和坦克的水平也会影响整体情况。因此，很难断言一个特定国家的坦克部队会有多有效，或者一个前进（或防御）中的坦克部队会是什么样子。然而，可以合理地说，对军事演习或教科书中的编队形式的盲目遵循在实际地形中是不会有效的，这只会让坦克暴露在敌人的火力之下，苏联人就在1941年为此付出了昂贵的代价。

附录A 火力、防护性和机动性

坦克的火力主要来自长身管、高压、高速的火炮。到1980年，几乎每辆坦克都配备了口径90毫米以上的火炮。它可以以超过每秒1000米的初速度发射反装甲弹药。实际上，前线坦克所使用的几乎所有现役反装甲弹药都能穿透超过270毫米的装甲。[1] 坦克通常每辆携带超过40发主炮弹药。当然，火炮只是一方面，火控系统的改进也很显著。从20世纪70年代初引入激光测距仪开始，到20世纪90年代，电光系统、热成像瞄准具和弹道计算机已经完全集成。

直到20世纪80年代初采用乔巴姆装甲之前，坦克的防护主要采用钢制倾斜装甲。装甲是坦克重量中占比最大的组成部分。设计坦克时，正面装甲的倾斜角度至关重要。考虑50毫米厚的车头装甲，如果倾斜角为垂直偏30度，实际上相当于57毫米厚，这并没有太大的不同。如果倾斜角为60度，它就相当于100毫米，即两倍厚度。如果倾斜角为70度，它就是146毫米，接近三倍厚度。在这些入射角下，偏差几度就会产生很大的影响。在这样高的入射角下，来袭弹药反弹的概率也大得多。

从装甲厚度来看，70度倾斜角度的50毫米板，以及60度倾斜角的75毫米板，它们实际都可算作150毫米厚。然而，50毫米板的重量只有75毫米板的2/3，其意义就完全不同了。

乔巴姆装甲首次引入时，其抗破甲弹（HEAT）的能力，在重量相等的情况下，大约是匀质钢装甲的两倍。[2] 对于抗脱壳穿甲弹（APDS）来说，它也比匀质钢装甲更有效。技术发展至今，它的效果甚至更好。

坦克的防护性能还取决于其配置。例如，以色列的梅卡瓦坦克将发动机前置，以便提供额外的保护给机组人员。其他方面，如保护弹药存放和自动灭火系统，也可能产生重大影响。

自第一次世界大战以来，坦克工程师和战场指挥官就已经意识到发动机功重比的重要性。几十年来，人们一再提及每吨坦克至少需要20马力传送到驱动齿轮上的诉求。这并不是一个特别确切的数字，例如，功重比在19马力/吨和21马力/吨之间时，几乎没有太大区别。但若只有15马力/吨，坦克就会显得迟钝了。

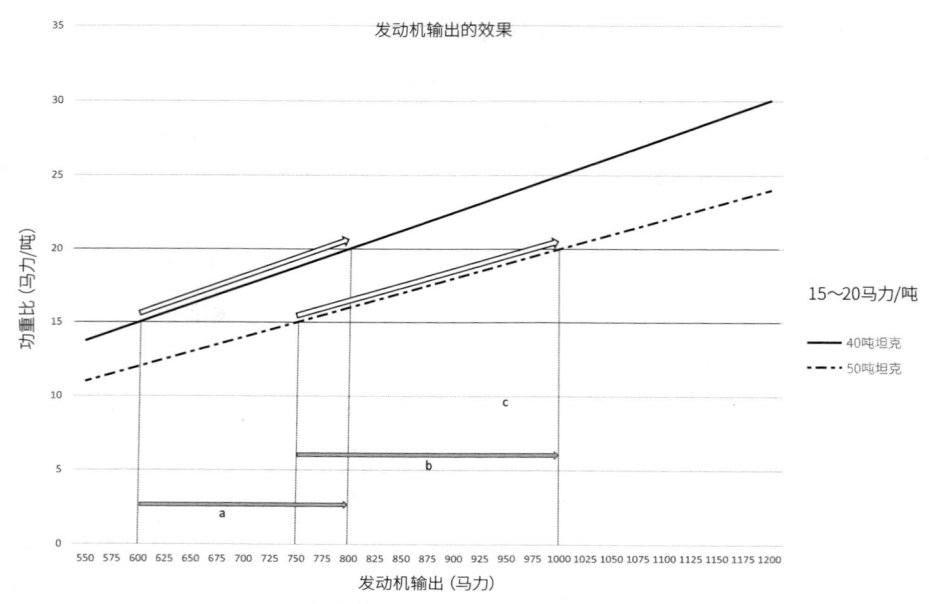

5A-1：不同坦克重量下功重比随发动机输出的变化

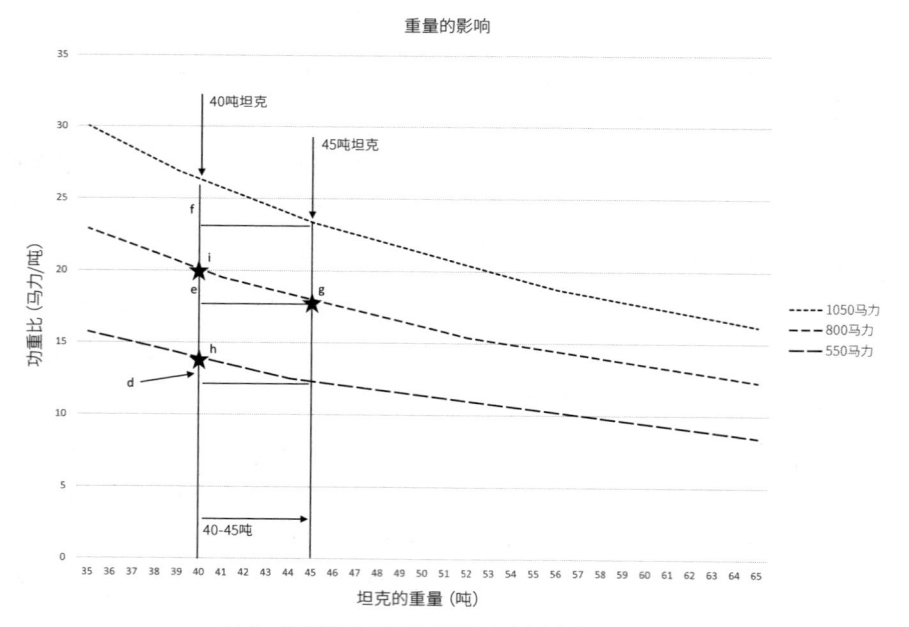

5A-2：坦克重量与不同发动机输出功率之间的功重比变化

高功重比通常与最高速度相关联，但很少有坦克能够在崎岖的地面上以每小时50千米以上的速度行驶。通常情况下，机组人员会感到过于摇晃。不过，具有高功重比的装甲战斗车辆在开火位置之间机动更快，并且在掩体的间隙中穿越得更快。这是因为，在短距离移动中所花费的大部分时间都用于加速，而加速与功重比直接相关。

如果20马力/吨是理想的，但15马力/吨也可以接受，那么一辆40吨的坦克需要一台功率在600～800马力之间的发动机（参见图5A-1中的a）。50吨的坦克需要750～1000马力（参见图5A-1中的b；55吨的坦克需要825～1100马力。）但在1980年，很少有坦克的发动机能提供1000马力。

重量具有潜在的影响。以色列专家塔尔将军说，他更喜欢重型坦克，因为在实践中它们在崎岖地形上行驶得更快。[3]我们应该清楚这意味着什么。对于相同的功重比，50吨的坦克在实践中比40吨的坦克可以更快地穿越崎岖地形。这主要是因履带长度和悬挂行程等因素导致的，从而影响了机组人员的乘坐体验。但是，对于给定的发动机，50吨坦克的功重比要比40吨坦克的低25%。因此，发动机功率更具有决定性意义，增加坦克一两吨重量并不会有太大的影响（请参见图5A-2）。

设想一辆40吨的坦克使用一台550马力的发动机，使其达到13.75马力/吨功重比。若增加5吨的重量，将使其降至12.2马力/吨；损失仅为1.5马力/吨（图5A-2上的d）。换成一台800马力的发动机，这两个数字就会分别变为20马力/吨和17.7马力/吨，中间的损失就会变成2.3马力/吨（e）。再换成一台1050马力的发动机，这两个数字将是26.25马力/吨和23.3马力/吨，损失便扩大到3.1马力/吨（f）。因此可见，对于坦克而言，真正重要的问题不是增加几吨重量后带来的影响，而是550马力发动机和800马力发动机之间的差距。

因此，一辆重45吨、配备800马力发动机的坦克（g）的性能将优于一辆重40吨、配备550马力发动机的坦克（h）。当然，一辆重40吨、配备800马力发动机的坦克的性能将更好（i）。然而，它的防护性能通常会比较差，而45吨的坦克可能会拥有更好的装甲。

附录B 坦克的组件：火炮、装甲和发动机

1940年法国沦陷后，来自白朗公司的工程师移居到英国并继续他们的工作。[1]他们生产的脱壳穿甲弹（APDS）首次装备在英国的6磅反坦克炮上。这一技术及其相关配套设备使英国在反坦克炮技术方面领先于世界，至少持续到20世纪80年代。其中具有里程碑意义的发展是在1959年服役的105毫米L7炮，它可以发射脱壳穿甲弹。L7炮后来被改装到了"百夫长"坦克上。

L7大致上将反坦克炮的性能翻了一番[2]，它在美国的生产型号为M68。在接下来大约20年里，几乎所有西方世界生产的坦克都装备了L7、M68或其他版本的炮（也有例外，譬如下文描述的英国"酋长"和法国AMX 30上的105毫米炮）。L7使得西方没有必要再生产可以对抗苏联重型坦克（如IS-3）的重型坦克。L7可以穿透270毫米的装甲，这比当时任何苏联重型坦克的正面装甲都要厚，这使得真正意义上的"主战坦克"的发展成为可能。

英国沿着这一发展路线，在"酋长"上装备了120毫米L11炮。其他国家开发了尾翼稳定脱壳穿甲弹（APFSDS）等弹药，进一步提高了L7的性能。

苏联的坦克炮通常比北约的要大一号。简单来说，当北约使用90毫米炮时，苏联使用100毫米炮；当北约使用105毫米炮时，苏联使用115毫米炮；当北约使用120毫米炮时，苏联使用125毫米炮。然而，这只是看上去威力更大。1967年苏联使用的115毫米BM-6尾翼稳定脱壳穿甲弹能穿透260毫米的装甲，与105毫米L7的脱壳穿甲弹威力大致相当。事实上，苏联的军火口径看上去比北约的更大，但效果却不一定更强。

其穿透效能与现役装甲相关。代表性的前装甲等效厚度如表5B-1所示。

5B-1：代表性的前装甲等效厚度

坦克	装甲厚度	倾斜角	等效装甲
"豹"（二战）	85毫米	55°	148毫米
"豹"I	70毫米	60°	140毫米
M60	93毫米	65°	220毫米
AMX 30	80毫米	68°	213毫米
"酋长"	85毫米	72°	275毫米
T62	102毫米	60°	204毫米

注意，例如，T62的装甲厚度比所有北约坦克都要厚；M60的装甲厚度比"酋长"更厚（但效果较差）。但L7和苏联的115毫米炮都能穿透260～270毫米的装甲。因此，大多数现役火炮是有能力击败大多数坦克的。

大多数战后的坦克发动机都是V型四冲程柴油发动机。通常，自吸气柴油发动机（即在正常大气压下运行的发动机）通常比等效的汽油发动机功率低。因此，二战期间，大多数坦克使用汽油作为燃料。要使给定的发动机更强大，必须压缩燃料-空气混合物。为此，增压器可使用从传动系统（例如皮带等）驱动的压缩机，涡轮增压器使用由排气气体驱动的涡轮压缩机。

苏联的坦克一直使用T34的发动机，经过柴油化、涡轮增压和提升功率，一直使用到今天。美国军队在二战结束时使用的是一款12缸V型（V12）汽油发动机，容积为1790立方英寸（约合29.3升）。到1951年，该发动机被改进为增压柴油发动机，因此得名为AVDS 1790（Automotive, V-Engine, Diesel, Supercharged），功率为750马力。这是一款马力十足的发动机，驱动着美国坦克一直到M60。它在早期以色列的"梅卡瓦"坦克上提升到了900马力。

1933年，劳斯莱斯公司开发了一款24升的增压V12飞机发动机，使用航空燃油，被称为"梅林"（Merlin）。它装备了"飓风""喷火""蚊""兰开斯特"和包括美国"野马"在内的38种飞机型号。每个版本的"梅林"发动机都至少有1000马力。1941年，劳斯莱斯开发了一款去掉增压器的汽油发动机版本，供坦克使用，被称为"流星"（Meteor），为英国包括"百夫长"在内的三种坦克提供动力，最终发展到650马力。随后它被重新设计为涡轮增压柴油发动机（见第五章相关内容）。

20世纪50年代后期，北约提出了多燃料装甲战斗车辆的需求。法国为AMX 30引入了一款680马力的多燃料发动机。英国为"豹"I开发了利兰L60两冲程、对冲式多燃料发动机，但是最后失败了。该发动机在投入使用之前从未达到全功率运行——它本应达到1100马力，但从未超过840马力，导致"豹"I的动力严重不足。L60发动机的可靠性差，被认为是英国装甲师作战效能的限制之一。[3]

本章注释

1. Advisory Panel on Armour, Sect I para 17.

2. 同上，Sect I para 47.

3. Middeldorf, The Russian Campaign, p.173.

4. Swinburn, Lieutenant General Sir Richard, Future Armoured Warfare: The Case for the Tank, RUSI, June 1992, p.35.

5. Ogorciewicz, Richard. The Design and Development of Fighting Vehicles. 1st Edition(London: Macdonald, 1968), p.43. 我在几次会议上遇到过Ogorciewicz教授，他于2019年去世。

6. Germains, V.W., The 'Mechanization' of War (London: Sifton Praed, 1927), p.75.

7. Ogorciewicz, Richard, Tanks: 100 years of Evolution (Oxford: Osprey Publishing, 2015), pp.183-5.

8. Mark Shelley，个人通信。Shelley在英国皇家装甲兵部队服役超过22年，并指挥过"挑战者"I和II。

9. Major General Mike Charlton-Weedy，个人通信。Charlton-Weedy曾在总务大臣秘书处担任少校，负责装备采购政策。作为准将，他曾担任作战需部主任。

10. Advisory Panel on Armour, Vol II, Tab 3 Annex B, p.3.

11. 同上，Vol II, Tab 3 Annex B, p4.

12. 同上，Vol I, Annex E Para 7 a (2) (a.)

13. 同上，Vol II, Tab 3 Annex B, p1.

14. Middeldorf, The Russian Campaign. p.47.

15. 同上。

16. 同上，第50页。

17. Owen, William F., Challenging the Triangle: Examining the Tal Conjecture, Dissertation for a Master's degree by research, Cranfield University, 2014. Passim.

18. 例如，Brigadier Justin Kelly, Royal Australian Armoured Corps, 个人通信. Kelly指挥过"百夫长"和"豹"I.

19. Doctor Eado Hecht, Bar-Ilan University, 个人通信. Hecht是以色列"百夫长"上的乘员.

20. Storr, The Hall of Mirrors, Appendix II.

21. Owen,前引. p.121.

22. Dunstan, Simon. British Battle Tanks: Post-War Tanks 1946-2016 (London: Bloomsbury Publishing, 2016), pp.134-41.

23. 参见第五章附录B。

24. 这是那一年英国皇家军事科学学院的标准教学内容。

25. 1993年我曾参观过彼得伯勒的Perkins工厂。我们看到了一个印有劳斯莱斯标志的CV12汽缸盖。

26. 我感谢劳斯莱斯的Dave Piggott在研究这个问题时给予的大力帮助。

27. 参见第五章附录B。

28. 我持有驾驶装甲车辆的驾驶执照已有多年。我驾驶过功率超过20马力/吨的装甲战斗车辆（如"貂"和"弯刀"）；约20马力/吨的装甲战斗车辆（如19.2马力/吨的"挑战者"I）；以及功率低于20马力/吨的装甲战斗车辆（如"豹"和FV 432）。我曾驾驶它们在乡间地区行驶。

29. Advisory Panel on Armour, Vol II, Tab 9, Annexe C. pp.5-6.
30. Middeldorf, The Russian Campaign, p.32.
31. Advisory Panel on Armour, Vol II, Tab 3 to Annexe C.
32. Middeldorf前引, p52.
33. Middeldorf前引, p32.
34. Kroesen, General Frederick J (Commander 7th US Army and CENTAG). Quoted in English, The Mechanized Battlefield, p.4.
35. FM 71-100 (1979) Armored and Mechanized Division Operations, p5-17.
36. Herbert, Major Paul H., Deciding What Has To Be Done: General William E De Puy and the 1976 Edition of FM 100-5, Operations, Leavenworth Papers No. 16 (Fort Leavenworth, Kansas: Combat Studies Institute, 1988), p.82.
37. "可携带弹药总击杀量"是指一辆车辆携带的弹药可能击毁的敌方装甲战车数量。
38. FM 71-2 (77) The Tank and Mechanized Battalion Task Force. pp.1-11.
39. Macksey, First Clash, p.178.
40. 同上，第198页。
41. Middeldorf前引. p.50.
42. Coyle, Team Yankee, p.184 等各处。
43. Macksey前引, 各处。
44. Rowland, David, The Stress of Battle. Quantifying Human Performance in Combat (London; The Stationery Office (TSO), 2006), pp.64-5. I worked closely with Rowland from 1999 to 2001.
45. Messenger, Charles, Mobility on the Battlefield (English), The Mechanized Battlefield. p.27.
46. Middeldorf, Handbook of Tactics. p.247.
47. Dick, C.J., Catching NATO Unawares: Soviet Army Surprise and Deception Techniques, International Defence Review Vol. 1 (1986), pp.1-26 in Arrcade Planner, p.16.

附录 A 注释

1. 严格来说，"Rolled Homogenous Armour Equivalent"。在这里，我们通常会使用"有效厚度"或类似的术语。
2. Ogorciewicz, Richard, Tanks: 100 years of Evolution (Oxford; Osprey Publishing, 2015), p.182.
3. Luttwak, Edward and Horowitz, Dan. The Israeli Army (London: Allen Lane, 1975), p.189.

附录 B 注释

1. Ogorciewicz, Richard, Tanks: 100 years of Evolution (Oxford: Osprey Publishing, 2015), p.255.
2. 同上，第179页。
3. Exercise Spearpoint 76 Post Exercise Report, HQ I (BR) Corps BM 3 to 3573/16 GSD1, n.d., British Army Tactical Doctrine Retrieval Cell index 3371A of 26 January 1977.

第六章

作战兵种 II 步兵和反坦克兵力

基本来说,步兵指徒步作战的人员。他们据守阵地、控制近战地形并清理敌方阵地。[1] 总有这样必要和关键的时刻——由人与人之间的近战格斗决定胜负。有时还必须要夺取、清理和坚守地形[2],尽管这种情况不太经常发生。

自第一次世界大战以来,步兵徒步作战一直是缓慢、艰难的,也经常是没有决定性战果的。[3] 令人感到不解的是,即使是装备良好、训练有素且士气高昂的专业化步兵,也很难快速地、以较低的代价取得战术成功。大量使用炮火支援通常并不能起到太大的帮助,甚至用高爆弹直瞄射击也是如此。

步兵是唯一能够进行徒步作战的兵种。然而,在冷战时期的装甲师中,大部分步兵都是机械化的。他们在装甲车辆内,或从装甲车辆中出发作战。不同军队中,步兵的作战方式有着广泛的差异,是否在载具中作战也是一个很重要的问题。这在很大程度上取决于设想。英国人设想:在进攻中,步兵将跳下载具,进攻和扫清阵地——这是步兵的职责。对他们来说,问题在于装甲车辆在这一过程中的角色。其他国家对此看法不同。讨论在载具中的作战往往会模糊步兵的角色,因此我们将分别讨论无载具和有载具的步兵战术。许多反坦克武器是在地面发射的,在一些国家的军队中,反坦克部队是步兵的一部分。因此,我们将在本章末尾讨论反坦克作战。

下文将把使用双脚架射击的机枪称为"轻机枪",而不考虑口径;使用三脚架、发射步枪口径子弹的机枪称为"中型机枪";发射大口径子弹并安装在三脚架或车辆上的机枪称为"重机枪"。用于搭载步兵的装甲战车将被称为装甲运兵车（APC），如果它们搭载了强大的攻击武器，就称之为步兵战斗车辆（IFV）。

再强调一下，步兵的非装甲作战往往是缓慢、艰难且不太具有决定性的。这是由防御性轻火器的火力造成的。每个防御者都构成了致命威胁，但通常很难定位、压制或消灭。步兵在遭受未被压制的轻火器火力打击时很快就会明白不要继续前进。因此，非装甲步兵的进攻速度通常远远低于行走速度。对于非装甲步兵来说，摧毁碉堡特别困难，这会使进攻者受阻很长一段时间。

马尔维纳斯冲突中，六次主要战斗给我们提供了有趣的视角。所有六次（英国的）进攻都取得了胜利。在这六个战例中，进攻部队的规模和防守方的战术几乎是相同的。英国军队清除敌方阵地所需的时间并不取决于防守部队的规模（防守部队规模变化幅度超过100%），双方战损比也是如此。快速获得胜利，并且伤亡较少，主要有赖于突然性（在一个战例中）和从两个方向发起向心攻击（在两个战例中）。[4]

条令要求进攻者在进行冲锋之前要赢得火力压制战。[5] 在马岛战争中，英国很少能做到这一点，因此战斗通常会持续几个小时。米德尔多夫及其同僚写道，步兵单位无法靠自己的火力压制目标，也就无法获得火力上的优势。他们五次以不同形式反复证明了这一论点。[6] 兵棋的推演论证支持了这一点。在发生在军的后方区域（因此几乎没有炮兵或坦克支援）的一系列战斗中，进攻者发现很难取得任何决定性的成果。[7]

基本的步兵武器是步枪和轻机枪。作战研究告诉我们，通常情况下，防守方的轻机枪造成的伤亡是步枪的八倍，包括全自动步枪。米德尔多夫等认为，轻机枪的火力是突击步枪的五倍；它对士气的影响明显更高；而将其装在三脚架上作为中型机枪来用则非常有效。[8] 二战结束时，美国步兵坚信其"勃朗宁"自动步枪（BAR）当作轻机枪用是完全不够的。[9] 遗憾的是，它从未得到一种合适的替代品（M60轻机枪的故障率是比利时FN MAG的三倍，并且维修麻烦程度是四倍）。[10]（在英国和英联邦军队中，FN MAG被称为L7通用机枪。）

马尔维纳斯群岛冲突中，装备方面的主要教训是徒步步兵需要投射式的高爆弹来对抗或摧毁战壕。用肩扛式反坦克武器发射的高爆弹药是一个很差的替代品。现役的中型反坦克武器（如84毫米"卡尔·古斯塔夫"）可以发射高爆弹，但英国没有采购它们。由于高爆弹的有效载荷大约随着口径的立方增加，84毫米高爆弹的效力大约是66毫米弹（例如M72轻型反坦克武器）的两倍。

在正确的位置使用高爆弹将更有效率。1942年，英国步兵训练手册称，2英寸（51毫米）轻型迫击炮可能是排的最重要武器[11]。每个排携带多达30颗炮弹[12]。到了马尔维纳斯群岛冲突时，2英寸迫击炮已经不再配备高爆弹。它已经过时，并且在未来几年内也没有替代品，人们已经忘了它的重要性。对于投射式高爆弹的需求则相当简单：步兵的关键问题可能只是能否将手榴弹扔过街对面的窗户，或者其他类似的情况。[13]

地面安装的加农炮，如法国和德国的20毫米加农炮，对敌方装甲运兵车可能非常有效。这两国的军队向非机械化的步兵营和其他部队发放了这种武器。还有几种武器可能也非常有效。据说有种反器材步枪可以在1000米处穿透BMP步兵战车的装甲。[14] 类似的20毫米口径武器在二战期间已经服役。目前尚不清楚为什么它们没有被更广泛地部署。

步兵组织成班、排、连和营。班的组织随时间和国家而不同。关于班的规模的讨论往容易被简单归纳为"较大的班更有效"，这并不奇怪。但更明智的做法是从整体有效性上来进行讨论。一个连队的81人，如果组织成10个8人班，可能比组织成9个9人班更有效。在西德国防军第4序列中，每个连队采用10个班。一个排的24人，如果组织成4个6人班，可能比3个8人班更有效。美国军队至少两次推荐了6人班。[15]

在米德尔多夫的书中，少数未被采纳的建议之一与班有关。他们建议由全副武装的步枪手组成步兵班，机枪手则集中在排级。[16] 在第二次世界大战中，西德国防军、英军和法军的做法是每个班配备一挺机枪，并将班分为机枪班和步枪班。

战后，美国步兵希望每个班都配备一挺轻机枪和一具榴弹发射器。然而，他们从未采购到一款好的轻机枪，因此转而给班里所谓的火力小组配备两支BAR步枪。随后，他们又为每个火力小组配备了一挺（不可靠的）轻机枪，算是每个班配备了两挺轻机枪。但他们的试验已经证明，每个班配备两挺轻机枪比一挺的效率更低。[17]

人为因素在这个问题上占据主导地位。若每个小组仅配备一支轻机枪，意味着需要一个专门的初级军士长做"机枪手控制员"，其主要工作是指挥和监督轻机枪的射击。这样可以合理地保证一旦发现敌人，就会进行压制并保持压制状态。如果轻机枪只是火力小组中的武器之一而已，就得不到这种人力保证。轻机枪在近距离战斗中很笨重，但近距离战斗是火力小组战术的必要组成部分。此外，美国轻机枪小组成员在战斗中难以聚拢在一起，这似乎也是一个问题。而在德国、英国或加拿大的小组中，这并不是一个问题。

随着几十年来英国步兵学说的演变，我们看到了从1945年开始，到20世纪80年代以后的一系列令人沮丧的"傻瓜化"[18]，尤其是节奏逐渐减慢。比如要进行一次排级攻击，1944年时从计划到下命令可能仅需要5分钟，但到了1990年则可能需要20分钟。

步兵战术中，压制是关键问题。如果步兵受到压制，他们就无法还击。小型武器火力是步兵用来压制敌人的主要方法。然而，如果他们自己受到压制，就无法压制敌人。因此，获得火力优势——压制敌人——是必不可少的第一步。

未能击中目标的附带效果不仅仅是受压制。有一个明显的悖论，即（在适当范围内）火力越精确，目标越有可能寻找掩体。因此，他更有可能被压制，而不是被击倒。[19] 因此，步兵战术应围绕着与行动紧密相关的压制性火力展开。前进行动要将进攻者带到足以用刺刀和手榴弹击杀或使防御者失去战斗力的距离。

班组进攻战术是针对单个孤立阵地的一种机制：例如该阵地中有两三名防御者或者一个重型武器组的壕沟。班组进攻战术也是对可能发生在更大规模作战中的情况进行训练的一种机制。

兵棋推演表明，火力小组战术很可能导致进攻者的伤亡比"有机枪小组和全步枪小组"战术更大。详细分析表明，关键问题在于某个火力小组偶尔会未能压制防御者，这样防御者就能在另一个火力小组袭击时进行射击。这会造成重大伤亡，并导致进攻失败。最好为每个步兵班装备一挺可靠的轻机枪（每班只含6人也许会更好）。

攻击编队可以是宽阔或有纵深的。英军的一个连队是一个平衡体，第一拨有4个班，总共有4拨（见图6-1）。1975年，英军的教义指出，步兵应该"直接前往目标"[20]。这是对最初概念的淡化版本，最初的概念是步兵应该直接推进到最终目标，然后清扫这一位置。到了1980年，英国步兵通常会试图依次清除前进道路上每个敌人的阵地。这不是1917年的最佳做法，也不是1941年所描述的做法。[21]

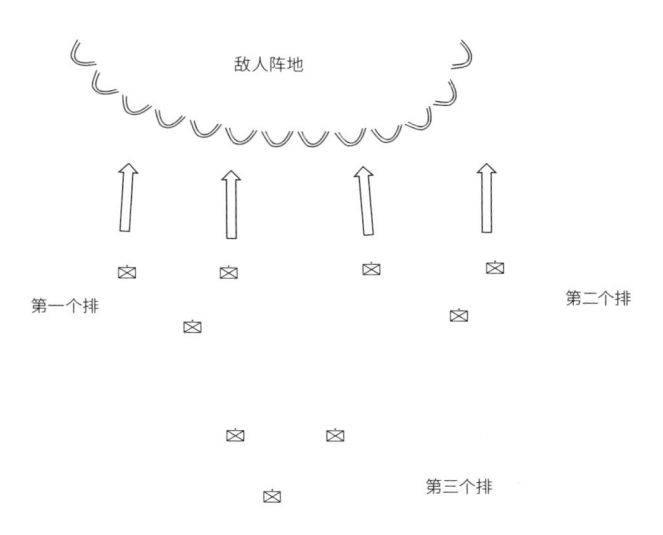

图 6-1：进攻中的一个英国军队步兵连

西德国防军步兵经常试图悄悄渗透，留下被绕过的阵地由后续部队清除。[22] 英国战时学说描述了排的"钳"形进攻，实际上是跨过一个连或营级阵线的多次、松散协调的班组攻击[23]。这与德国的做法有类似的效果。

20世纪20年代，利德尔·哈特描述了"将寻找机会变成一个系统"的战术，现在我们清楚了他的意思。[24] 速度起了一定作用，这不是指向前奔跑的速度，而是指在任何条件允许的情况下，采取几种不同的方式随时前进。这将为侧翼和绕后进攻创造机会，并增加总体的速度。这也意味着将战术简化为技能，并保持适当的心态。例如，将排级进攻的计划时间从20分钟缩短到5分钟。

很明显，有一个更好的不同选择。在兵棋中，这一点到第94场战斗之后才得到反映[25]，也就是说，经过了14年的推演之后才发现。反过来，这也说明这种新的战术在那些已经有着成熟做法的军队中并不是显而易见或被普遍认可的。这种替代的战术主要依靠在多个方向快速穿透，根据需要在不同地点进行攻击，而不是采用正面攻击来依次清扫整个目标。

这样的渗透式进攻将以在攻击区域内至少某处的持续移动为特征。在接触点，班或排将从敌方的侧翼进攻。任何突破都应该得到支援，从而使这些班排能够继续前进。这将导致整体前进速度接近最快的速度，而不是由最慢的速度决定。

在20世纪90年代进行的三次对抗模拟试验中，使用这种战术的结果都带来了速度的提升和进攻伤亡的减少。[26] 这些试验使用了三个来自不同营的部队，观察到了高于常规战术16倍的前进速度。这些试验以及兵棋推演表明，这种方法在防御上同样效果出奇。以色列军队似乎也采用了类似的战术。[27]

因此，很多认为步兵战斗缓慢、艰难且缺乏决定性意义的看法，实际上源于一些军队采用的战术。这种看法逐渐成了预期结果，并被视为训练的预期目标。然而，本不应该是这样的。步兵本可以更加高效地行动，速度更快，伤亡更少。光是减少伤亡就足以成为军队应进一步调研这个问题的充分理由。

对机械化步兵部队最基本的要求是能够与坦克密切合作，这要求他们拥有某种形式的装甲运输工具。一些军队采取了更进一步的措施。1948年，美国陆军认为，装甲步兵在装甲师中的基本角色是支援坦克[28]，正如西德国防军所做的一样[29]。

坦克的移动速度比步兵快得多。因此，早在第二次世界大战之前，人们就认识到步兵的机械化是必然的。没有机械化，装甲部队就永远无法发挥节奏的潜力。[30] 是否或何时进行车载作战是一个重要的问题，毕竟装甲运兵车上不能使用刺刀。但从逻辑上讲，真正的问题不是是否、何时甚至如何进行车载作战，而是如何最好地保持较快的作战节奏。

各国军队都发展了可以搭载步兵班组的履带式装甲战斗车辆。在进攻中，它们会在炮火掩护下将步兵运送到目标地点。加拿大军队非常明确地表示，容量是第一要求，装甲战斗车辆必须能够搭载一整个班。[31] 加拿大第二优先考虑的是载具的生存能力，毕竟它能为步兵提供必不可少的机动性。[32]

然而，西德国防军的要求更为复杂。其"豹"式步兵战车的设计非常紧密地遵循了《俄罗斯战争的战术》中提出的规格要求[33]，一个关键要求是能够在车上作战[34]，下车会减慢战斗节奏[35]。步兵必须能够迅速从车载战斗转换为徒步战斗。[36] 车上作战的诉求是节省时间，出于同样的诉求，高机动性也很重要。更具体地说，机械化步兵必须能够支援坦克的持续前进。[37] 机械化步兵必须能够前往对战斗影响最大的地方，并能够扩大战果。[38]

20世纪70年代，西德国防军的理念显著地影响了美国陆军。20世纪60年代，美国的军事理论曾说"装甲运兵车不是战斗车辆"[39]；并且，"在防御中使用装甲运兵车的一个主要关注点是它们能够立刻供部队使用，以便于部队迅速转移。"[40] 也就是说，机动性是最重要的。

德普伊及其同事们与西德国防军将军们讨论过装甲掷弹兵战术，并受到了他们的强烈影响。[41] 到1977年，高层军事理论指出，机械化步兵"完全有能力在机动中进行车载战斗"[42]。1977年和1980年的步兵条令手册通过反复教导"如何去做"的方式强化了这一点。当时服役的是M113轻型装甲运兵车，这很可能是错误地沿用了越南战争的经验，在那里敌人几乎没有反装甲武器。到1985年，当局承认了M113的局限性[43]，不过M2"布雷德利"战车已经投入使用，配备了射击孔以允许步兵在车上作战。

一些英国坦克营有个有趣的习惯，他们在规划演习时会确保攻击目标不会包含超过2个步兵班组。这意味着进攻的步兵连不需要动用他们的预备排来清除那个处于较为纵深位置的班组，可以节省大量时间。他们希望苏联军队也能同样配合。至少，这些英国坦克营认识到了节奏的重要性，虽然他们找了一个不太理想的解决方案。

机械化步兵排一般配备有辆班用装甲运兵车。在大多数西方军队中，排部指挥所通常会使用第四辆车，而在西德国防军和华沙条约组织的军队中，排部就搭载在班用车辆上。典型的西方装甲运兵车是装有同轴机枪的履带式封闭车辆。然而，苏联首款真正实用的履带式人员运输车BMP，被设计用于伴随坦克高速穿越有辐射和化学污染的战场。BMP配备有一门炮塔式低初速反坦克炮和第一代反坦克导弹发射器，于1966年服役，似乎开启了一整条新的发展线路。

"黄鼠狼"步兵战车和法国AMX-10P分别于1970年和1972年投入使用。然而，如我们所见，"黄鼠狼"的设计要求源自第二次世界大战。"布雷德利"步兵战车和英国的"武士"则在20世纪80年代开始服役。所有西方的步兵战车都装备了火炮，有时也配备有反坦克导弹。这些火炮理论上是用来对抗敌方步兵战车的。不过，就"黄鼠狼"而言，其对火炮的需求远早于步兵战车这一概念的出现。

步兵战车通常具有高于20马力/吨的功重比。然而，几乎所有型号都无法搭载所需的完整步兵班。AMX 10P是个例外，它做到了这一点。"布雷德利"原计划搭载2名乘员和9名士兵，但最终只能搭载3名乘员和6名士兵。"武士"能够搭载2名乘员和8名士兵，前提是车辆指挥官也在下车之列。但如果他下了车，炮手就无法为火炮重新装填弹药。"黄鼠狼"可以携带10名士兵，但一旦装载"米兰"反坦克导弹后，这一数字就减少到3名乘员和6名士兵。几乎所有步兵战车的基本问题都在于，炮塔占据了车体内部太多空间。英国陆军最初并不希望装备"拉登"火炮，因为它妨碍了装载8名士兵下车作战的需求。[44] 不同设计优先级再次成为相互竞争、需要权衡的参数。

常规战争中，唯一有较多使用装甲运兵车经验的军队，并没有采用步兵战车。1982年的黎巴嫩战争中，以色列发现搭载在M113装甲运兵车中的步兵班比坦克更容易受到攻击。因此，以色列基于多余的坦克底盘开发了几种防护性能更强的重型装甲运兵车。这说明，以色列军队根据实战经验，选择了增强防护而非追求多功能集成的步兵战车来提升步兵的战场生存能力。

1998年，《英国陆军评论》发表了一篇文章，该文章分析了超过90场战斗和遭遇战实例，其中机械化步兵尝试攻击防御阵地。[45] 研究表明，机械化突击很少能取得成功。大约在30%的情况下，许多装甲运兵车或装甲战斗车辆在接近目标的过程中就会被击毁，以至于进攻部队（通常为连或排级规模）甚至未能抵达攻击地点。在另外大约30%的情况下，进攻部队虽然到达了目标位置，但却未能清除守军。在39%的情况下，虽然目标被清除，但进攻部队因伤亡惨重而无法继续参与后续行动。只有在4%的情况下，进攻部队既清除了目标，又保持了继续行动的能力。令人担忧的是，在所有这些战斗中，约有50%的步兵伤亡发生在搭乘的装甲车辆被击毁时，当时步兵仍处于载具内部。这一分析凸显了机械化步兵在攻击坚固防御阵地时面临的严峻挑战及高风险性。

进攻中的装甲战斗车辆在到达目标前会被敌方坦克、反坦克导弹或炮兵火力摧毁；而一旦进入目标区域，则会受到短程反装甲武器的打击。由于在接近目标过程中已经遭受损失，进攻的步兵通常不足以清除目标的兵力。使用步兵战车时情况更为不利，因为能够下车作战的步兵数量更少（每台车辆仅能搭载7名步兵下车的连队，相比于每车可搭载8名的连队，实际上少了不止一个班的兵力）。军方通常认为，步兵战车的强大火力可以弥补步兵班编制缩减的问题。然而，这一论点仅在步兵战车能够存活并实际在场的情况下成立。兰德公司（RAND）的一项研究指出，在很多步兵战车不在场的情况下，从"布雷德利"下车的6名士兵单独行动效果不佳。[46]

实际上，车载火炮和机枪并未起到预期的作用。许多进攻方的装甲运兵车或步兵战车在到达目标前就被击毁。即便有部分车辆成功抵达，也难以定位防御者的位置，因为防御者总是隐蔽得很好，并且经常处于预设的阵地之中（正如先前所提到的，西德国防军指出苏联步兵很少出现在超过150米的距离之外）。因此，这些火炮和机枪对攻势几乎没有贡献。相反，装甲运兵车或步兵战车成了防御方明显的高优先级打击目标。指挥官们很快会掌握经验，一旦步兵下车就立即将这些车辆撤出目标区域，它们往往一弹未发。经验丰富的指挥官更是迅速意识到，除了偶尔用于伏击外，安装在步兵战车上的火炮根本不宜使用。

负责监视的步兵战车尤其危险。当步兵战车使用车载中程或远程反坦克导弹（如"米兰"或"陶"）时，它们极易受到敌方反坦克导弹火力的攻击，无论是来自便携式发射器还是专业的反坦克车辆。在这两种情况下，敌人更难被发现。这一发现印证了英国在20世纪80年代的一项作战研究，该研究发现，在装甲运兵车或步兵战车上装备中程反坦克导弹只会导致这些车辆遭受重大损失。

文中也包含了一些积极的见解。火炮和反坦克导弹确实能非常有效，但是如果安装在步兵战车上则不然。士兵一旦下车并在掩护下展开，他们将变得极难被敌人定位，同时更有可能成功击毁敌方装甲战斗车辆。

上述五段内容都是真实的，但遗漏了一个重要细节——这篇文章由"福金"（Hugin）撰写，这是我的兄弟、时任上尉的约翰·斯托尔的笔名。[47]他分析的战斗和交战实例取材于我们早期的兵棋推演。而到该文章发表时，我们已经进一步发现了步兵战车存在的问题，尤其是防御方面的问题。

兵棋推演显示，部署在防御阵地中的任何装甲运兵车或步兵战车都很容易成为不幸的目标。它们往往会被炮兵火力摧毁或致瘫，然后轻易地成为进攻者——不论是坦克还是肩射式反坦克武器——的猎物。这一点在加拿大20世纪80年代的作战研究中也有体现。[48]华沙条约组织的军队通常会将他们的BMP步兵战车埋设在防御阵地中，结果反而导致它们很快就会失去大部分中程反坦克导弹。如果步兵战车部署在防御阵地之外，它们可能会稍微多存活一段时间。然而，作为相当大型的车辆，它们会吸引进攻者坦克和反坦克导弹的火力。一旦它们开炮一两次，就会迅速被击毁。

英国在演习后的报告中也曾考虑过这些问题。1976年的一份报告曾提出"可以安装对抗装甲运兵车的火炮"，但"只要它服从于载员能力和机动性的要求"。[49]撰写报告的人似乎没有考虑到由此产生的步兵战车的脆弱性和失去这些车辆的后果，或是在地面部署火炮作为一种替代方案的可能性。

综上所述，步兵战车可能并不是一个好主意。它们会让步兵承受伤亡，却换来微小甚或毫无实质性的战术收益。

有同事指出，一些"实操人员"普遍认为步兵战车极具价值。他从未遇到过任何一位步兵战车指挥官主张废弃它们。目前，已有成千上万的军官在实际作战中指挥过步兵战车，据我们所知，没有一位建议淘汰它们。

我们必须仔细审视这些情况。确实有成千上万的军官在实际操作中指挥过步兵战车，但他们当中**没有一人**遇到过在全面战争中攻击防御较为坚固阵地的情况。而且，他们中的大多数人很可能并没有指挥过五十次乃至上百次由装甲运兵车或步兵战车参与的攻击行动。他们当中也没有人经历过有1/3或1/2的步兵战车在到达目标前就被摧毁，随后不得不为阵亡者的亲属写慰问信的悲痛经历。

军人对于眼前的事物并不愚钝，但对于未曾目睹或经历的事情，则可能产生误解。他们使用步兵战车上的火炮，是因为训练使然，认为这是常规操作，并且未曾亲眼见到这样做的负面后果。但这并非意味着不会有负面后果发生，只是引发这些后果的具体情境**尚未**出现。

步兵战车**从未**在实战中攻击过由顽强的敌人所坚守的高防阵地。但在兵棋推演中，仅仅经过几次战斗后就明显暴露出使用步兵战车存在的问题。然而，我们是在进行了数十次交战模拟之后，才开始制订解决方案和可行的替代方法的（福金分析了大约90场战斗）。这些问题的解决方案并不显而易见，只有在多次体验这一现象后才能认识到它们的存在。

同一期的《英国陆军评论》还发表了更多相关证据。[50] 主要作者悉尼·杰里在第二次世界大战中指挥步兵班，从诺曼底一路战斗至波罗的海地区。他被授予了军功十字勋章，并根据自己的经历撰写了一本非常成功的书籍[51]。1945年年初，他和他的班参加了三次机械化作战行动。1996年，他在英国步兵学校观看了一次装甲战术演示，其中包含了"武士"步兵战车的使用。他对这一演示持极端怀疑的态度。他认为，装甲运兵车或步兵战车的首要要求是能够搭载一个步兵班，其次是要具备高机动性，第三则是提供保护，尤其是应该基于坦克车体进行设计（因此具备类似坦克级别的防护）。至于火力，则是无关紧要的。杰里的观察与以色列的经验极为相似。

还有其他问题存在。美国陆军20世纪80年代的手册中提到，M113装甲运兵车"高度易受攻击"，并且"装甲运兵车无法在面对反装甲导弹、坦克炮火或BMP/BTR火力时幸存下来……"；尽管如此，"在进攻中，装甲运兵车允许步兵尽可能长时间地乘车作战……"以及"在防御中，装甲运兵车允许步兵乘车或下车作战"。[52] M113的替代品"布雷德利"战车仅能抵御重机枪（而非火炮）射击；苏联的BMP-2则装备了30毫米炮。步兵战车的发展还显著增加了车辆数量及排级指挥官的工作负担，大幅提高了训练成本。

以一个极端的例子来说，"布雷德利"战车排长需要像侦察排长一样指挥4辆装备火炮的装甲战斗车辆，同时还要像反坦克排长那样指挥4具远距离反坦克导弹发射器，此外还要指挥一个下车作战的步兵排。更甚者，他往往需要同时进行两项乃至三项这样的指挥任务。不可避免的结果是，他无法出色地完成任何一项任务。反思之下，西方机械化步兵的许多作战理论过分强调了装甲运兵车乃至步兵战车的火力，现在看来，这种做法似乎是错误的。优先考虑的因素应该是运载能力、防护性和机动性。

美国陆军和西德国防军的作战理论似乎反映了一个时代背景，那时反坦克导弹和便携式反装甲武器还不普及。但到了20世纪80年代，这些武器已经变得非常普遍。相比之下，英军的作战理论则显得考虑不够周全。当"武士"步兵战车入役时，实际上并没有配套的作战理论。英军在开发这款战车时，并没有清晰的使用思路。[53]

以上讨论不应被理解为机械化步兵战术无效。实际上，它们可以奏效。对兵棋推演的分析表明，机械化步兵攻击的成功取决于三个因素，这些因素都是常规的，而且都是可实现的。首先，大部分防守者应在进攻者到达前被消灭，或至少被压制。这几乎完全取决于炮火的覆盖范围和炮击的有效性。

第二个关键因素是到达目标并下车清理战场的进攻者数量（而非占比）。这受到多种因素影响：一是排或连级单位内可供下车作战的士兵数量。几乎所有步兵战车在这方面都不达标，它们不能搭载足够多的士兵进行下车作战。二是有多少进攻的装甲运兵车或步兵战车能在接近目标的过程中存活下来，以便让步兵下车，这也至关重要。这又反过来取决于所选路线以及掩护火力的有效性。掩护火力通常由友军坦克、迫击炮和炮兵提供，目的是消灭或摧毁防守方覆盖进攻路线的火力点。如果步兵战车在突击过程中停下来开火，它们往往会因为微小的收益而招致被击毁的风险。

机械化步兵攻击成功的第三个关键因素是侧翼攻击或包围战术的应用。这是最有效的因素之一。被迂回、包围或绕过的防御者更可能选择投降或撤退，而且这对于进攻者来说代价相对较小。如果他们不这样做，他们将不得不在极其不利的情况下战斗。

兵棋推演表明，机械化步兵攻击成功的战术通常在于确保所有参与的装甲运兵车或步兵战车都能存活下来，完好无损地将步兵送抵目标地点。这是可以实现的，但需要谨慎行事。我经过多场战斗演练，才达到了在攻击中几乎不失一车的程度。这将第一类失败情况（攻击部队未能达到目标）减至零。同时，显著降低了第二类情况（虽到达但未能清除目标）的发生率。成功清除目标的比例从43%提高到了至少70%，伤亡人数至少减少了一半。

在此基础上，我们或许可以提出，已经有足够的证据来建议避免步兵进行正面攻击。但可能有一个例外情况。即炮兵刚刚完成作业后，使用机械化步兵立即对目标实施正面攻击，这是许可的，仍然并非最佳实践。

回到机械化步兵的话题，每辆步兵战车只有6或7名士兵下车是不够的。后来美军的做法是用4辆"布雷德利"战车组成三个9人步兵班，这显然是一个较差的临时解决方案。对于大多数20世纪80年代的步兵战车来说，要搭载8～9名下车士兵，就必须移除炮塔。炮塔应被指挥官的指挥塔取代，指挥塔上配备机枪。尽管失去了火炮和反坦克导弹，但这仍是一个积极的改变。关于如何组织火力的问题将在后面讨论。

隐蔽战术不仅提高了任务成功率，也增强了车辆及车内士兵的生存能力。在这方面，隐蔽战术比装甲防护更为有效。模拟演练表明，无论使用哪种装甲战斗车辆，都应采用隐蔽战术。

我们探索了两种前进方式，两者都有可能取得高度成功。它们能迅速且以较低代价完成指定任务。这两种方法都包含了隐蔽战术的运用，即排级部队通过隐蔽路线渗透前进。它们往往较少导致连级攻击行动，而更多采取排级攻击，可能仅使用迫击炮而非炮兵火力支援。进攻者经常被投送到目标的侧翼，有时甚至是后方。同时，也出现更多进攻者（或反击者）前插渗透的情况，下车后要么占领阻击位置，要么继续徒步渗透。无论是哪一方军队，或使用何种装甲战斗车辆，这种战术在模拟演练中已被越来越多地采用。

第一种方案是使用重型步兵战车，实际上它们基于坦克车体打造，如以色列的"纳格玛乔恩"（Nagmachot，基于"百夫长"坦克）或"阿奇扎里特"（Achzarit，基于T55坦克）。第二种方案则是小型排级编组，可能包含四个火力小组和一个指挥组，共18～20名下车士兵，乘坐小型装甲运兵车。英国的"斯巴达人"装甲车是一个很好的选择。它体积小，隐蔽性强，作为"蝎"家族的一员，拥有良好的功重比和低地面压力，能够携带2名乘员和5名下车步兵（或1名乘员和6名步兵）。这样形成的更小规模的排使得一个连能够以相同人力编成4个排。这样的组织结构和战术无论在进攻还是防御中都更加有效。我们在兵棋推演中，使用重型装甲运兵车进行了约15～20场战斗，而使用小型装甲运兵车的场次则更多一些。使用不同装甲战斗车辆的确对结果有所影响，但不如改进战术的影响大。

从某种意义上说，西德国防军在我们的兵棋推演中是个异类。整个过程中一直使用"黄鼠狼"装甲运兵车，且对米德尔多夫所描述并实际由国防军采用的战术几乎没有做多少改变。唯一改变的是，米兰反坦克导弹很少从车辆上发射。花几分钟时间下车或重新装载发射器意味着车辆可以保持在隐秘之中，因此更可能存活。第二个变化是排级单位几乎从不乘车作战，肩扛式反坦克武器的威胁太大，这是米德尔多夫等人没能预料的。

西德国防军已经认识到了这一新的现实情况，因此在1983年，"黄鼠狼"装甲车上的射击孔和后部机枪被移除。[54] 虽然士兵仍然可以从车顶舱门向外射击，但不能直接在车内射击。"黄鼠狼"惊人的机动性可能在一定程度上补偿了（通常）不能乘车作战的不足。[55] 如果车辆能够用一半的时间到达正确位置，那么下车或重新登车所耗费的短暂时间就不会产生太大影响，清理阵地所需稍长的时间也不是问题。当然，前提是指挥官能展现出适当的紧迫感。而且，显然你无法在装甲车内使用刺刀进行战斗。

兵棋推演中，战术上的最后一个变化是"黄鼠狼"装甲车很少使用其主炮开火。因此，车组成员可能会更多地发射"米兰"导弹，但总体上发射的数量仍然不多。发射导弹的总数量始终在车载或容易补充的范围内。

简单来说，兵棋推演明显表明，西德国防军的机械化步兵战术能够非常有效地运作，前提条件是按照米德尔多夫所建议的方式运用，并且根据新的现实情况做出适当调整。

突出部战役期间，美军反坦克部队以损失77门反坦克炮的代价，击毁了306辆德国坦克。其中某个坦克歼击车营击毁了105辆坦克。[56] 对英军在西部沙漠地区的行动分析显示，反坦克炮在击毁敌军坦克方面的效率是坦克的两倍半到三倍。[57] 德国的证据也类似，损失交换比通常至少为5∶1或6∶1。对于德军而言，反坦克单位的主要任务是在敌坦克能够对己方支援部队造成有效火力压制之前将其摧毁。[58] 若是防御，则意味着要在敌坦克到达前沿防御阵地之前将其击毁。[59]

美国陆军普遍认为，坦克是对抗坦克的最佳防御手段。然而，这个问题相当复杂。甚至在第二次世界大战之前，就已经存在两种不同的思想流派。[60]1943年，通过对早期作战经验的调查，当时还是中将的雅各布·德弗斯写道："独立的坦克歼击部队在战场上不是一个实用的概念。"[61]到了1949年，战后军事理论和装备正在成型，坦克歼击车概念的主要设计师（莱斯利·麦克奈尔中将）去世。此时，德弗斯已成为上将，担任美国陆军野战部队总司令。将这场争论简化为个人恩怨是不恰当的，但可以说，在美国陆军中，强调"坦克"而非"坦克与反坦克相结合"的观点占据了主导地位。

不论各国军队是否相信最好的防御是坦克，他们在冷战期间都部署了专业的反坦克部队。到了20世纪80年代，这些部队几乎全都装备了反坦克导弹。装甲威胁增长的原因在于，几乎所有军队都大量采用了装甲运兵车或步兵战车。这促使一些军队在步兵战车上安装火炮，以增强反装甲能力。

20世纪70年代末，一些军队认为，远程反坦克导弹应当用于最大射程上的正面交战。这是英国对远射程"旋火"（Swingfire）导弹（但不包括"米兰"导弹）的教学指导[62]，也是美国陆军对"陶"式导弹的作战原则[63]。苏联的作战原则似乎一直要求进行远距离的正面射击。

英国的作战原则使用了"横射"（从侧面射击）、"遮蔽射击"（从掩护后射击）等术语，同时也包括"重叠"（多个相邻武器覆盖同一区域）和"交叉"（一定距离外的武器从不同方向朝同一区域射击）的概念。请参阅图6-2：

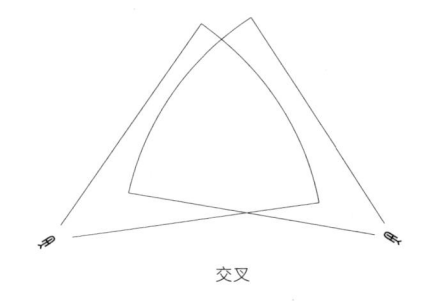

图6-2：重叠与交叉

表 6-3：反坦克导弹系统

系统	部署国家	射程	导弹直径	穿深
龙	美国	1000	114毫米	330~450毫米
米兰	法国、西德、英国等	1950米	103~115毫米	590~790毫米
陶	美国和加拿大	通常是3750米	127~152毫米	430~890毫米
霍特	法国和西德	4000米	136毫米	800~950毫米
旋火	英国	4000米	152毫米	800毫米
AT 4 塞子	华约	2000~2500米	115毫米	400~500毫米
AT 5 拱肩	华约	4000米	135毫米	650毫米
AT 7 萨克斯	华约	1000米	94毫米	460毫米

表 6-4：反坦克导弹的组织和部署

军队	排	连	营	编队
法国		8具"米兰"，4辆AMX 10P		每个师12具"霍特"，载具为轮式装甲运兵车
西德	2具"米兰"			每个旅12具"霍特"或"陶"，载具为"美洲豹"履带式发射车
美国	3具"龙"	2具"陶"，载具为M150或M901履带式发射车	12具"陶"，载具为M150或M901履带式发射车，另有4具在侦察排	
英国			24（后来为28）具"米兰"，载具为装甲运兵车	每个师40具"旋火"，载具为FV 438（FV 432的一个衍生型号）
苏联 a. 轮式（BTR）团 b. 履带（BMP）团	每辆BMP上1具"塞子"	每辆BTR上3具"萨克斯"	4~6具"塞子"，载具为2辆BTR	12具"拱肩"，载具为BRDM侦察车 同上

装备和编制差异很大。主要武器的概况，请参考表6-3。

穿深数据可与"百夫长"坦克正面装甲的等效270毫米厚度进行对比。[64] 然而，面对使用破甲弹头的反坦克导弹，复合装甲如乔巴姆装甲几乎使坦克的有效防护能力增加了一倍以上。[65] 侧面装甲通常较薄，这也是为什么作战理论倾向于建议从侧面攻击的几个原因之一。

反坦克导弹在不同军队中的组织和部署方式各有不同。

鉴于反坦克导弹的相对较远射程，谁来指挥的问题显得尤为重要。火力的扇区分配、覆盖范围以及控制必须跨越不同单位进行协调。在英军编队中，通常营级由一名上尉、师级由一名少校负责此类协调工作。在美国陆军营级单位中，通常是一名上尉指挥反坦克连。而在西德国防军中，是一名上尉负责指挥旅直属的反坦克连。然而，排、连或营级层面的指挥官及其参谋人员，在处理众多其他任务的同时，还必须协调反坦克导弹的使用。

对于如何指导反坦克导弹远距离接敌，以及如何设置部署间隔，建立一些经验法则是很有益的。想象一下，一个反坦克导弹操作员以最大射程（或接近最大射程）对其相邻阵地前方的目标进行射击的情景。请参考图6-5。

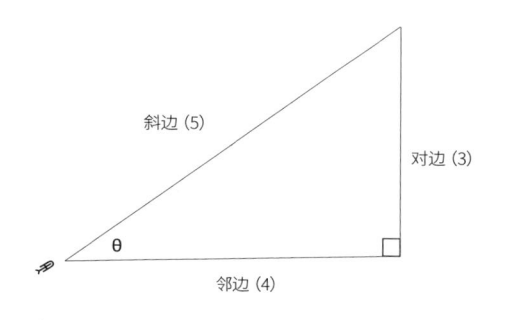

图 6-5：一个边长比为"3—4—5"的三角形

该射程即一个直角三角形的斜边。在一个"3—4—5"比例的直角三角形中，它就是那个"5"。由于武器是对侧翼进行射击，与射击方向相对的边即为"3"，这大致告诉我们他能比相邻阵地提前多远开始交战。与射击方向相邻的边则是"4"，这表明了他能与邻近单位保持多大距离的同时仍能实现火力交织。便利的是，反坦克制导武器的最大射程可以简单地除以5来估算。

这里"5"代表最大射程，"3"称为"横跨距离"（crossrange distance），而"4"称为"映射距离"（downrange distance）。请参见表6-6。

现在考虑两种情况。首先，如果反坦克导弹几乎是"正面"发射，那么其典型交战距离可能是上述的"映射距离"。每具或每对武器有效覆盖的正

表 6-6：映射距离与横跨距离

最大射程（"5"）	系统	映射距离（"4"）	横跨距离（"3"）
1000米	"龙"和"萨克斯"	800米	600米
1000～2000米	"米兰"和"塞子"	1600米	1200米
3750米	"陶"	3000米	2250米
4000米	"霍特"和"旋火"	3200米	2400米

面宽度大约是"横跨距离"的两倍（参见图6-7正面图），同时仍能确保良好的火力重叠。其次，如果武器是对侧面进行射击，那么相邻武器之间的间隔应等于"映射距离"，以确保良好的火力交织（参见图6-7侧面图。如果它们相隔更远，发射器将无法攻击到其相邻单位前方的目标）。目标将在位于相邻发射器前方"横跨距离"远的地方受到攻击。

因此，以"米兰"导弹（最大射程约为2000米）为例，操作员通常能在与相邻阵地相距1600米的位置上，向前1200米范围内攻击目标（参照表6-6）。所以，向前1000米和相隔1500米可以算是相当保守的经验法则。在"3—4—5"三角形中，角度"θ"大约为36度。如果发射器的侧翼射击弧超过45度，则有风险变为正面射击。

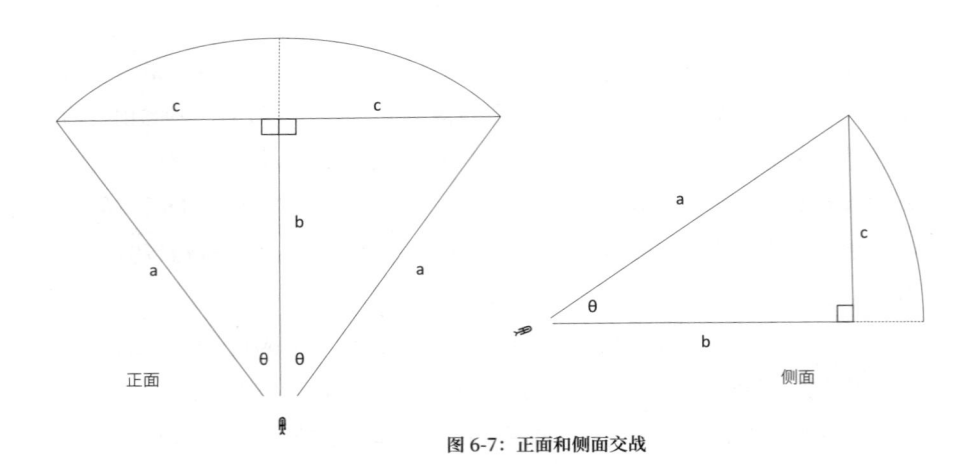

图 6-7：正面和侧面交战

这通常不是操作员接受训练时部署武器的方式，但有助于理解反坦克导弹如何对抗装甲战斗车辆。它们很少单独部署，通常是两个或三个一组。实际的射击视野很少像上述数字所示的那样开阔；也几乎总存在树木、建筑物、电线等遮挡。但试想一下，例如一对部署为"正面"射击的"旋火"导弹，它们也可能会攻击左或右两千米外的敌方坦克，这样，协调工作的规模和难度就变得显而易见了。

反坦克导弹具有相对较慢的飞行速度，因此射速较低。因此，考虑需要多少发射器来防御一个区域就显得尤为重要。英国的战术和模拟经验表明，在第一种情况下，4具"米兰"导弹足以有效防御1.5千米宽的扇区（如前所述）。线性障碍物，如小溪或雷区，会加强防御力量，如有更多的反坦克导弹发射器，则能提供冗余保障。请参阅图6-8：

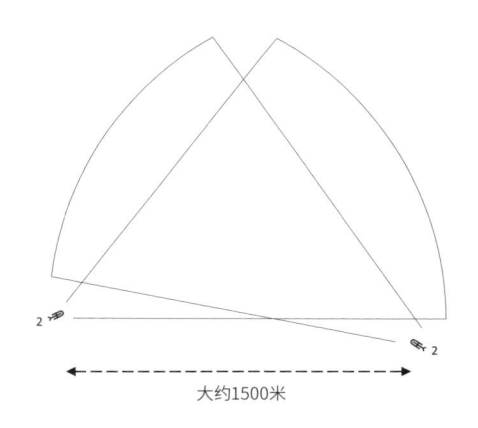

图6-8："米兰"导弹的相互支援

西德国防军规划了1.5千米的战斗小组防区，由4具"米兰"导弹（以及4辆坦克）防卫。英军也有一个类似的防区配置6具"米兰"导弹。此布局初步阐释了战斗群及编队防御阵地如何构建的问题。它提出两大理论：正面部署以求最远射程；或在隐蔽且正面受保护的位置进行侧翼部署，以最大限度发挥相互支援的作用。

在1.5千米范围内配置6具"米兰"导弹相当于每千米配置4具。"陶"的映射距离能达到约3000米，但这并不意味着只需6具（每千米2具）就能覆盖3千米的正面宽度。不过，考虑到它们的有效射程，如果按每千米正面配置一个发射组的话，理论上有可能在任意一点集中多达6个发射组（即12具"陶"）的火力。也就是说，左边3个发射组加上右边3个发射组的火力可以集中起来，这将构成一道极为强大的反坦克防线。美军步兵营拥有24具"陶"，而特遣部队的防区大约为5千米，理论上完全可以采取这种部署方式。即便欧洲只能找到最大2000米的射击距离，但在每一点都能保证有8具或更多"陶"在射程之内，其防御力量自然十分强大。

"龙"式导弹作为射程1000米的班组武器，应至少相隔300米部署。[66] 3个导弹发射装置呈一条线排列，距离相邻排的导弹装置约800米，这样能够提供良好的相互支援，并构成特遣部队反坦克防御的高效第二梯队。请参见图6-9。

"龙"式导弹发射器之间相隔300米

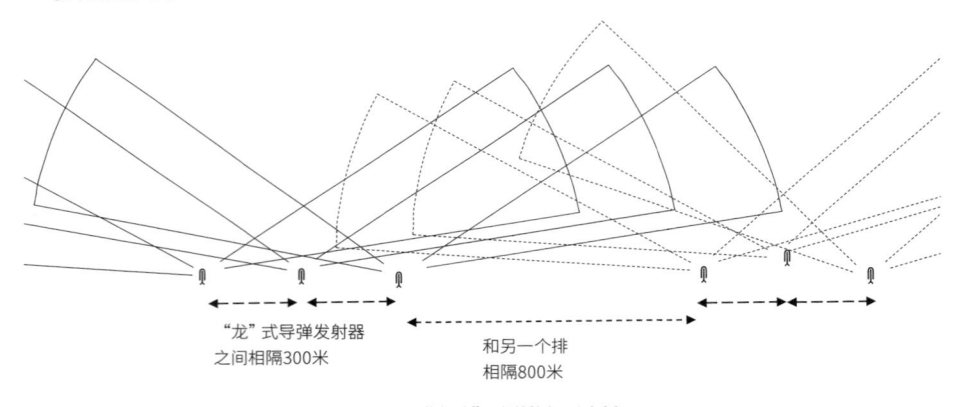

和另一个排相隔800米

图6-9："米兰"导弹的相互支援

弹药补给是一个重要的考量因素。M113装甲运兵车携带4枚"龙"式导弹。"布雷德利"战车携带7枚导弹，包括"陶"和"龙"。"黄鼠狼"装甲运兵车携带4枚"米兰"。"布雷德利"和"黄鼠狼"同时也携带数百发炮弹。由于导弹数量有限，步兵战车通常会使用火炮对付敌方装甲运兵车或步兵战车。正如我们所见，这样做可能并不安全。专用的反坦克车辆则携带更多的导弹。M901改进型"陶"式导弹发射车携带12枚；BRDM-2携带14枚；FV 438携带16枚，而德军的"美洲狮"携带20枚。FV 432携带2具"米兰"发射器时，每具发射器配载12枚导弹。

优秀的反坦克导弹战术要求以一定的密度部署发射器，以便它们能够相互支援（交织和重叠火力），从侧翼位置发射，并且要依托坚固掩体后方进行部署。更有纵深的发射器布置可以提供额外的防御线或是对主要防御阵地进行强化覆盖。单纯批评正面交战是不恰当的。但到了20世纪80年代中期，最佳实践倾向于在长距离上，从有掩护的位置进行侧翼发射，打击敌人的侧面。我们将在第十章进一步讨论这一内容。

西德国防军认为，在战术反坦克作战中使用坦克是种根本性的错误。[67] 而西德国防军对此稍作变通，采用了坦克与步兵混合的作战小组。然而，其意图似乎始终是，在防御作战中，坦克应被用于各级别的迟滞与反击行动，连级及以上单位皆是如此。

美国陆军似乎较多关注"陶"式导弹的远射程、低射速，以及M150或导弹发射车平台的脆弱性。在20世纪80年代的大部分时间里，它采用的方案是让"陶"在远距离上接战，接近到大约在1500米时将交战任务移交给坦克，随后自行转移。[68] 这一方案或许可行，尽管它（错误地）让坦克参与了战术反坦克作战。然而，"布雷德利"战车的引入极大地复杂化了这一情况。"布雷德利"战车是否应该与下车步兵分开，一开始就部署在较前方，以便使用"陶"式导弹接战？还是靠近步兵，以便在大约1000至1500米距离使用火炮时不必移动太远（但这样会吸引敌人火力）？这一问题似乎在整个冷战期间都未能得到解决。[69]

到1988年，美国的军事思想已经有了长足发展演变。反坦克导弹应当部署在侧翼和有遮蔽的位置进行射击。单个武器之间应提供相互支援，即武器间应互相掩护对方的正面。[70] 这种战术对于打击快速机动的机械化部队尤其有效。然而，在导弹发射车逐步退役，而步兵班开始装备"布雷德利"战车的背景下，要实现这样的战术配置仍存在难题。

然而，即便到了1990年，在加利福尼亚州的美国训练中心的演习中，导弹发射车击毁敌方装甲战斗车辆的数量仍不如坦克多。这很可能是因为战术指导思想不够恰当。而"布雷德利"的表现更不理想。[71] "敌军"所使用的BRDM装甲侦察车的替代品，表现竟优于预期中的敌方坦克。[72] 讽刺的是，被M1"艾布拉姆斯"坦克取代的M60坦克在演习中的表现反而更好。这可能是因为在M60介入之前，导弹发射车已经比"布雷德利"发挥了更大的作用。因此，伴随"布雷德利"战车行动的"艾布拉姆斯"坦克面临的挑战更为艰巨。值得注意的是，"在相当大比例的特遣部队行动命令中，'陶'几乎没有得到具体的指示。人们可能会怀疑，这些指挥官要么不了解如何有效使用'陶'，要么认为它们价值有限……"这一现象透露出战术运用上的深刻问题。[73]

英国对于"米兰"导弹的训练一直着重于强调相互支援、侧翼射击和利用遮蔽，意在确保火力的交叉覆盖和部队的安全。然而，英国部队中的"米兰"导弹并不是班组武器。它们通常是独立部署的，且远离步枪排。

一位英国国防评估与研究署（British Defence Evaluation and Research Agency）的资深分析师曾经评论说[74]，在试验和模拟中，他从未见过敌军主动进入英国军官规划的"装甲杀伤区域"进行攻击。这表明，英国（和美国）军官在制订计划时，倾向于预设敌军行进路线，以便在对自己有利的情况下进行交战。战术重心已从考虑敌人可能去向何方，然后据此规划最佳迎敌方案，微妙地变成了设定自己希望敌人前往何处，以便占据优势。理论上，如果地形允许，"敌人可能去的地方"可以是防御区域内的任何位置。因此，更好的策略应该是简单地规划覆盖所有可能的敌军进攻路径，确保没有遗漏。这一点并不新奇。

这种过分依赖预见性规划的做法还有一个额外的缺点，即在一个战斗群中详细规划并部署所有"米兰"导弹发射器可能需要数小时。经验表明，应更多依靠军士长班组指挥官如何明智地执行简单的操练步骤。简单的操练更容易练习，也可以提升军士长的技能水平和信心，并显著缩短协调部署位置所需的时间。

还有一个问题：在英美部队的编成中，几乎所有反坦克部队都编入了战斗群。他们理应负责保护自己战斗群的侧翼。但谁来保护旅级单位的侧翼呢？如果没有可供旅级指挥的反坦克部队，那么在旅级需要保护侧翼时，可能不得不从战斗群（或是战斗群分遣队）中抽调力量。这种情况往往发生在长距离推进或是友邻部队撤退的情况下，这时装甲侦察单位须承担起侧翼防护的任务。

第六章 作战兵种Ⅱ 步兵和反坦克兵力　　131

　　作为实验性的思想，设想一下：从一个英国机械化营的43辆"武士"步兵战车中拆除炮塔，那么，这43名炮塔炮手可以重新分配为地面火炮的操作员，或者使用类似于德军"鼬鼠"（Wiesel）的自行20毫米炮。这样一来，该营可能就拥有了28具"米兰"反坦克导弹发射器和12至18门火炮。尽管总体上减少了超过20门火炮，但很可能带来重大优势。如果"武士"指挥官迅速学会不使用炮塔火炮，这一假设将尤为合理。通过模拟推演表明，地面火炮或自行火炮将是人力和资金更有效的利用方式。[75] 然而，从现实证据上我们无法确定这一点。这说明了冷战时期未发生的战斗所留下的教训是不确定的，并且将继续保持这种状态。

本章注释

1. English, The Mechanized Battlefield, Introduction, p.3.

2. Middeldorf, The Russian Campaign, p.53.

3. Storr, The Hall of Mirrors, p.193 and passim.

4. Van der Bijl, Nicholas, Ten Battles to Stanley (Barnsley; Leo Cooper, 1999).数据分析由本文作者完成。

5. 例如Infantry Training Vol. IV, Tactics, The Infantry Platoon in Battle (London: War Office, 1960), p.47.

6. Middeldorf, Handbook of Tactics, pp.160, 174ff.

7. Battles 182, 3 and 5.

8. Middeldorf, The Russian Campaign, p.22.

9. Melody, Major Paul E. The Infantry Rifle Squad: Size is Not the Only Problem(Fort Leavenworth, Kansas: School of Advanced Military Studies, 1990), p.6.

10. McNab, Chris. The FN MAG Machine Gun (Oxford; Osprey Publishing, 2018), p.35.

11. The Instructor's Handbook of Fieldcraft and Battle Drill (Provisional). Issued under the direction of the Commander-in-Chief, Home Forces, 1942. Hereafter Instructor's Handbook. P28.

12. Twenty bombs in Instructor's Handbook (1942), p.28; rising to 30 by 1944: Infantry Training, Part VIII. – Fieldcraft, Battle Drill, Section and Platoon Training.The War Office, 1944. P39.迫击炮手又增加了第三人。

13. 1988年至1990年间，我担任柏林一个轻步兵营的作战军官。我们唯一的作战任务是城市作战。

14. Steyr-Mannlicher IWS 2000。该武器以每秒1450米的速度发射15.2毫米APFSDS 弹。

15. Melody. The Infantry Rifle Squad, pp.4-37.

16. Middeldorf前引, p.125.

17. Melody前引，p.34 and passim.

18. Infantry Training, Part . – Fieldcraft, Battle Drill, Section and Platoon Training (London: War Office, 1944); Infantry Training, Volume IV Tactics, Infantry Section Leading and Platoon Tactics (London: War Office, 1950); Infantry Training, Volume IV Tactics. The Infantry Platoon in Battle, (Provisional) (London: War Office, 1960) and so on. By Infantry Tactical Doctrine, Vol. I The Infantry Company Group, Pamphlet No. 3, Infantry Platoon Tactics. Ministry of Defence1999, 某些清晰和简洁的特点已经回归，但是一份在1944年有132页的小册子现在有482页。

19. Major Graham Evenden, 个人通信。Evenden在1922年的入伍服役后被委任为英国陆军轻武器教育部队的一员，其中大部分时间担任轻武器教官。

20. The Infantry Battalion (1975), para 316b.

21. Operations. Military Training Pamphlet No. 23, Part IX – The Infantry Division in the Attack (London: War Office, 1941), p.30.

22. Middeldorf, Handbook of Tactics, p. 158ff.

23. Instructor's Handbook, Chapters II and IV.

24. Liddell Hart, Captain B.H., A Science of Infantry Tactics Simplified (London; William Clowes and Sons, Ltd 1923), Chapter 5.

25. 1991年1月20日

26. "海墙"（Sea Wall）演习，塞浦路斯，1996年11月；"平原舞蹈"（Plain Dance）演习，索尔兹伯里平原，1998年12月；皇家海军陆战队40突击队"TESEX"演习，索尔兹伯里平原，1999年。我提出了'Sea Wall'演习的设想，并指挥了试验部队。

27. 与Yoav Hirsch上校的个人通信。Hirsch曾指挥过一个以色列伞兵旅。

28. Advisory Panel on Armour, p.102.

29. Middeldorf, The Russian Campaign, pp53-4.

30. Guderian, General Heinz. Panzer Leader (London; Futura Publications, 1976), p.37.

31. English, The Mechanized Battlefield, p.132.

32. 同上,，第161页。

33. Sheldon, 个人通信。

34. Middeldorf, The Russian Campaign, p.53.

35. Lt Col Hans Seibold, 个人通信。Seibold was a Panzergrenadier officer.

36. Middeldorf, Handbook of Tactics, p.231.

37. 同上，第55页。

38. 同上，第230页。

39. FM 7-20 (62) Infantry, Airborne Infantry, and Mechanized Infantry Battalions. Para 205b.

40. FM 7-20 (62), Para 283d. 1969版本在这一方面也类似。

41. Herbert, Major Paul H. Deciding What Has to be Done: General William E. De Puy and the 1976 Edition of FM 100-5, Operations, Leavenworth Papers Number 16 (Fort Leavenworth, Kansas; Combat Studies Institute, 1988), p.63ff.

42. FM 71-2 (77) The Tank and Infantry Battalion Task Force, pp.1-4. See also FM 7-20 (78) The Infantry Battalion (Infantry, Airborne, Air Assault, Ranger), passim.

43. FM 7-7 (85) The Mechanized Infantry Platoon and Squad, Section 1-2.

44. Colonel Peter Flach，个人通信。Flach上校曾指挥英国陆军装甲试验与研发部队，并在装甲车辆需求与采购领域工作多年。这意味着该部分内容或观点直接来源于一位在装甲车辆领域有着丰富经验和专业知识的资深人士。

45. 'Hugin'，MICVs/IFVs or Mini APCs? British Army Review No. 118, pp. 52-58.

46. Held, Bruce J; Lorell, Mark A; Quinlivan, James T & Serena, Chad C., Understanding Why a Ground Combat Vehicle That Carries Nine Dismounts is Important to the Army (Santa Monica, California: RAND Corporation, 2013), p.8.

47. 尽管他拥有工商管理硕士学位，并成为一家价值数百万英镑公司的常务董事，但福金的这篇文章是他唯一公开发表的作品。我没有参与该文的撰写。

48. English前引, p.161.

49. Exercise Spearpoint '76 Post Exercise Report. HQ I (BR) Corps BM 3 to 3573/16 GSD1. Apparently undated. British Army Tactical Doctrine Retrieval Cell index 3371A of 26 Jan 77, p. B-3.

50. Sidney Jary MC and 'Carbuncle', A Mitigated Blessing: Protected Mobility for Infantry, British Army

Review 118, pp.63-75

51. Jary, Sidney, Eighteen Platoon, Third Edition (Bristol; Sidney Jary Ltd, 1994). 我曾多次与Jary会面，对他进行了两次采访，并在2001年安排他向一群作战研究分析人员发表讲话。他是一位真正的绅士，于2019年去世。

52. FM 7-7 (85) The Mechanized Infantry Platoon and Squad, Section 1-2.

53. 大英帝国司令勋章获得者Alex Birtwistle少校（后来晋升为准将）Alex Birtwistle在私人交谈中提到，他在晋升为中校时的任务就是编写那份作战理论。（在他担任准将期间，由于参与控制1990年口蹄疫疫情的爆发，被授予国家农民联盟荣誉终身会员资格。）

54. Blume, Peter. Spz Marder: The Armoured Infantry Fighting Vehicle of the Modern German Army (Erlangen; Verlag Jochen Vollert, 2007), p.21.

55. 见第五章注释28。

56. Gabel, Dr Christopher R. Seek, Strike and Destroy: US Army Tank Destroyer Doctrine in World War II (Fort Leavenworth, Kansas; Combat Studies Institute, 1985), pp.63-4.

57. Rowland, David. The Stress of Battle. Quantifying Human Performance in Combat (London; Stationery Office, 2006), pp.123, 139-40.

58. Middeldorf前引，第328页。

59. Middeldorf, The Russian Campaign, p172.

60. Palmer, Robert R., Organization of New Ground Troop Elements in US Army in World War II: The Organisation of Ground Combat Troops (Washington, DC; Center of Military History US Army, 1946), pp. 423-4.

61. 同上．, p.425.

62. Land Operations 1971 Pt 2, Sect 10.

63. FM 71-2 (77) The Tank and Infantry Battalion Task Force, pp.5-3.

64. 见第五章，尤其是附录B。

65. 见第五章附录A，以及注释2。

66. FM 3-24 (01) M47 Dragon Medium Antitank Weapon System, pp.8-3.

67. Middeldorf前引, p164.

68. Hackney, Captain Michael S., Echo Company: The Fifth Player, Infantry Magazine, July-August 1985, pp. 23-4.

69. 个人通信。

70. FM 7-91 (87) Tactical Employment of Antiarmor Platoons, Companies, and Battalions. Chapter 3 and Chapter 4, Section VIII.

71. FM 71-2 (88) The Tank and Infantry Battalion Task Force, Section 4-25c and Fig 4-25.

72. Goldsmith, Martin, TOW Missile System Utilization at the National Training Center (Santa Monica, California; RAND Corporation, 1990), Section 4.

73. Goldsmith前引 p.11.

74. 今英国国防科学与技术实验室（the Defence Science and Technology Laboratory）。

75. Hugin, op. cit.

1988 年 9 月 12 日，"确切挑战"（Certain Challenge）演习期间，第 4 加拿大机械化旅战斗工兵团的"山猫"履带式装甲侦察车。

1989 年 9 月 11 日，德国巴特阿罗尔森附近，"白犀牛"（White Rhino）演习期间，英国第 1 装甲师皇家爱尔兰游骑兵团第 1 营的"弯刀"装甲侦察车在演习中担任裁判员角色。

1988 年 9 月 14 日，德国维尔茨堡以南。"确切挑战"演习期间，隶属于第 30 装甲旅第 304 装甲营的蓝军部队一辆"豹"1A3 主战坦克。

1985 年 1 月 21 日，德国阿尔斯费尔德以西。"中央防御"（Central Guardian）演习期间，美国第 3 装甲师第 33 装甲团第 2 营的一辆 M60A3 主战坦克。

1977 年 9 月 13 日，德国普莱斯附近。"碳刃"（Carbon Edge）演习期间，橙军警戒部队——美国第 3 步兵师第 64 装甲团第 3 营的一辆 M60A2 主战坦克。

1977 年 9 月，"碳刃"演习期间，第 2 骑兵团第 2 中队的 M551 装甲侦察 / 空降突击车。

1986 年 9 月，比利时第 1 军 "十字之剑"（Crossed Swords）演习期间，隶属于英国第 4 装甲师皇家苏格兰龙骑兵卫队的一辆 "酋长" 主战坦克。

20 世纪 60 年代中期，一次野战训练演习中，英属莱茵军团某装甲团的一辆配备 L7 型 105 毫米火炮的 "百夫长" Mk 9 型主战坦克。

20 世纪 60 年代中期，美国第 3 步兵师侦察排的一辆配备 20 毫米机炮的 M114 履带式装甲侦察车，正在利用"吉洛瓦"舟桥车渡过美因河。

1987 年 9 月，德国凯尔海姆附近。"机警麻雀"（Kecker Spatz）演习期间，德国第 1 山地师的一辆"山猫" 8 轮装甲侦察车。

1988 年 9 月 14 日，在德国魏克斯海姆举行的"确切挑战"演习期间，德国第 28 装甲旅下属 282 装甲掷弹兵营第 3 连的一辆"貂"式步兵战车。其炮塔指挥官位置安装了"米兰"反坦克导弹发射器。

1986 年，德国施韦因富特以西。"弗兰肯盾牌"（FRänkischer Schild）演习期间，法国第 1 装甲师第 6 龙骑兵团的一辆 AMX 30 主战坦克。

1986 年，德国施韦因富特以西。"弗兰肯盾牌"演习期间，法国第 1 装甲师第 6 龙骑兵团的一辆 AMX 10P 步兵战车，该车炮塔似乎正朝向车辆后方。

1989 年 9 月，德国巴特阿罗尔森附近。"白犀牛"演习期间，英国第 1 装甲师第 7 装甲旅的一辆"斯托沃特"全地形后勤车辆，该车装备有单位大容量加油设备（UBRE）。

1986年，德国卡塞尔北部。"永恒三角"演习期间，隶属于英国第3装甲师工程团的"费雷特"Mk 2侦察车。

1987年9月，德国彼得斯豪森附近。"机警麻雀"演习期间，法国第6轻装甲师第1"斯帕西"骑兵团的一辆AMX-10 RC轮式装甲侦察车。

1987 年 4 月 16 日，美国第 7 军第 18 野战炮兵团第 1 营的一辆 M109 自行火炮正在向德国奥格斯堡附近的训练区机动。

1988 年 2 月 22 日，德国默肯弗里茨村附近。"车队守卫"（Caravan Guard）演习期间，美国第 3 装甲师第 503 航空营的一架 AH-1 "休伊眼镜蛇" 攻击直升机。

1988年，德国罗廷根附近。"确切挑战"演习期间，美国第3装甲骑兵团第1中队的一辆M113装甲运兵车。

1989年9月，德国阿尔滕基兴附近。"车队守卫"演习中，美国第8步兵师第7骑兵团第3中队的一辆M901改进型"陶"式反坦克导弹车。双联装"陶"式导弹发射器处于收起并朝向车辆后方的状态，放在后甲板上。

1989年9月，德国格梅贝克附近。"白犀牛"演习期间，德国伞兵团第4（志愿兵）营反坦克排的一处"米兰"反坦克导弹阵地。装备了MIRA热成像瞄准具，但热成像通道的镜头盖处于关闭状态。

1988年，德国魏克斯海姆。"确切挑战"演习期间，美国第3步兵师第15步兵团第1营的一辆M2"布雷德利"步兵战车。

1989 年 9 月，德国格梅贝克附近。"白犀牛"演习期间，英国第 1 装甲师斯塔福德郡团第 1 营的"武士"步兵战车。

1989 年 9 月，"车队守卫"演习期间，美国第 8 步兵师第 7 骑兵团第 3 中队的一辆 M113 装甲运兵车上，安装了 M47"龙"式反坦克导弹系统，该导弹发射器安装在车辆射手位置的 M2 重机枪旁。

1979 年，"坚定执行者"（Constant Enforcer）演习期间，美国第 3 装甲师第 23 战斗工兵营的一辆 M728 战斗工兵车。其炮塔朝向车辆后方，短管 165 毫米爆破炮位于大型红外探照灯下方。

1986 年，德国美因河畔的法赫尔附近。"弗兰肯盾牌"演习期间，西德的"比伯"装甲架桥车正在美因河附近的法尔架设一座折叠浮桥。

1977年9月，"碳刃"演习期间，美国第72野战炮兵群第10野战炮兵团第6营的一门175毫米M107榴弹炮。

1987年9月，"机警麻雀"演习期间，美国第1山地师的一套LARS 2多管火箭炮系统。

1989年9月，德国阿尔滕基兴附近。"车队守卫"演习中，德国第2装甲掷弹兵师第50装甲猎兵连的一辆"捷豹"1自行反坦克炮。

1989年9月，德国巴德阿罗尔森附近。"白犀牛"演习期间，英国皇家苏格兰龙骑兵卫队维修组的一辆FV432装甲运输车。

1981 年,"确切遭遇"(Certain Encounter)演习期间,西德国防军第 5 防空团的一辆"猎豹"防空车。

1988 年 9 月,在格拉芬韦尔训练场进行实弹演习时,德国第 122 装甲掷弹兵营的一辆 M113 自行 120 毫米迫击炮正部署开火。

第七章

支援兵种：工兵与炮兵

当坦克和步兵直接与敌人交战时，其他兵种在做什么？他们是如何行动的？20世纪80年代，有关军队各组成部分应该如何描述，当时并没有一个真正的共识，只不时引起抽象化和理论化的讨论。英国和英联邦国家的军队通常使用"战斗兵种"（主要是坦克和步兵）、"支援兵种"（工兵和炮兵）和"勤务兵种"（执行人事和后勤职能）这样的术语。偶尔会有详细的讨论，比如关于装甲侦察兵的作用。它参与战斗吗？如果参与，那它是战斗兵种的一部分吗？显然必须是，因为其单位属于皇家装甲兵团（英国的情况）。那么信号或情报部队呢？航空兵呢？20世纪80年代初，远程反坦克和防空单位都是皇家炮兵的一部分，这是否意味着它们是支援而非战斗兵种？整个讨论并不特别有根据。本书只按照书本上的顺序简单描述兵种和服务单位。完美主义者可能会感到难以接受。

要比较冷战时期不同国家军队的工兵和炮兵素质，尽管相关文献匮乏，但我们能从他们的装备、组织结构和战术运用等方面获取丰富信息。不过由于缺乏直接的比较性分析，本书不会深入探讨各军队在实践操作上的差异。

战斗工程主要涉及调整地形以支持战术对抗。兵棋推演表明，战场的实际情况向战斗工程提出了更高要求。例如，如果多辆履带车辆在同一地点穿越溪流，很容易形成泥泞地带，此时需要采取措施防止后续车辆陷入泥泞，导致堵塞过境点。经验表明，通常并不需要更多的工兵人员，关键是要仔细考虑如何解决这些问题，并提前准备，确保在关键时刻有合适的装备可用。

传统上，作战工程师（或工兵）的角色可以概括为机动性支持、反机动性和保护三大方面。如果一支军队真诚奉行机动战，那么支持部队的机动性可能会成为优先考虑项。相反，如果北约在中央战区的角色是防御性质的，那么其重点可能会放在如何制约故军的机动性以及保护防御力量上。

机动性支持的目的显而易见：协助军队的推进和攻击行动。这可能涉及清除地雷区、跨越河流和溪流等障碍。它也包括在树林和城区开辟通道，尤其是当这些地区因炮火攻击而遭到破坏时。然而，机动性支持同样适用于防御，特别是在为反击打开通道时尤为重要。[1]这些工作应尽可能在事件发生前完成，需要前瞻性和预先规划。在追击过程中，机动性支持可能创造出决定战斗胜负的优势：为追击部队创造超越敌军的机会。

反机动性支援通常意味着增强地形的防御价值。[2]一般来说，加强现有障碍比创建新障碍更容易（也因此更快）。比如当前有一条深一米的溪流，可能只需简单地将一侧堤岸加高至两米，就能轻易将其转变为一道可阻止大多数坦克通行的沟渠。

反坦克雷区是北约防御中的一个重要特色。进攻中的坦克对地雷特别敏感[3]：它们造成的延误远重要于实际的损伤。英军的作战原则要求雷区纵深达到800～1000米，并包含至少五行反坦克地雷[4]，每行铺设密度为每5米1枚。因此，前沿地雷的有效密度为每米1枚。通常认为，铺设纵深不足300米的反坦克雷区意义不大，因为它们造成的延迟不足以产生实质影响，因此对防御者的协助有限。

在反坦克雷区的敌方一侧布设人员杀伤性地雷，可以有效地阻止敌方步兵前进，并妨碍敌方工兵清除地雷。从福克兰战争战后的报告中可以深刻洞察到，杀伤性地雷具有极大的心理震慑效果。报告指出，如果有火力掩护，那么众多伤亡中的极少数是直接由地雷造成的。[5]这表明地雷更多是通过其存在的威胁而非实际造成的伤害来发挥作用。

挖掘堑壕和构筑碉堡的工作通常由即将在其内部作战的部队来完成，即主要是步兵的任务。工兵通常配备有重型机械和专业设备，这能大幅减少完成这些工作所需的时间和体力。例如，如果人工挖掘某条堑壕需要2～4个小时，使用机械设备（如挖掘机）则只需5～10分钟。

军队通常会在每个旅部署一个战斗工兵连,有时还会在每个师配备一个野战工兵营。野战工兵一般使用卡车而非装甲运兵车进行运输。工兵们的装备和训练主要侧重于自卫作战。[6] 各国军队在所提供的专业工兵装备及其配置地点上差异较大。分散存放这些装备意味着在需要时难以迅速集中使用,反之亦然。

按照标准配置,每个战斗群通常配备一个战斗工兵排、一台特种装甲挖土机和两台装甲架桥车(简称AVLB;另请参见下文)[7]。自推进式两栖架桥装备通常配属师级或军级单位。苏军拥有一系列令人眼花缭乱的特制工程车辆。相比之下,西方军队倾向于拥有种类较少但通用性更强的装备。战斗工程车(简称CEV)或"工程坦克"承担多种角色,包括使用扫雷犁、扫雷滚压装置或爆炸型装药管线来开辟雷区。法、美、英的战斗工程车携带了专用于近程爆破的炮枪。其价值可见于表7-1中:

表 7-1:代表性武器的战斗部填充物

弹药	发射平台	弹药重量	战斗部填充
105毫米碎甲弹	北约坦克	11.3千克	3.0千克高爆挤压炸药
120毫米碎甲弹	英国"酋长"主战坦克	17千克	4.1千克高爆挤压炸药
155毫米炮弹	北约火炮	43千克	6.9千克高爆炸药
165毫米碎甲弹	英美战斗工程车	29千克	15.7千克高爆挤压炸药

大口径爆破炮在摧毁碉堡和建筑物方面,其性能明显优于任何同类武器。通常每个旅会配备一个战斗工程车排。

许多国家的军队都装备了可由卡车或装甲运兵车牵引的布雷车,用以铺设反坦克地雷。散布杀伤性地雷的装置较为普遍,而自行式反坦克地雷发射器则较为罕见。

战斗工兵战术主要围绕如何在敌对环境下执行工程任务展开。理论上,只要敌方火力不反击,任何雷区都可以被突破。地雷引信可以设计来对抗特定的清除方法,但这成本较高。相比之下,铺设两枚采用常规引信的地雷可能比铺设一枚带有复杂引信的地雷更经济、简便且有效。雷区的设计通常使不同行混合使用不同类型的引信,这些设计往往是保密的。

许多工兵战术的设计旨在避免单一故障点导致失败。一辆被击毁并堵塞过河点或突破口的车辆，可能阻碍整个旅的行动。因此，如果需要一个过河点，至少应规划两个。[8] 同时，需要保留一定的突破或渡河设备作为储备，确保即使装甲架桥车或战斗工程车被摧毁，也能有信心打开新的突破口。[9] 因此，拥有3~4辆这样的装备是明智的，以便尝试两次过河行动，并在合理范围内确保至少成功一次。某个突破口被打开并投入使用后，如有需要，还能再开设第二个、第三个甚至第四个突破口。

因此，战场工程的很大一部分工作集中在任务排序、资源分配及情况预判上，这些考量甚至上升到了最高指挥层级。如果所在区域或附近并没有宽阔的河流，那么预先做好足以跨越千米宽河的架桥准备就没有实际意义。

与战斗工程不同，使用间接火力（炮兵和迫击炮）也是一种战斗行为，即前文提到的"Feuerkampf"（火力战斗）。这不仅仅是武器的运用或对目标的打击，更是对整个战斗全局的贡献。例如，在西德国防军中，炮兵在防御中的角色是粉碎（而非单纯摧毁）敌方攻势。[10] 美军的分析显示，防御方使用炮兵火力可以将进攻坦克的效能降低约1/3[11]，除此之外，它还能有效阻挡进攻的步兵。炮兵任务被定义为直接支援战斗群或实行纵深打击。

"压制"是指在**火力打击期间**，使敌人无法在开阔地带开火或移动的火力效果。"瘫痪"是指在**打击停止后的一段时间内**，敌人仍然无法在开阔地带开火或移动的火力效果。即便是主战坦克也可能被压制或瘫痪，即无法开火或移动。而"摧毁"意味着消灭、使失去战斗力或击毁。实现摧毁通常需要极高的弹药消耗，因此在正常情况下并不作为首选考虑。

间接火力武器主要有四种类型：野战炮兵武器、多管火箭系统、重型火箭以及迫击炮。这些武器都必须实现机械化，或者至少是摩托化。"野战炮兵"这一术语涵盖了加农炮和榴弹炮。加农炮主要设计用于低射界射击，即炮口仰角低于45度；榴弹炮则通常用于高射界射击。很多冷战时期的武器都能兼顾这两种射击方式。

同等条件下，较重的炮弹会飞得更远，并且射击更为稳定，也就是说，多发炮弹会倾向于紧密地落在一个中心点周围，体现出更高的精度。同样地，炮管更长的武器射击距离也会更远。载荷（即炮弹的重量或爆炸物填充量）大致与口径的立方成正比。这个原理可以通过表7-2来直观理解。

表 7-2：北约代表性野战火炮的射程和载荷能力数据

口径和武器	射程	炮管长度	炮管倍径	炮弹重	炸药填充
105毫米加农/榴弹炮（如"艾伯特"）	17400米	2.3米	21.9	14千克	2.1千克
155毫米加农/榴弹炮（如M109A1）	18100米	6.0米	38.7	43千克	6.9千克
175毫米加农炮（如M107）	32700米	10.5米	60.0	66.8千克	14.1千克
203毫米榴弹炮（如M110A1）	21300米	7.5米	36.9	90.7千克	34.1千克

例如，相对而言，175毫米炮的炮管长度几乎是105毫米炮的3倍，并且其射程几乎是105毫米炮的2倍。而203毫米榴弹炮的射程与105毫米炮相比并没有远太多，但其炮弹重量几乎是105毫米炮弹的6.5倍，且高爆炸药填充量是105毫米炮弹的16倍。M107炮弹在最大射程时，飞行高度甚至超过了珠穆朗玛峰。

一门射程加倍的火炮可以覆盖4倍大的区域。因此，超远射程的火炮可以在非常广阔的区域内实施火力投送，使得大量火炮的火力能够在特定时间和空间里集中于同一目标上。

多管火箭系统（又称"集束"或"齐射"火箭）最初设计目的是为了大范围施放化学武器。[12]随后，它们被改用于发射高爆弹药和烟幕弹。到了20世纪70年代和20世纪80年代，火箭的精度、射程和载荷能力有了显著提升。1983年服役的美国M270多管火箭系统标志着一个巨大的进步。冷战时期的多管火箭系统仅能发射子母弹和小型地雷，英国陆军直到"沙漠风暴"行动期间才接收到了这些系统。[13]一个由9辆发射车组成的多管火箭系统连，一次齐射的子母弹数量相当于33个加农炮兵营或榴弹炮营的发射量。最初的系统射程为32千米。苏联当时没有与之相近的对应装备。

重型火箭通常专用于搭载核弹头，并且由师级或更高级别的单位操作。美国的"长矛"（Lance）和苏联的SS-21"圣甲虫"（Scarab）就是例子。"长矛"也配备了常规的子母弹头供选，对敌军师级指挥部等目标能起到非常有效的打击作用。然而，若真将它们用于此类常规打击任务，存在被误判的风险，对方可能误以为遭到核攻击进而展开核报复。

迫击炮通常为战斗群提供近距离的间接火力支援。在西德国防军中，迫击炮被认为是最具决定性的营级武器。[14]中型迫击炮（口径在60～82毫米之间）与重型迫击炮（口径在107～120毫米之间）存在显著差异，这些差异体现在射程、弹药威力、携带便捷性以及战术应用等方面。请参考表7-3。

表 7-3：北约组织中具有代表性的迫击炮

武器	英国L16中型迫击炮	泰普勒生产的M65重型迫击炮
使用者	英国、美国、加拿大、荷兰及其他25国	德国、以色列和美国
口径	81毫米	120毫米
射程	5650米	6200米
武器重量	35.3千克（3人背负）	231千克战斗重量 351千克运输重量
炮弹重量	4.2千克	12.6千克
装药量	0.75千克	1.40千克

尤其要关注武器及其装药量。中型迫击炮在压制敌人方面尤为出色，能够有效达成一定程度的"瘫痪"效果，即阻止敌人开火或移动。爆炸、声响和破片将极为密集。而重型迫击炮虽然射速较低，但若需对坚固驻守的防御者（尤其是位于碉堡内的）造成重大影响（包括有效"瘫痪"及一定程度的"摧毁"），则更为适宜。这一点在防御者藏身于碉堡时尤为显著。[15]

间接火力系统不仅仅包含武器本身，它还包括：武器装备；弹药；情报、监视、目标捕获与侦察（ISTAR）系统；指挥、控制、通信与计算元件；以及后勤保障。

大多数武器都能发射高爆、烟幕和照明弹药。152毫米及以上口径的火炮和榴弹炮还能发射核弹头。一些火炮、榴弹炮，尤其是多管火箭发射器，能发射子母弹和小型地雷。子母弹对敌方炮兵和软目标尤其有效（因此英国主要为了反炮兵作战而采购了多管火箭系统）。[16]炮弹和迫击炮弹配备了多种引信，空爆引信能增加对开阔地带或简易战壕中士兵的杀伤效果，但降低了对碉堡内士兵的打击效率。延迟引信的效果则通常相反。

上述内容介绍了武器装备。系统的精准度并不等同于武器的一致性表现。例如，在稳定条件下，M107炮在32千米射程时，有一半的炮弹会落在距指定点74米范围内的区域（这是衡量一致性的一个指标）。然而，由于多种因素，这些炮弹的平均落点可能会偏离瞄准点几百米之远（这是衡量精准度的指标）。这些因素中包括了沿弹道全程的气象条件，而这些条件可能极难准确掌握。此外，目标的实际位置也可能不够精确。

ISTAR（情报、监视、目标捕获与侦察）系统是一个重要的考量因素。军队通常在师级及以上级别设有炮兵情报部门或相应的排，其主要职责是定位敌方炮兵阵地，同时也能为整体情报图景提供重要信息输入。[17]监视与目标捕获单元利用了多种传感器，包括夜视设备、用于战场监视和反炮兵定位的雷达、无人驾驶航空器（UAV），以及声音测距和闪光观测等较为传统的系统。冷战时期，几乎所有无人机都沿着预先编程的飞行路径飞行，并且只有降落后才能解读拍摄的图像，因为它们的相机使用的还是摄影胶卷。

间接火力系统需要指挥、控制及通信技术的支持。较为独特的是，它们还需要计算能力，主要是用于弹道计算。战场上的计算机功能相当原始，手持计算设备刚开始投入使用。[18]传统的手工绘图和计算方法在某些情况下可能更快捷且更准确，但这要求使用者具备高超的技能水平。[19]

师内超过85%的物资补给都是炮弹。这意味着每天要处理数百吨的弹药，这个问题十分复杂。以西德国防军的一个师级LARS营为例，其运输车可以为每台发射器携带五轮齐射的火箭弹。然而，如果其中一轮齐射是布撒地雷或烟幕弹，那么它就只能装载四轮高爆火箭弹。如果该营不用卡车携带地雷或烟幕弹，那么这些特殊弹药就只能就地存放（这会降低作战灵活性），要么就等需要时再临时从军级弹药库中调运过来，而这将非常耗时。

赎罪日战争促使各国重新评估了火炮和迫击炮弹药的库存以及其他物资的需求。这一点在英国计划的消耗速率中有所体现（见表7-4）。

表7-4：英国计划的消耗速率

年份	1965年[20]	20世纪80年代[21]
"艾伯特"使用的105毫米炮弹或M109使用的155毫米炮弹	每门每天70发	M109：每门每天360发。[22] "艾伯特"和FH70的155毫米炮弹：480发
81毫米迫击炮弹	每门每天70发	480发每门每天

军队通常会在每个作战旅部署一个野战炮兵营，师级会配置一些野战火炮和火箭炮，而军级则会有相应的炮兵旅。在英军中，反炮兵火力自第一次世界大战以来一直是军级的责任，因此所有重型火炮都由军级掌控。而在西德国防军中，为了支援主要攻势，师级总会保留一部分炮兵力量。到了冷战末期，除可发射核武器的"长矛"营外，所有西德国防军的炮兵部队都编入了师级单位。[23]

所有战斗群都需要获得迫击炮支援[24]，但只有步兵营装备了迫击炮。这一问题通常通过以下两种方式解决：要么在各战斗群之间分配可用的迫击炮资源，要么当装甲战斗群投入战斗时（例如从旅级预备队中）重新抽调迫击炮。[25]

论及近距离支援炮兵的指挥与联络体系，大致可分为两种。在西方体系中，炮兵营营长会为受支援的旅长提供建议。他的各炮兵连连长则负责与战斗群指挥官进行咨询与联络。这些连长手下的低阶军官，则进一步与坦克连和步兵连连长进行沟通协调。这些前方观察员（FOO），负责执行射击任务。他们观测目标、火力打击情况及受支援部队的状态，并指挥炮火射击。同时，他们还要为所属的坦克和步兵连指挥官规划火力支援方案。部分前方观察员配备有一名军士助手，后者也能协助执行射击任务。炮兵阵地则由副营长和副连长负责指挥调控。

机动火力控制员（MFC）是军士级别的人员，他们的工作与前方观察员类似。理论上，两者都可以指挥任何在其射程内的武器实施火力打击任务,但要实现这样的协调往往需要较多时间。两者通常配备有履带式装甲运兵车，车上常载有复杂的监视和目标捕获系统，必要时可拆卸下来使用。在美国陆军中，军士级别的"机动火力控制员"可以同时指挥炮兵和迫击炮。不论具体安排如何，原则上一名观察员/控制员同一时间只能指挥打击一个目标。

苏联的指挥与联络体系更为简单，但灵活性较差。无论是装备火炮、火箭炮还是迫击炮的每一个炮兵连，都配有一个指挥观察所（COP）。这个指挥观察所由炮兵连连长亲自指挥，并通常设立在履带式装甲战斗车辆上。连长负责控制自己连队的火力，同时还可以操控分配给他的其他炮兵单位的火力。因此，他可能只需负责指挥自己的连队，也可能指挥整个营甚至团的火力，但仍然只能一次针对一个目标进行打击。只有炮兵连连长才有权指挥火力，因此，如何确保恰当的指挥观察所在恰当的时间到达恰当的地点成为一个重要的问题。最终结果是，苏联炮兵只能向下级单位授权使用。相比之下，西方炮兵不仅可以向下级单位，还能横向（即相邻的战斗群或部队）授权使用。

纵深火力（用于反炮兵作战和阻断作战）通常由师级或军级进行控制，无须前方观察员。目标信息可能来源于信号分析情报、雷达、无人机、照相侦察或其他类似手段。多数军队都拥有特种部队，其任务之一就是在敌方纵深地域定位目标，有时也参与纵深火力的控制。北约军队通常会专门部署滞留侦察小组或观察哨（OP），以实现这一目的。

北约组织内部，炮兵作战是在军级层面进行指挥与协调的。而对于西德国防军而言，炮兵的主要价值在于其支持坦克部队的机动性，尤其是通过使反坦克火力瘫痪来实现这一目的。[26]炮兵的最大效用体现在对付移动中或无防护的目标上，比如集结区的步兵和坦克，或是处在进攻中的此类目标，以及使敌方炮兵瘫痪。必须着重强调的是，步兵自身无法直接打击防御阵地，因此他们对进攻部队的间接火力支援至关重要。攻击预设的防御阵地时，炮兵最好采用营级的集中火力，并执行能被观测和适时调整的火力任务。在靠近己方部队的防御任务中，使用单独的炮兵连或迫击炮班组进行射击最为合适。[27]

遭受间接火力攻击的部队通常会寻找掩护。基于此点及其他原因，短时间内集中大量火炮进行突然的火力打击尤为重要。一般而言，对于特定目标，若在1/100的时间内使用1/10的弹药量进行射击，其效果往往是同样显著的。[28]举例来说，1分钟内发射1吨弹药产生的效果等同于用100分钟发射10吨弹药。要做到这一点，通常需要在有效射程内集结大量火炮。这种火力集中不仅会造成一定的破坏，更可能达到最大程度的瘫痪效果，即令敌方失去作战能力。这是制造震撼效果的最佳途径：在最短的时间内，以突然之势集中大量火炮的火力进行打击。

不过，如果火力打击没能持续跟进，其效果往往会逐渐削弱，比如部队正向目标推进时。压制虽好，但能产生瘫痪效果更佳。因为瘫痪的效果持续时间较长，所以火力转移与部队推进时间的协同就没那么紧迫了。齐射火箭弹具有显著的瘫痪效果，但大多数系统（多管火箭系统除外）只能每20～30分钟发射一次齐射。

炮兵部队通常以连为单位进行部署，这样做至少可以分散布置火炮，以防范敌方的反炮兵火力反击。然而，炮火通常由炮兵营统一指挥发射。[29]若缺乏精密计算，一个由6门火炮组成的连，可能发射的炮火只覆盖了约150米×150米范围的面积；一个包含3个连的营对单一目标点进行集中射击，也可能会覆盖到250米×250米的区域，或者该营的火力很容易沿线性目标分散，即长达（3×150米=）450米，深150米。在上述两种情形中，原本营级的集中火力能产生更大的瘫痪效果。

假设一个敌军排藏匿在该集中火力区域。如果这个营级单位每门炮发射3发炮弹，我们预期会击中并摧毁一条狭长的散兵坑，从而达到压制整个排的效果。美军研究表明，如果每门炮以每分钟3发的频率持续炮击15分钟，排级单位中会有25%到40%的人员被消灭或失去战斗力。[30]如果进攻者在火力停止后大约一分钟内到达，那么他们将不会遭遇太多有效抵抗。

当然，这很大程度上取决于炮火的准确性。如果观察员被误导，或者防御者隐蔽良好、防护得当且分散部署，抑或未能侦察到敌方位置，就可能浪费大量炮火。假设有这么一个战斗群防区，横跨5千米的范围，即使有4个炮兵营，也只能覆盖（4×450=）1800米的前线。兵棋推演提供了案例，即便动用多达10个炮兵营的火力，有时也不能产生显著效果。这种情况尤其发生在炮兵因必须应对线性目标而无法集中火力的情况下。

迫击炮通常覆盖的区域要小得多。例如，一个装备2门迫击炮的小队也许只能覆盖50米×50米的区域。然而，这种火力可以更加贴近自己的部队使用，其局部效果可能是至关重要的：每门迫击炮能造成的伤亡通常相当于3挺机枪。[31]迫击炮火力可能使覆盖关键路径的反坦克导弹发射器失效。迫击炮释放的烟幕可能掩护攻击排的装甲运兵车从附近阵地接近，以防遭受便携式火箭筒的袭击，这才是"近距离间接火力支援"的真正价值所在。

部队安全始终是一个需要考虑的因素。简单来说，武器越大，所需的安全距离也就越大。即便是155毫米口径的炮火，只要确保：炮击精准一致；

炮弹设定为触地爆炸；已观测到试射炮弹在安全距离外着陆；己方部队有良好的掩体；士兵佩戴头盔且都已采取了遮蔽措施——那么就算到了让破片飞越头顶的程度也是相当安全的。[32] 但这涉及很多"如果"。如果哪怕只有其中一项条件没能满足也导致了伤亡，就会严重打击被支援部队的士气。这在很大程度上取决于火控官的经验。

兵棋规则中有效地施加了因"友军"火力遭受伤亡所带来的长效后果，这使得执棋者不得不更加关注部队安全。这不一定导致过分谨慎，但它确实让人意识到风险所在，并思考如何减轻这些风险。

观察员的位置和行动路线需要深思熟虑。在防御时，火炮和迫击炮指挥官必须确保对整个单位正面进行视野监控。但在进攻和推进过程中，这不再完全必要。更重要的是，要确保有人能够观察到所有支援进攻所需的火力任务；一旦占领目标，要有人能够立即移动到位置上，对目标区域以外的敌方进行打击。

纵深打击是另一种不同的战斗，但同样极为关键。其首要任务通常是反炮兵作战：使敌方炮兵部队瘫痪。典型战术是使用一整个营（甚至是整个炮兵旅）的加农炮或榴弹炮，在短时间内集中发射——也许每门炮只发射3发，但所有炮弹都在1分钟内抵达——打击单个敌方炮兵阵地。假设在40秒内，有50枚或更多175毫米或203毫米炮弹密集落入一个炮兵阵地，将极为有效地使其瘫痪。[33] 如果每隔5分钟就对不同敌方炮兵连重复这一操作，实质上就是阿拉曼战役发动时的反炮兵计划的设计理念。[34] 常见的防御措施包括分散隐蔽自己的火炮，频繁移动它们，并严格遵守通信保密措施。

这种火力集中使用也可能过度。英国炮兵在二战后丧失了一些本领。冷战期间，皇家炮兵希望迅速对多个目标实施集火打击，导致忽视了根据目标匹配武器和弹药种类的重要性，数量优先于质量成了问题所在。[35,36] 但那也许是完成任务最直接（即便不是最高效）的方式。

纵深打击的另一个主要作用是进行阻截。敌方编队的指挥所会成为极具价值的目标，常常可以经由信号情报分析得到它们的位置。西德国防军发现，在苏军进攻的前夜，炮击苏军集结地往往收效很好。俘虏们常常承认，他们此时遭受的伤亡与直接进攻时遭受的伤亡一样多。[37]

多管火箭发射器能够执行多种任务。例如，一个装备有8具发射器的西德国防军LARS炮兵连，如果发射的是地雷，那么一次齐射就能覆盖4平方千米的区域，能达到每公顷6枚地雷的密度。如果形成的雷区深度为800米（如前所述），那么就意味着形成了一个长度为5千米、平均每米正面约有半枚地雷的雷区。这个密度算是及格，不算高（一般情况下，每米正面布置1枚地雷更为常见）。然而，这足以将前进中的装甲编队速度降低到极慢的程度：坦克对于地雷威胁极为敏感。并且，如果雷区宽度不足5千米，那么雷区可以设置得更深，相应地密度也会更大，对敌方行动的阻碍效果就更明显。

比较不同军队的炮兵实力是相当困难的。大体上，苏联炮兵以火力密集著称，但精准度相对较低，且火力规划较为粗放。西德国防军的炮兵会严格遵循指挥官的意图，精准高效地提供支援。美国炮兵得益于大量的程序优化和自动化技术发展，其灵活性和适应性高，能迅速适应战场变化。至于英国炮兵，在最佳状态下，其技术卓越，反应速度快，能够迅速对战场需求做出响应。每个国家的炮兵都有其特色和优势，这些特点往往由其军事战略、战术理念以及科技发展水平共同塑造。

本章注释

1. Middeldorf, The Russian Campaign, p.30.
2. Middeldorf前引, p.177.
3. 同上。
4. Staff Officer's Handbook (1999), pp.3-26.
5. Operation Corporate Report, 1st Battalion Welsh Guards, July 1982, British Army Tactical Doctrine Retrieval Cell Index No. 5823.
6. Eg. Middeldorf, Handbook of Tactics, p.357.
7. Exercise Wide Horizon Directors Report HQ 4 Div [sic] Encl 33 to 45526 G:SD dated 14 November 4, British Army Tactical Doctrine Retrieval Cell Index 3240, p. B-2.
8. The Infantry Battalion (1975), para 426b.
9. Staff Officer's Handbook (1999), pp.3-26-3.
10. Middeldorf, The Russian Campaign, p.79.
11. Herbert, Major Paul H, 'Deciding What Has To Be Done': General William E De Puy and the 1976 Edition of FM 100-5, Operations (Leavenworth Papers No. 16 (Fort Leavenworth, Kansas: Combat Studies Institute, 1988), p.81.
12. Middeldorf前引, p73.
13. Operation Granby: An Account of the Gulf Crisis 1990-91 and the British Army's Contribution to the Liberation of Kuwait, Army Code 71512, 1991, pp.3-4.
14. Middeldorf前引, p.23.
15. 同上。
16. Major General Jonathan Bailey, 皇家炮兵退役；个人通信。
17. Middeldorf前引, p.84.
18. 手持式火控计算机当时已在炮兵部队中投入使用，而在我1986年接受迫击炮排指挥官训练时，这种设备在英军迫击炮部队中正处于刚投入使用的阶段。
19. 我的二弟保罗曾在预备役炮兵团担任指挥所助手。在他的炮兵连中，一个排的指挥所配备了一台计算机，而另一个排仍使用手动设备。
20. Staff Officer's Handbook (1965).
21. Staff Officer's Handbook (1988).
22. M109自行榴弹炮未装备自动装填机，这可能是其射速预估较低的原因之一。我在索尔斯伯里平原（Salisbury Plain）操作过FH70和M109，并且在挪威北部也操作过M109。
23. Blume, Peter, The Modern German Army in the Cold War 1967-1990 (Erlangen; Verlag Jochen Vollert, 2005), p.50.
24. Eg. Exercise Wide Horizon Directors Report. HQ 4 Div [sic] Encl 33 to 45526 G:SD dated 14 November 4. British Army Tactical Doctrine Retrieval Cell Index 3240. P B-2.
25. Eg Macksey, First Clash, pp.87, 241.

26. Middeldorf,前引, p.98.

27. 同上, p.91.

28. Rowland, David, The Stress of Battle: Quantifying Human Performance in Battle (London: The Stationery Office, 2006), p.61.

29. For the Bundeswehr, see Middeldorf前引, p100.

30. Isby, David C & Kamps, Charles Jr. Armies of NATO's Central Front (London: Jane's, 1985) in Arrcade Planner, p.57.

31. Rowland 前引, p.71.

32. 我曾经坐在一个加固得很好但顶部开放的战壕里，当时155毫米炮弹落在距离战壕大约30米的地方。弹片落入了战壕之中，有些还相当大。（我当时戴着头盔。）

33. 18门炮或是24门炮，每门炮发射3发炮弹，那么总共就是54发或是72发炮弹。

34. Carver, Field Marshal Lord, El Alamein (Ware, Hertfordshire: Wordsworth Editions Ltd, 2000), p.100.

35. Major General Jonathan Bailey, 皇家炮兵退役，个人通信。

36. Colonel Steve James, 皇家炮兵退役，个人通信。

37. Middeldorf前引，p.146.

第八章

医疗服务、物资供应与运输部门

没有弹药,士兵无法开火射击。没有燃料,他们的车辆无法移动。缺乏食物,他们很快就会变得没有战斗力,可能会开始逃亡。没有健康营养的食物,他们会生病。没有足够的医疗照护,疾病将会蔓延,伤员会死亡,幸存者会变得士气低落。不能维护和修理武器、车辆和装备,士兵将无法以任何有意义的方式进行战斗。

战术是在后勤保障能力基础上的艺术。据说蒙哥马利将军曾说过,业余者谈论战术,而专业者谈论后勤。这些说法固然有其道理,但应放在适当的背景下来理解。军队的存在不是为了进行后勤工作,而是为了作战。诚然,没有后勤保障,军队无法作战。但反过来说,如果军队不需要进行战斗,那么后勤人员也就没有存在的必要了。

在这里,除非另有说明,我们将广泛使用"后勤"一词。军事人员可能更倾向于说"管理和后勤"。其中,"管理"通常指的是人事服务。根据我们的定义,后勤的三大主要分支是医疗、补给和维修。此外,还有众多较小的服务项目。必须有专人或某个单位来负责处理这些事务。例如,谁来安葬阵亡的士兵?士兵如何洗澡?他们如何收发信件?我们不会在此详述每一个细节,本章旨在概述主要后勤服务及其他一些关键问题。如第七章一样,我们很难详细阐述冷战期间各军队后勤工作的具体差异。

医疗服务从字面上理解,它是至关重要的,不仅挽救生命,还维护着军队的战斗力,并在维持士气方面发挥着重要作用。第二次世界大战中,美国大兵间流传着一个笑话，称按规定，士兵不能死在野战医院，一旦被送进去，就能活下来。这虽不完全准确，但确实反映了到达野战医院的伤员存活率极高（大约95%），这样的想法无疑给了士兵极大的安慰。[1] 即便是在环境极端艰苦的战场，比如马尔维纳斯群岛战役中，据第二伞兵营报告的25名受伤士兵中，也只有1名因伤势过重去世，伤亡率为4%。[2]

军事医疗保健主要分为三个分支：内科、外科和精神病学。士兵普遍年轻、体健，在非战斗情况下，内科的主要作用是预防疾病发生，并在士兵生病时提供治疗。这类疾病大多是可以预见的，通常能够预防，也易于治愈。相反，战斗伤亡几乎都属于外科范畴，绝大多数是由战场创伤造成。其中一些是烧伤，还有一些可以归类为"工业事故"后果：即操作危险机械设备所导致的伤害。

冷战时期的疾病发生率预计相对较低，并且完全在针对战斗伤亡规模设计的医疗单元处理能力范围内。基于两次世界大战的经验，英国对战斗伤亡的估计似乎也是北约国家的典型估计。在非核生化条件下，预计每天的战斗会导致部队的10%成为伤亡人员。[3] 我们可以将此理解为战斗群兵力的10%。

伤亡人员中有20%会阵亡或失踪，12%会在几小时内重返岗位，8%会成为精神创伤病例。你会注意到，这部分人中或许有一半能在几天内重返前线。其余的，即60%，是需要手术治疗的战斗伤亡人员。根据医疗需求，他们被分为三组，12%为第一优先级（'P1'）病例，若未在受伤后一小时内接受紧急手术干预则可能死亡；另外12%为第二优先级（'P2'）病例，需要重点关注，但其治疗可以适当推迟。剩下的36%为第三优先级（'P3'）病例，为轻伤（可能是"尚能行走的伤员"），其治疗可以安全地延后。

如果一个战斗群有600人，那么预计一天的战斗会产生大约60名伤亡。大约十几人会阵亡或失踪（实际上这些人也许均已死亡，只是尸体未被发现），4~5人需要心理治疗，7~8人会受轻伤并在当地接受治疗，35~40人需要手术治疗并撤离战场。其中7~8人为P1伤情，类似数量的伤员为P2伤情，而P3伤情会有20~25人。

对整个军队层面乃至整个战争期间而言，这一对伤亡预估的准确性是很高的。不过，具体到各个单位，这种预估可能会有更大的波动。例如，在

1944年—1945年西北欧的战役中，英国和英联邦的步兵营在长达10个月的战斗中，通常会遭遇5～6天像上述那样的糟糕或更坏的情况。对于冷战的预期，则是许多部队可能会在非常短的时间内连续经历数天这样的日子。[4]

战斗群通常配备有一个救护站，配有医生（"医务军官"）和医疗助理班组。师级单位通常每个旅配置一个包扎站。军级单位通常设有多个野战医院，手术只能在野战医院进行。在这种情况下，旅级（或师级）包扎站提供了足够的进一步治疗，以确保重伤患者能够从营级救护站转移至医院，并最终接受手术治疗而存活下来。

P1类伤员要在一小时内接受手术治疗。以英国为例，外科手术支援系统中的野战医院距离前沿战区48～64千米。[5] 总体而言，伤亡人数并不是特别庞大：典型的轮式或履带式装甲救护车每次可以运送4副担架或最多8名坐姿伤员。因此，医疗方式大多关注如何将治疗设施设置在合适的位置、优先处理伤员以及迅速后撤高优先级病例。战斗群内部需要装甲救护车，而轮式救护车因其行驶速度更快，通常部署在更靠后的位置。如果有直升机可用，它们应该可以飞抵营级救护站，并能迅速直接飞往野战医院。[6]

战场补给的核心在于确保在恰当的时间将恰当的物资送达恰当的地点，以便在需要时由恰当的人使用。这一点不应被过分复杂化。虽然存在多种不同的"物资"，但它们主要可以分为两大类：一类是战斗消耗品，即士兵使用的弹药等；另一类是作业材料，即用于完成任务所需的设备和工具。

战斗补给基本上是指"子弹、粮食和汽油"：即弹药、口粮和燃料。弹药种类繁多，但只有少数几种是大量需要的。以一个拥有4个炮兵营的师为例，每个营配备18门155毫米火炮，若每天每门炮需发射480发炮弹[7]，那么该师每天就需要34560发炮弹。仅炮弹的重量就达到1480吨。师部需要340辆载重8吨的卡车来运输这些炮弹及其发射药。[8] 如果这是师部补给量的85%，那么该师每天总共需要装载400车次的补给。

但放到细处，一辆4吨卡车就可以装载足够2400人/天的口粮，所以一个600人的战斗群只需要一辆口粮运输卡车。对于一个步兵连来说，1吨小型武器弹药可能就已经非常多了（卸载后他们可能携带不了这么多）。然而，即便是几箱机枪或步枪的弹药，对于参与战斗的士兵来说也可能至关重要。大多数弹药种类的需求量都处于这两种极端情况之间。例如，一个英国战斗群通常每天需要大约8辆4吨卡车装载的迫击炮弹药。[9]

20世纪70年代开始，英国陆军在旅级和师级采用油罐车。为此，每个师需要放弃240吨的运输能力。[10] 这些油罐车的载油量大约是它们所取代的卡车的两倍（卡车以前用桶或铁罐装运燃油）。然而，油罐车只能运输燃油，这在增加了燃油运输容量的同时，也牺牲了一定的运输灵活性。

单件装备可能产生重大影响。由于M1"艾布拉姆斯"主战坦克采用了涡轮发动机，其燃油消耗量极为庞大。该坦克服役时，美国陆军不得不额外购置大量油罐车。相比之下，"豹"II坦克的发动机同样强大，但燃油消耗量减少了多达58%。即使仅节约10%~20%的燃油，和平时期，每个坦克营每年也能总共节省1750万美元。[11] 军队确实能够调整并解决这类问题，毕竟这款发动机目前仍然使用，但资金若能投向其他领域，可能会产生更好的效益。

师级单位通常需要储备3天的补给量。根据上述情况，这将需要大约1000辆卡车。平均而言，师级单位的车辆可以携带0.5天的补给量，所以另外大约2.5天需要保持运输能力。这意味着除了运输和移动库存之外，这些卡车大部分时间都在闲置。英国的对策是减少卡车数量，但在每个旅配置一个补给班来管理仓库。这样做虽然牺牲了一些灵活性，并且如果仓库遭到攻击会损失库存，但确实在购买和运营卡车方面节省了大量资金。

"物资"（material，严格来说是源自法语的matériel）几乎涵盖了军队使用的所有物品，除了建筑物和战斗补给品以外。作战物资包括武器、无线电设备和车辆；但也包括战斗制服、帐篷和行军床等。其中一部分（如制服）是按数量配发的。其他物品（特别是武器和车辆）则需逐件登记管理；也就是说，每支步枪都要记录其序列号。保管物资、发放、清点以及更换物资是一项繁重的文书工作。例如，替换报废的坦克必须有一套流程，其上的无线电设备如果还能使用将重新分配。用于维修或常规更换的备件（比如卡车的机油滤清器）也需要妥善管理。

因此，补给包含三个要素。一是大量但较为常规的战斗补给供应。二是物资的提供与清点管理。三是指挥控制系统，它确保在恰当的时间将恰当的东西，哪怕是最小的螺母和螺栓，准确无误地送达需要它们的人手中。

军队拥有大量的装备。其中很多装备可能会出现故障，或因战斗行动受损，需要进行维修。如果装备在战场上受损，在原地修复可能会很危险，因此需要借助装甲回收车辆进行回收。坦克需要类似坦克的装甲回收车，其他装甲战斗车辆则可以通过基于装甲运兵车改装的回收车进行回收。诸如武器或无线电等较小的装备，通常可以放在卡车或装甲运兵车内带回修理。

维修车间的位置越靠后，使用类似工厂的技术进行维修的可能性越大，这在时间和劳动力效率上可能非常高效。但它们被后移得越远，装备脱离战斗的时间就越长。因此，对于某些装备来说，维修人员可能需要前置部署或被派遣到更前方。这种方式效率较低，导致整体效率下降，但总体作战效能却得到了提升。

装备的可靠性越高，其需要定期保养和维修的频率就越低。维修的简易程度决定了无论装备是自然故障还是被敌方行动损坏，要将其恢复使用状态所需的努力（以及时间）有多少。坦克通常是最重要的也是最复杂的装备，其可靠性和易维修性因此成为关键问题。

"可用性"（Availability）是一个复杂的概念，结合了使用频率、可靠性、维护简便性、维修简便性以及备用或更换零件的可获得性。此外可能还存在着与人为因素相关的无法解释的互动关系。当大批看似不可靠的"挑战者"I型坦克被送往沙特阿拉伯和科威特参加"沙漠风暴"行动时，其可用性却大幅上升。零件的可获得性并非唯一原因。

英国陆军最终成功地将"酋长"坦克L60发动机的平均故障间隔时间提高到了900小时，目标值为850小时。[12] 它是首批采用复合动力包设计的坦克之一，其中发动机、变速箱、传动装置和散热器可以作为一个整体拆卸。设计上要求1小时内即可取出，意味着一个典型的发动机维修大约需要4小时的工作量。[13] 因此，其可靠性和易维修性看似不错。然而，尽管有此设计，实际上经常需要更长时间来移除动力包，因此一次维修通常需要11～12小时。[14,15] 装甲战斗群有时可能同时有十几辆坦克在维修或等待维修[16]，因此，绝大部分坦克的可用性一直很低。"挑战者"坦克的维修时间缩短到了4小时左右。据说"豹"II坦克的动力包大约只需20分钟即可移除。

维修车间通常设在旅或师的后方区域，有时两者兼备。战斗群的维修排负责从前线回收装备，并尽可能进行快速修复。装甲回收车、轮式回收车和坦克运输车负责将损毁或故障的装备后送。修复或替换的车辆则向前线驶回。坦克和装甲战斗车辆的动力包可能被拆除并替换，随后送回车间进行维修。这就需要系统中某处备有额外的动力包。每个环节可能都需要备用零件，像主战坦克这样复杂的装备都有着庞大的零部件库存。如果装甲战斗车辆（尤其是坦克）被认为无法修复，其组件可能会被拆除以供再利用。

每个师都拥有数千车辆。交通管制确保这些车辆即使在道路受损、桥梁被毁的情况下也能按时抵达正确地点，这主要由宪兵负责。大多数师只有一个宪兵连。宪兵的次要职责还包括维护纪律。大多数士兵大部分时间表现良好。北约面临的最大纪律问题可能是掠夺弃置的德国财产，这是一种抢劫行为，属于军事犯罪。

北约宪兵不负责平民难民管理和交通管制，这些任务归西德民事警察负责。英国宪兵也不负责战俘管理，这项工作通常交给二线步兵营执行，这是一项重大任务，500名战俘就需要一个步兵连看守，转移时还需要两个排护送，并需要17辆4吨卡车进行运输。

最重要的行政职能往往不显眼，很少有专门的"人事营"或类似单位（尽管美军师部设有军务连）。人事管理的首要要求是确保各单元拥有适当数量、经过适当训练并处在合适军衔的人员。第二项要求是他们能得到妥善管理，以便能完成任务并保持积极性，这主要是由指挥部文职人员完成的文书工作。

军队通常在满足第一项要求上存在不足，的确是个问题。在整个20世纪至21世纪的多次战役中，前线步兵单位通常每天都存在兵力不足的问题。前线班组在行动开始不久后几乎总是低于满编。例如，从第二次世界大战到越南战争，美军小队日常一般只达到约80%的满员状态。[17] 其实总有办法找到充足的人力，但他们几乎很难到达正确的位置。简单的模型显示，这个问题其实很容易解决，主要在于无人着手处理。

首要需求是有适量的人员。每天，从应有人员总数中减去实际拥有的人员数量，得出你需要补充的人员数目。这个计算很简单。然后，需要向上级指挥链发出需求请求，并指示通常位于军级的兵站向前线派遣相应数量的补充人员。这些补充人员通常是前一两年完成现役、因此作为预备役有义务受召的士兵。这需要一些文件手续（哪些士兵被哪个单位接收），每天将几十名士兵送到前线营以替换伤亡人员的实际操作并不复杂。前线人力短缺在系统分析中，似乎是一个简单的问题。[18]然而，这个问题一直未得到解决。

战斗群有自己的行政和后勤组织结构。称呼上可能有所不同，但功能大体相似：医疗、补给、维修和人员管理。它们都是"指挥部"、"参谋与补给"或"勤务"连等类似单位的一部分。[19]一旦部署，通常会分为2个或3个小组。其中一个小组规模小、机动性强，通常部署在接近战斗群指挥所的位置。它一般包含医疗救护站、几辆装甲回收车以及装载一些战斗补给品的卡车。在美国陆军中，这被称为"特遣队战斗车队"；在英军中则是"战斗群A1梯队"。大部分资源则部署在更靠后的旅级的后勤区域，即"特遣队野外车队"或"战斗群A2梯队"。英军还在师级的后勤区域设有非常小的分遣队——"B梯队"，主要发挥人员管理职能。

在车辆数量方面，北约战斗群的后勤惊人地相似。不论营级单位拥有45辆还是90辆装甲战斗车辆，其后勤保障部分都拥有55～60辆卡车和吉普车，其中25～30辆为载货卡车。战斗群规模越大，就越倾向于拥有更大而非更多的卡车。

后勤车辆的机动性对于前线部队来说是一个重要问题。米德尔多夫等人反复强调后勤车辆越野机动性的重要性。[20、21]他们甚至提出了对小型履带式后勤车辆的需求，类似于英军的"布伦"运兵车，以供步兵连使用。[22]所有的英美部队后勤车辆都配备了全轮驱动。而西德国防军的每个营大约有10辆不具备全轮驱动的轿车或面包车。这可能是出于成本考虑，鉴于西德良好的公路网络，这样的配置可能已经足够满足需求。

苏联的后勤支持较为基础。在几乎所有层级上，他们的医疗人员、补给人员和维修人员数量都较少。例如，他们每个营只配备了一辆（轮式的）救护车。而北约国家中，每个连通常会配备一辆装甲救护车。

评估不同行政与后勤系统的实际运作效果颇为困难。这些系统主要通过大规模演习进行演练。模拟伤员被送入医疗后送链中，其转移过程会被计时以测试效率。模拟弹药库存，通过混凝土填充达到真实重量并装箱的假弹药，会被装载并运送至野外部署的单位。演习中车辆故障频发，这也为维修单位提供了大量实操训练的机会。

军队会专门举行后勤演习，以实践、识别并解决后勤问题。有时，这样的演习会暴露出噩梦般的漏洞。在某次第1军举行的大规模野外演习中，就暴露出步兵营无法携带所有战备物资的问题。[23] 解决办法是购买更大的卡车，但这耗费了大约5年时间。一场在柏林进行的步兵营战斗弹药装载演练中，人们发现旅部参谋重复计算了所需卡车的数量，按照这个计划，根本没有足够的卡车来运输规划中的物资。[24] 第1军的战备库存装载演练中，人们又发现弹药计划制订者在"米兰"导弹数量上冒了险，有一个营只收到了大约12枚导弹，而不是计划中的616枚[25]——这12枚导弹就是实际的战备库存了，哪有更多的。

兵棋推演并不能提供行政与后勤系统实际运作效果的证据。但"沙漠风暴"行动表明，法国、美国和英国的后勤系统运作良好，尽管存在漫长的战区内外交通线、截然不同的地形与气候条件，但各国都有数月的时间进行准备。这也显示出伊拉克军队的后勤系统即便在拥有"主场"优势和数月准备时间的情况下仍未能成功运作，不过同时也应该考虑到，敌人已经进行了长达数月高强度的空中封锁行动。我们将在第九章中再次讨论后勤问题。

本章注释

1. 在1944年—1945年的西北欧战场上，只有4.5%的受伤美军士兵最终死亡。这个数据大概包括那些在到达救助站之前就已经牺牲的士兵。Ellis, John, The Sharp End of War: The Fighting Man in World War II (Newton Abbot; David and Charles, 1980), p.169.

2. Operation Corporate – Post Operation Report of the 2nd Battalion, the Parachute Regiment. S15 [sic]. Undated. British Army Tactical Doctrine Retrieval Cell Index no 5825。其他资料表明，该营有39名成员受伤。

3. SOHB 75; SOHB 99不变。

4. 从国家层面上看，英国似乎采取了一种务实的最坏情况设想，假定在8天内会出现32000名伤亡人员。这一估计似乎是基于核生化条件下的战争设想，即两个各含15000名士兵的师在七天内持续作战。按照这一设想，战斗群每天可能会遭受大约20%到30%的伤亡率。Bricknell, Lt Col (now Lieutenant General) M.C.M., The Evolution of Casualty Evacuation In The British Army in the 20th Century (Part 3) – 1945 To Present [sic] (J Royal Army Corps 2003), 149, p.88.

5. 同上，第88页。

6. 我只从作战岗位上被撤离过一次。我非常感谢那晚的"山猫"直升机机组人员，他们把我从事故现场送到70千米外的医院，整个过程不到一个小时，而且那还是在深夜。幸运的是，5天后我重返岗位，没有留下任何长期的健康问题。

7. 详见第七章，

8. SOHB (99), pp.3-37-1.

9. SOHB (99), pp.3-37-4.

10. 'Ex Spearpoint' 76 Post Exercise Report, BM3 to 3573/16 GSD1, 26 January 1977, HQ I (BR) Corps, British Army Tactical Doctrine Retrieval Cell index 3371A, p.55.

11. Nash, Kevin M., Cost savings Associated with the LV 100-5 Tank Engine, Master's thesis, Monterey, California; US Naval Postgraduate School, 2002, p.55.

12. Ex Spearpoint '76 Post Exercise Report. BM3 to 3573/16 GSD1 dated 26 Jan 77. HQ I (BR) Corps. British Army Tactical Doctrine Retrieval Cell index 3371A. P59.

13. Dunstan, Simon, British Battle Tanks: Post-War Tanks 1946-2016 (London: Bloomsbury Publishing, 2016), p.63.

14. Mark Shelley，个人通信，见第五章注释8。

15. 我在1986年接受了装甲战斗车辆维修监督员的培训。

16. SOHB (99), pp.1-40-2.

17. Melody, The Infantry Rifle Squad, p.33.

18. 我在2001年于英国国防评估与研究局进行了这样的分析。

19. US 'Headquarters and Headquarters Company'; Bundeswehr 'Stabs- und Versorgungskompanie' ('staff and supply company'); British 'Headquarter Company'

20. Middeldorf, The Russian Campaign, p.113.

21. Middeldorf, Handbook of Tactics, p.130.

22. Middeldorf, The Russian Campaign, p.16.

23. Exercise Wide Horizon Directors Report, HQ 4 Div [sic] Encl 33 to 45526 G:SD, 14 November 4, British Army Tactical Doctrine Retrieval Cell Index 3240, PC-1-1.

24. 国王团第1营,柏林,1989年春。个人回忆。

25. 该事件发生在1986年初,第33装甲旅及女王兰开夏郡团第1营在"硬拳"演习期间。信息来源为当时担任第33旅首席参谋官,后晋升为中将的罗伯特·巴克斯特(Robert Baxter)的私人通讯,以及作者的个人回忆。巴克斯特当时是33装甲旅的参谋长。

第九章

战斗群、旅和师

第四章至第八章探讨了作战力量的主要组成部分：各兵种和后勤支援单位。这些章节概述了每个部分如何履行其职责。但它们是如何编成战斗群和编队的呢？第九章将着眼于合成兵种部队的结构。后续章节将进一步探讨这些部队在战争各个阶段的运作方式。

装甲或机械化师的序列十分关键。师是全兵种部队，作为一个单一实体进行组织和训练，以共同执行任务。[1]如果需要某个兵种加入全兵种团队中，那么它就应成为师的一部分。集团军大部分的作战力量都包含在其所属的师内。因此，我们将重点放在师的结构上，然后观察旅和战斗群是如何在师内部形成的。

好在有大量的客观数据可供使用。大多数师级作战序列现在都可以查阅到（但并不是在每种情况下的每个细节都能找到）。1945年—1989年期间，美国陆军考虑了12种不同的师结构，并陆续采用了其中的7种。英国装甲师先后进行了6次修改，西德国防军的师则进行了3次修改。因此，分析的第一条思路是尽可能详细地研究所有这些不同的结构，有时要考虑每一个人和每一辆车。

师级部队不仅仅是零部件的集合体。在某种尚未明了的方式下，一个师应当能够像手指触摸那样敏锐，也能像拳头出击那样有力。它还应能将整个身体的重量投入每一次出击之中，并根据需要发出一系列集中的打击。师级部队的力量和组织结构是如何影响其作战能力的呢？

法国军队在七年战争后发展出了师级制度。[2] 每个师都应能作为一个整体行军和战斗，这一理念在一定程度上被遗忘了。正如S.L.A.马歇尔早在1942年指出的那样，德国军队"之所以能迅速取得成功，很大程度上是依靠机动而非突击"。[3] 一个编队的整体机动性是其效能的重要组成部分。显然，师级部队应该是机动的，但要达到怎样的机动性，以及编制结构是如何影响机动性的呢？

这一理念不仅适用于师级部队，也适用于旅、战斗群和作战小组。在规划"陆军第4序列"时，西德国防军有意创建了规模更小、更机动的战斗群。[4] 这一点在兵棋中可以模仿并实现。随后战斗的结果表明，规模更小、更灵活的战斗群更为有效。

这一见解为我们提供了一些进行比较的思路。作为基准，我从基本原理出发，创建了一个候选的师级编制。我们可以利用这个编制来帮助我们理解冷战时期的合成兵种师。通过创建假定的兵棋编制，如"诺兰德"部队，便于我们与西德国防军或苏联军队的特性进行比较，探索编制的某些方面。

主要几个大国从第二次世界大战中得出明确有效的作战方式。他们的编制经过了6年的激烈战斗历练而发展成熟。对于战后的苏联、美国、英国、加拿大和法国军队而言，存在实际的师级编制。这些部队极具经验，经受过实战检验且久经沙场，成为后续发展的起点。参见表9-1。

多数师级部队拥有不超过200辆坦克，没有任何师级单位拥有达到3000辆车辆，且大多数兵力不超过15000人。苏联的军（包含50个以上的连及16个"一线"营）与西方师级部队（通常有6个或7个营，不超过24个连）之间存在明显差异。苏联师级单位实质上被设想为持续作战直至耗尽战斗力，之后再进行重建。

弗雷德里克·派尔将军是一名皇家装甲军团军官，也是两次世界大战期间装甲战思想的主要贡献者。1938年，他批评了拟议中的英国装甲师计划，因为该师的行军纵队长度将从伦敦延伸至约克，长达192英里（合302千米）。[11] 到了1942年，一个拥有3114辆车辆的美国装甲师，在以紧凑纵队行进时将占据82英里（合139千米）的道路长度，若在松散纵队时，则需4倍于此的距离。[12]

表 9-1：1944 年—1951 年间[10] 典型的装甲与机械化师

编队	坦克连	步兵连	全部的连	坦克和步兵营	中型和重型坦克	车辆	人员
苏联：坦克军	27	18	50	16	208	1830[5]	11788[6]
机械化军	21	33	54	16	176	2366[7]	16438[8]
西方：美国装甲师（1）	9	9	18	6	186	2653(2)	10937(2)
英国装甲师（3）	9	15	24	7	223[9]	2852	14964
西德国防军装甲师（4）	8	12	20	6	176	2934	13276

说明：
（1）同样适用于法国。
（2）美国装甲师通常还会配属反坦克营和防空营，以及两个军需卡车连，这样总车辆数会超过2800辆，人员总数达到约12000人。
（3）同样适用于加拿大、波兰和南非的装甲师。
（4）指的是1944年标准编制。

　　冯·曼施坦因和斯派德尔都认为，超过12000或13000人的师过于笨重。曼施坦因认为它们"非常难以操控"，并且它们的行军纵队需要太长时间才能集结完毕。[13]这是对灵活性的直接且可量化的衡量标准。斯派德尔和冯·曼施坦因认为，师级部队应该拥有的车辆不超过3000辆。（如果指挥体系也同样笨拙，那么单独拥有灵活的编队也没什么意义。显然，灵活性在这两方面都是必需的。）

　　这一问题需要对道路行军计算有一定的理解。现在，计算机电子表格使得道路行军计算变得简单。[14]我们现在可以快速地对各种编队进行"调整"，以观察它们在不同条件下的表现。我们将考察两种情况：单一路线上进行长途行军，以及在投入战斗前从集结区向前部署。我们将使用典型的北约参数：这个师有2650辆车，大小与战时的美军师大致相同。战斗部队，包括炮兵连、指挥所以及战斗群等，总计1035辆车；师级和旅级后勤辎重总计1615辆车。

　　在第一种情况下，该师需要行进90千米。首辆车将在3小时内到达。然而，整个车队长度为265千米。考虑到队列中合理的间隔时间[15]，最后一辆车还需14小时36分钟才能抵达。尝试在一个晚上将二战时期的装甲师移动90千米，你很快就会发现按照这种方式无法实现。你要么得使用更多道路（可能并不现实）；在白天行进（这将十分危险）；缩短时间间隔（这不可避免会导致交通堵塞）；或是缩小队列间的间隙（这样做同样会导致交通堵塞，并使队列更容易受到空袭）。

在第二种情况中，有四条可用路线，需要移动的距离是30千米，这将花费1个小时。师级工作人员特别希望将战斗部队迅速集中到集结区域，以便进行最后的准备。（后勤部队可以随后跟进并进入隐蔽位置。）全部1035辆"战斗"车辆需要72分钟才能到达。即使将间隔翻倍，也只需要92分钟。如果可用路线有四条，那么在一个晚上轻易就能完成；如果可用路线只有两条，则需要150分钟（即2.5小时）；其余以此类推。

接下来，再考虑一个拥有两倍车辆数的师（即5300辆）。第一辆车完成90千米公路行进仍然需要3个小时，完成30千米部署仍需1个小时。但现在，车队收尾则分别需要23小时27分钟（对长途行军而言）和2小时7分钟（从集结地域出发的情况）。即使有四条路线可用，向集结地域的移动也开始变得困难。对于师级单位而言，需要行进的距离通常是相对次要的考虑因素。"通过时间"（即所有车辆通过某一节点所需的时间）才是一个大得多的问题。一位冷战时期的指挥官曾说，他的旅的通过时间是他需要了解的最重要的事情。[16]

就规模而言，西方指挥官认为每个师拥有6~7个战斗群是合适的（见表9-1）。实际上，所有德军师都被缩减到了6个步兵营。[17]据一位德军将领所述，师长无法有效指挥超过6个营的兵力。[18]英军、美军以及德军都故意缩减了其早年装甲师的规模。[19]古德里安虽然对此提出了批评[20]，但假如我们向他提出一个问题：更倾向于两个师各有300辆坦克，还是三个师各有200辆？显然，他会选择后者。每个师有200辆坦克是足够的。整个编队的战斗力不仅取决于坦克的数量，还取决于其他元素，如炮兵、步兵、工兵等的配合。

1974年，在一次大规模的野外训练演习中，西德国防军发现其战斗群规模过大。[21]因此，它明确地重新设计了其旅的结构，以拥有更多、规模更小的战斗群，尽管这样做会增加额外的开销。[22]在陆军第4序列下，战斗群被设计为每个群包含3个作战分队。基于20世纪70年代"宽视野"（Wide Horizon）野外试验的英国陆军重组计划认为，战斗群指挥官能够指挥4个作战分队。然而，该计划似乎没有考虑到这对战斗群灵活性的影响。[23] 模拟演练也表明了同样的问题：战斗群很容易变得难以操控。因此，拥有更多、规模较小的战斗群（通常每个战斗群含3个作战分队）更为可取。一旦部署，一个战斗群可能轻易就包含200个或更多单独的单位，如一辆装甲战斗车辆、一件反坦克导弹发射器、一个步兵班或其他类似的单个单元。

包含6个由3支作战分队组成的战斗群，每个师至少需要18个连。这可能规模过小（见下文），拿不出足够的预备队。德军的解决方案是基于下辖两个营的团，建立三个"战斗群"。如果这三个战斗群都投入了战斗，就像诺曼底战役中经常发生的那样，则可以以反坦克营或侦察营为基干构建第七个战斗群，即成为师预备队。而美国战时的师仅有6个营共18个连，无法做到这一点。英军师编制7个营共24个连，可能又太大了（见上文表9-1）。

西方师级部队的坦克与步兵比例（以连为单位）通常为1：1，或步兵略高。到1944年，坦克密集型师团实际上已从西方军队中消失。简而言之，如果一个师部署2个旅，即4个战斗群进行前线防御，所有这些战斗群都挖掘阵地，每个战斗群前置2个步兵连，那么总共需要8个步兵连。还需要在预备队战斗群中配置一定数量的步兵，以及用于轮换的步兵。美军师的9个步兵连太少。[24] 而英军师的15个步兵连往往使得整体规模偏大。德军师的12个步兵连可能较为适宜。

如果有12个步兵连，且坦克与步兵的比例为1：1或略低，意味着可能需要8~12个坦克连。因此总共约有20~24个连。据此可以迅速构建一个"理想"的北约装甲师架构。该师将包括一个炮兵团及侦察营、直升机营、工兵营、防空营、通信营、补给营、医疗营、维修营，以及一个宪兵营。

表9-1中的所有部队编制车辆总数都不超过3000辆。为何北约师级单位不设置得更大，从而更加强大呢？主要原因是较大的部队编成移动速度较慢，较为笨拙，不易机动。这里并没有一个固定的理想数字，在合理范围内，多几百辆车并非关键问题。但数量积累起来就会对整体造成影响。我们将在后续内容中更深入地探讨这一点。

另一个原因是兵力分配。简单来说，较大的师往往会将预备队放置在错误的位置。大规模的预备队通常保留在师级层面，而这里是最少会使用它们的地方。因此，它们实际上并没有带来"更强大"。但矛盾的是，如果大型的师不保留大规模的预备队，那么预备队又将面临力量不足的问题。为了说明这一点，我们可以设想两个师：一个拥有7个战斗群，另一个拥有12个。请参考图9-2。

较小的师可能会将4个战斗群部署在前线，2个作为旅级预备队，1个作为师级预备队。这意味着前线部署占57%，旅级预备队占28%，师级预备队占14%。而较大的师可能会将6个战斗群部署在前线，另有2个作为旅级预备队，4个作为师级预备队，即分别为50%、17%和33%。这意味着师级预备队中的兵力超过两倍。这正是西德国防军的师可能会采取的做法。

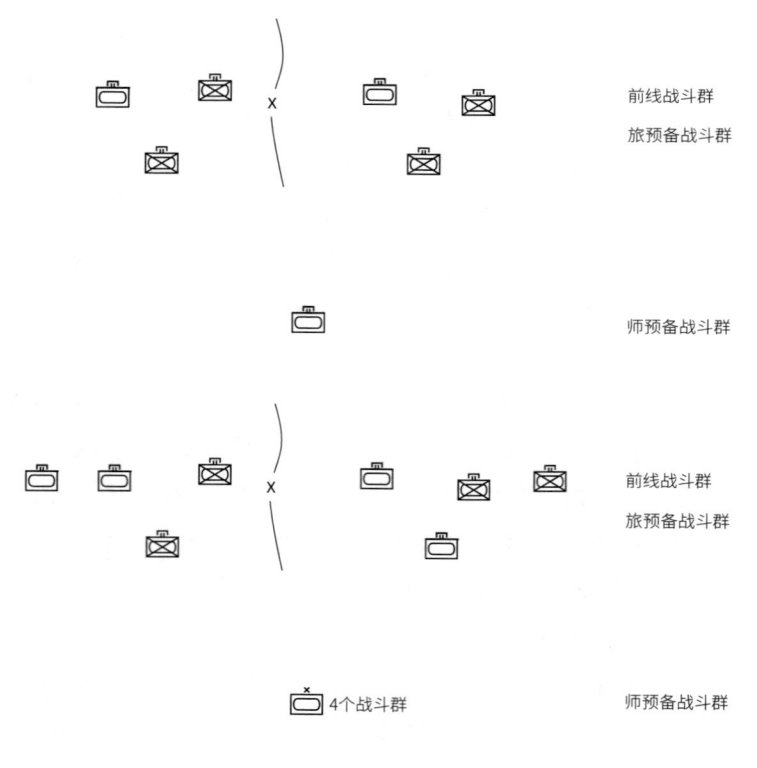

图 9-2：两种不同的师的配置

如果它只在前线部署4个战斗群，那么它所投入的兵力并不比那个较小的师更多，这显然是资源的不当利用。如果减少预备旅的兵力，前方的旅将变得过大，这不禁让人质疑为何还要设置第三个旅。如果将所有3个旅都部署到前线，那它很可能在师级层面又缺乏足够的预备队。诸如此类的问题不断出现。

看待大型的师划分问题的另一种方式是延伸"以手指感知，以拳头出击"的比喻。拳击手力求将全身重量集中在出拳上。如果一个师保留了太多兵力作为预备队，它就无法做到这一点。从行军序列中调动预备战斗群需要太长时间，即使有四条道路，也可能需要2～3个小时。这就像一个只能缓慢出拳的拳击手。

物理学中的一个类比也能说明这一点。一个运动物体所赋予的能量——其动能（KE）——由以下表达式给出：

$$KE = \frac{1}{2}mv^2$$

其中"m"是物体的质量，"v"是它的速度。动能与质量成正比，但也与速度的平方成正比。在道路交通事故中，所造成的损害取决于传递的动能（给另一辆车、行人等）。汽车质量翻倍，撞击力也翻倍。然而，将车速提高翻倍则会使撞击力增为4倍。因此，速度的影响比质量更大。

现在，如果你将各个师的相对动能与连的数量（视作"m"）及其部署或移动的速度（视作"v"）进行比较，那么拥有21个连的师相比拥有40至45个连的师，其动能要高出48%至54%。规模较小的军团虽然质量较低，但速度更快，而速度更为关键。核心问题是，随着师规模的扩大，它们的行动相应地会变得更迟缓。

这只是一个类比，并不应直接进行字面理解或过度引申。[25] 这一类比仅适用于那些能在第一波攻势中投入2个旅，即4个战斗群和8个连的师。如前所述，下辖21～36个（甚至48个）连的师能够做到这一点。

这一讨论并没有确凿的证据，逻辑也并非严密无懈。不过，斯派德尔和冯·曼施坦因的观点很明确。经过6年战争及指挥了数十个装甲或机械化军团（分别包括20个美国、3个法国、6个英国、1个波兰和1个南非师；67个德军师[26]），基于丰富的实战经验和理性分析，结论已相当清晰。理想的北约师配置应为：2个旅、6～7个战斗群、18～24个连队、人数不超过13000人，且车辆总数肯定少于3000辆。

我利用电子表格创建了一个候选的师的模型。我的出发点是班的步兵数量、炮兵连的火炮数量等，然后逐级向上推算。该编制中的每一个岗位和每一辆车都能得到合理解释。我依据实际编制表中的最佳实践做出假设，并通过与实际部队的情况进行交叉核对进行验证。结果令人惊讶，完全有可能建立一个8780人和2650辆车的20世纪80年代北约师。我将这一编制命名为"拜弗利特"师，以纪念位于萨里郡的前国防作战分析中心（DOAC）。我的朋友兼同事威廉·欧文独立地创建了一个类似的结构，而且细节更加丰富。[27]

构建完该编制后，我通过与其他实例对比进行了验证。总的来说，1986年的一个美国装甲师能编成两个"拜弗利特"师。仔细研究后发现，我在后勤人员配置上高估了31%，宪兵数量上高估了22%，而在工兵和防空人员数量上分别低估了13%和16%。不过，考虑坦克数量的差异，"拜弗利特"坦克营的规模与美国坦克营的规模相差仅2%。总体来看，师人力总数的误差在4%以内，也就是说，这两个师之间总共有164个岗位的误差。

在同等比较西德坦克营时，结果也显示误差在4%以内。英国"宽视野"试验提出旅指挥部需88个岗位，后来发现这并不够。"拜弗利特"模式则建议设置118个岗位。三个独立运作、自带后勤的西德反坦克连所提供的反坦克导弹数量与"拜弗利特"师属反坦克营相同，车辆总数仅相差1辆。1956年，冯·曼施坦因建议一个师属侦察营应有450人；而"拜弗利特"编制设定为431人（差异为4.5%）。诸如此类。

因此，"拜弗利特"模型似乎颇为精确，但规模略显弱小。尽管它拥有7个前线营和21个连，坦克数量却只有104辆。我找出了几个可能的修订方向。其中之一是将坦克力量增至12个连，共168辆坦克。有些可能的改动实际上会减小师的规模，例如，可以大幅度减少补给营中的卡车数量，并重新分配一部分驾驶员作为仓库管理人员（见第八章），这样又可以节约很多。总的来说，将整体规模增加5%以上是极不合适的，这样一个师不需要超过3000辆车或10000人。

10000人的规模明显少于表9-1中第二次世界大战时期的师。这部分是因为显而易见的人力效率提升，其中包括使用叉车卸载炮兵弹药，或是坦克班组由5人缩减至4人等因素。

我们现在对理想的师的编制有了一定的认识。但实际情况并非如此。为何冷战时期的师的编制会有如此大的差异呢？冷战后期，苏军师的编制演变是最容易理解的。二战时的苏联坦克军由3个坦克旅、1个机械化步兵旅及若干炮兵营组成。冷战时进行了重组并稍加扩展，最终形成一个包含3个坦克团、1个摩托化步兵团和1个炮兵团的坦克师。其总规模并没有变大很多，大约维持在11000至12000人左右。[28] 然而，更多的装备被投入其中，比如坦克数量就从208辆增加到了328辆。[29]

机械化军也经历了非常相似的变化，它们演变成了摩托化步兵师，实际上规模缩减到了约13000人。[30] 后勤服务依然维持在较小规模。1945年时，坦克军的后勤单位总计仅298人，这还不到西方一个医疗营规模的一半，更不用说补给和维修部队了。到了20世纪80年代，苏联坦克师的后勤部队人数增加到了约1000人。车辆数量也随之逐渐上升：从1944年的1836～2366辆，增长到1970年的2300～2400辆[31]，到了20世纪80年代末，这一数字大约达到了3500辆。[32]

西德曾宣布将在新建的联邦国防军中编配12个师，而当时尚未详细规划这些师如何运作或如何构建。冯·曼施坦因在评论最初提案时，建议每个师内部设立3个"小型师"。这些小型师将拥有4个前线营中的16个连、2个炮兵营，约7500人，以及具备师的内部结构。[33] 不过，曼施坦因的提议并未被采纳。西德国防军花了数年时间才达到满员状态。18年间经历三次重组过后，西德国防军决定需要更多更小的战斗群。然而，这些改变（在陆军第4序列中）仍是在保持12个大型的师不变的基础上进行的，每个师最多仍下辖45个前线连。

第二次世界大战结束时，美军认识到其18个连的装甲师规模过小。他们首先增加了重型坦克营以对抗苏联的重型坦克。随后，为了平衡编制结构，又加入了1个步兵营，这样装甲师拥有了8个营。同时，步兵师中也增加了1个坦克营，形成了10个营的编制。一些师通过替换3个步兵营为坦克营并配备装甲运兵车的方式实现了"机械化"。由此，装甲师发展成了拥有6个坦克营和4个步兵营，而机械化师则拥有5个坦克营和5个步兵营。营级单位增设了第四个连，导致师级单位膨胀为拥有10个营和40个连的庞大规模。到1982年，每个师的兵力超过了19000人。[34]装甲师装备了324辆坦克，而机械化师则有270辆。[35]

战后的法国师规模也大幅扩大。然而，到了1977年，他们回归到了接近美国战时模式的编制。当时的6个装甲师通常拥有6个战斗群，21个连，编内有10366名士兵、191辆坦克和2817辆各型车辆（其中有2个师的编制略有不同）。[36]显然，法国人相信小型、更灵活的装甲部队能发挥更大的作用。

显然，英国人也有类似的想法。20世纪70年代的"宽视野"试验试图取消师以下的旅级指挥层，但最终未能成功。与此前美国的"五角形"师级编制一样，这一尝试由于多种原因遭遇失败，其中包括试图让师直接管理超过5个单位。师级实际上无法直接控制5个战斗群（每个战斗群含4个或5个特遣队），并且如此庞大的战斗群指挥起来极为不便。到1980年，英国恢复了下辖2个旅的师，每个师拥有7～8个战斗群。

"宽视野"演习的试验主任是时任少将奈杰尔·贝格纳尔，他后来指挥了英国第1军，并最终成为北约北方集团军司令。随着他的晋升，他实施了我当时认为是"携带预备队前进"的策略。1982年，1个师被拆分，以便其余3个师各自拥有1个预备旅。到他成为集团军司令时，师、军单位及北约北部集团军都拥有了大量专门的预备队。代价则是低层级单位失去了预备队。正如我们之前所见，高层级的预备队往往只有高级指挥官才能动用。

贝格纳尔是冷战时期第一位没有参加过第二次世界大战的英国师级指挥官。在各级均保留预备队的理念值得赞扬，这亦是英国国防原则之一。然而，贝格纳尔可能对战时装甲师的灵活性缺乏直观感受。公平地说，那些师可能更多是出于保守主义或资源匮乏而延续到了20世纪80年代，而非贝格纳尔的前任们基于某种概念而有意为之。到1987年，英国第1军拥有3个装甲师，每个师有3个旅，约30个前线连。

简单来说：美国、德国师的规模是其战时前身的两倍；军官们普遍没有意识到这一点，也不理解其重要性。英、美、德的师已成为恐龙般的存在：

庞大、笨重、行动迟缓、反应迟钝。它们甚至拖着长长的"尾巴"——后勤单位、支援部队规模超过18000人。相比之下，英国师虽不如另外两国的庞大和笨拙，但仍面临相似的问题。

西德国防军在未改变师级架构的前提下，通过创建更多、更敏捷的战斗群来进行补偿。到了20世纪60年代中期，英国师的车辆数已悄然增加到3209辆。美国师则达到了约3800辆。到1991年，一个英国师拥有的车辆数约为5100辆，而美国和西德国防军的师则拥有更多。

通过将"拜弗利特"师与真实冷战时期的师进行详细的数字比较，我们可以获得一些有益的见解。首先，通过广泛对比，我们可以区分编制大小与人员超编缺编之间的区别。例如，苏联师级单位通常规模较大（拥有众多连队和营），但仍然缺编。他们有足够的人员来操作战斗装备，但不足以支撑这些装备的有效运行和维护。

其次，在20世纪80年代，西方某些部队存在一定程度的超编现象，同时也存在缺编问题。例如，美国医疗营的规模与1945年时相同，但其所服务的部队人数（依赖度）已经大幅增加。令人意外的是，超编问题并不突出。整体上后勤人员数量的增长也不是主要问题。从依赖度（即后勤人员数量相对于前线连队数量或火炮数量的比例；或每辆坦克和装甲运兵车的维护人员数量）来看，这一比例基本没有恶化，甚至在某些情况下还有所改善。例如，美军部队的人力效率就略有提升，用于通信的人力虽有所增加，但通常每个师仅增加几百人。

造成师规模扩大的最主要驱动力其实是持续增大的规模本身。原本由18~20个连组成的师，变成了拥有40个，甚至是45个连的师。总体而言，只要对前线连队数量进行校正，20世纪80年代末期的英美师级单位与"拜弗利特"师在规模上大致相当。（例如，取一个拥有40个连的美军师，将其人力和车辆总数除以2，得出的结果将与一个拥有21个连的"拜弗利特"师颇为相似。）1945年—1990年间，人力和车辆数量确实有一定增长，但增长的关键因素在于组建更大规模师的愿望。如前所述，这种做法是有误导性的。

显著的例外在于西德国防军师级单位的后勤配置。与美国、英国的同代部队以及其前身国防军相比，西德国防军的师拥有大量的医护人员、补给人员和维修人员。无论是在实际人数方面，还是相对于坦克、火炮数量或可能伤亡人数的比例上，都是如此。对此，并没有明显的单一的原因可以解释。除了后勤部队，西德国防军在人员配置水平上与其他北约国家军队相比也非常占优。

如果一个大型北约师的打击力量比一个较小的"拜弗利特"师低48%～54%（如前所述），那么将这些北约师拆分成更小单位应是合乎逻辑的。这样做，可以在成本大致不变的情况下提高作战效能。

那么，何谓"敏捷性"？美国陆军期望一个师能够在经过15～18小时的准备后实施有计划的攻击；[37]而一个旅则大约需要9～10小时。[38]对于英国军队而言，这个时间还算相当正常，但以第二次世界大战的标准来看略显缓慢。然而，如果现在一个师通过某个点（从而进入集结区域）所需的时间翻倍，那么完成这一过程将会越来越困难。西德国防军可能认为这些时间标准已经过高，但他们却拥有更大的师。

旅以下交换坦克连或步兵连的情况较为罕见，更常见的是整个营的调动。而工兵连或防空连可能会单独进行重新编组。因此，旅内部并不那么灵活。在陆军第4序列中，西德国防军的旅通常下辖4个营，总共8个坦克连和4个步兵连，或反之。这意味着坦克旅的最优配置为4个战斗群，每个战斗群包含2个坦克连和1个步兵连。英国旅，尤其美国旅，在组织结构上具有更高的灵活性，这主要是因为坦克与步兵（指连与排）的比例更接近于1∶1。苏联部队的编制通常在连、营和团的配属上固定为三三制。

当美军的营扩张到有4个连时，其战斗群变得难以操控。类似情况也适用于战斗群内的小队配置。例如，西德国防军机械化步兵连仅有11辆装甲战斗车辆，而英军连有14辆。两者都需要间接火力控制员及其座车，同时也可能通过交叉编组的方式增加1个坦克排，但相应减少1个步兵排。此外，英军连队几乎必定会配备1个反坦克小组（通常由3辆装甲运兵车组成），有时甚至会有2个。鉴于西德国防军的车辆在速度上也占有优势，其战斗小组通过某一地点所需的时间可能仅为英美战斗小组所需时间的一半，行动自然更为迅速。战斗群通常还包括迫击炮、工兵和防空等其他组成部分。但在实践中，基于3个小型战斗小队构建的西德国防军战斗群，其规模可能只有基于4个战斗小队的英美战斗群的一半，但机动性却是其两倍。类比师级单位的情况，其战斗力可能同样强大，甚至更强。模拟演练的观察结果也支持了这一点。

一个西德国防军战斗群在路上展开时大约占据5千米的空间。当其密集部署时，其纵队从前到后仅占用1300米（以2个连在前，连队采取双列队形）。[39] 模拟演练表明，这样的战斗群规模相当小，可能反映了西德国防军的典型配置。而20世纪70年代或80年代的英军战斗群至少需要排10千米的空间。[40]

混合编组因何成为作战部队的标准配置？这主要归结为三个原因。首先，这是在推进过程中发现敌人的最佳方式。作战小队可能需要在开阔地带和近战环境中频繁切换，让坦克和步兵交替领头。其次，这也是最有效的防守策略。作战小队负责的区域很少有能够容纳整个坦克连或步兵连的。即便边界之内可以容纳，最底层的防御必须是全兵种的。战斗群的预备作战小队也应包含坦克和步兵混编。因此，在防守时各连之间的跨编制配属是常态。第三，这通常是进攻的最佳方式。实际上，人们很少能在组织严密的连级和营级阵地直接发现敌人。总的来说，坦克与步兵的低层级混合配置非常适合战斗群在实际任务中可能遇到的各种情况。经验证明，只要能迅速重新组织，这是划分战斗群的最佳方式。

在旅内部重组战斗群，以及在战斗群内部调整作战小队，是一种常见的做法。[41] 这样做可能是为了让受损的连队恢复实力，或是根据需要从坦克密集型转变为步兵密集型。这也是为什么在一个师中，某些团会有4个（而不是3个）连的原因之一。个人在大型军事演习中的经验表明，连级单位可能每天都会在不同的战斗群间重新组合；而排级单位则可能每小时都会根据需要在不同的作战小队间调动。

一些实例可以说明更小型、更敏捷的师的概念。比如，20世纪80年代，美国在西德的第5集团军所拥有的兵力，就很容易组建成4个"拜弗利特"或其他类似编制的师，而非2.33个美军标准师。第5集团军其他的兵力通过"重返德国"（即"快速反应"军事演习）抵达后，也很容易构成第五个"拜弗利特"师。这样一个由5个装甲师组成的集团军，实力超过巴顿将军指挥的部队，将会是焕然一新的军事力量。特别是，如果这些部队能秉承1944年—1945年间的精神来指挥的话，这一差异将更加显著。

显然，英国第1军也能够轻松地组建4个规模较小的师。1982年以前，它一直是这样配置的。图9-3展示了第1军如何部署这4个师。

然而，最大的变化本应发生在西德国防军身上。它拥有6个装甲师、4个装甲掷弹兵师、1个空降师和1个山地师。这10个装甲或机械化师理论上可以重组为大约20个"拜弗利特"师。那么，是否可以设想建立6个军，每个军下辖3个师？还是5个军，每个军包含4个师？西德的决策者们真应该更加重视斯派德尔和冯·曼施坦因的建议。

重要的是，这里并非是说"拜弗利特"师在各方面都能与冷战时期北约的"庞然大物"师相匹敌，哪怕在许多方面它确实可以做到。毫无疑问，"拜弗利特"师会更加灵活，而这方面的优势一直以来都被严重忽视了。核心论点在于前面三段所述内容，即如果在合理范围内，将"庞然大物"式的师改编成更多、更小的师，其作战效能会得到显著提升。法国人似乎已经理解了这一点。

相比之下，苏联的师实质上是"一次性武器"。这或许符合华约的战略需求，但很可能导致不必要的高伤亡率（尤其在他们既无法有效救治也无法及时撤离伤员的情况下）。而对于北约来说，这种方式并不适宜。

西方师的规模，过去乃至现在，通常并非由客观评估的最优方案来决定，而是经常受到既得利益[42]、政治决策（关于师的数量）以及军事决策者试图投入多少兵力的综合影响。在贝格纳尔重组案例中，这是为了满足特定需求而对现有部队进行重组的结果。该需求是要在师及以上级别拥有可观的预备力量。为此付出的代价则是前沿战区的旅级单位几乎没有任何预备队。西德国防军不得不接受其前沿战区战斗群几乎没有任何预备队的现实。这一切本可以截然不同。参与过第二次世界大战的指挥官们对此有着更深的理解，尽管他们中很少有人明确阐述这是怎样或为何发生的。

在结束讨论前，我们应该谨慎地指出一点：有评论家或许会认为，较大的部队编成是必要的，因为它们更具韧性。这是无稽之谈。

事实上，任何部队只要后勤保障充分，都可以具备韧性。1944年诺曼底

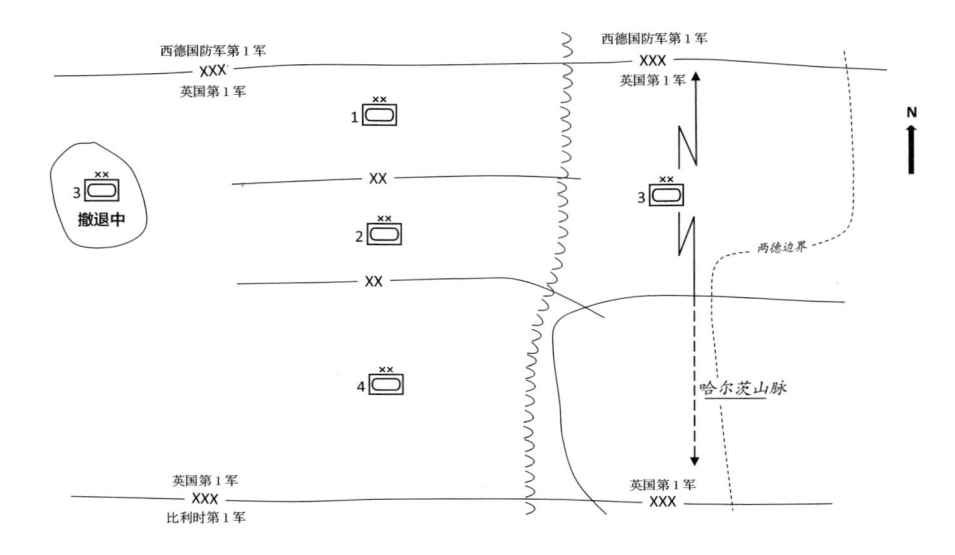

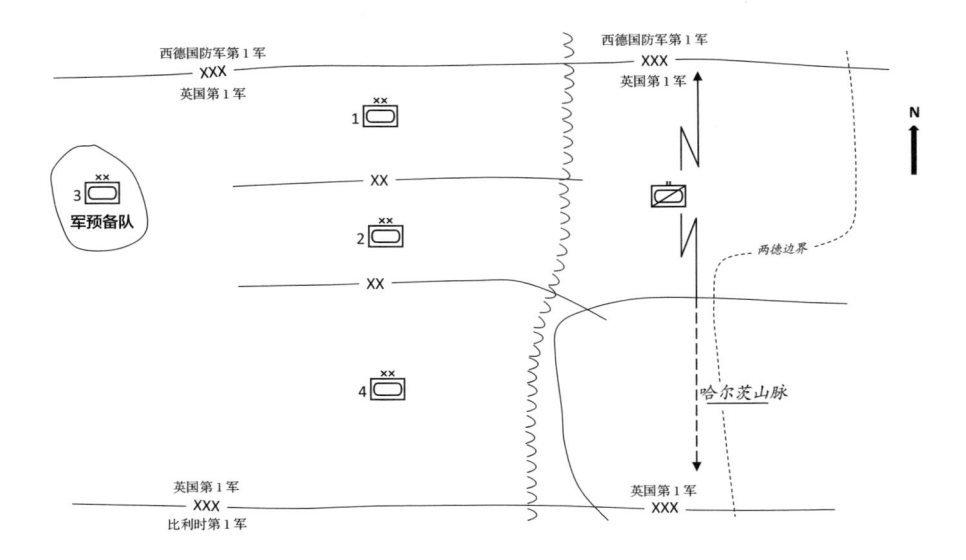

图 9-3：英国第 1 军在配置 4 个"拜弗利特"师的情况下的可能部署情况

战役期间，为执行"古德伍德"行动，3个规模相对较小的英军装甲师在布尔热布斯岭（Bourgebus Ridge）遭到重创。第一天就损失了197辆坦克，相当于一个整师的坦克实力。然而，所有受损坦克及伤亡乘员都在一夜之间通过预备队得到了补充。如果没有良好的后勤保障，规模较大的师也只能靠损耗自身实力来保持韧性，小型师也同样如此，苏联师的设计正是基于这一逻辑。后勤不足不应成为维持低效的大规模部队的借口。装甲部队的最佳设计应该是规模较小的师，辅以高效的后勤支持。

最后，让我们引用赫尔曼·巴尔克将军的话作为结语。巴尔克在一战期间全程担任步兵军官，荣获一级铁十字勋章，并七次负伤。二战期间，他在古德里安麾下于色当指挥了一支摩托化步兵团，短暂担任过装甲部队总监。随后，他在东线指挥了一个装甲师，在萨勒诺对抗马克·克拉克将军的部队时指挥了一个军，随后在东线指挥了一个集团军，并在西线和匈牙利都指挥过集团军群。有同事称他可能是国防军中最杰出的野战指挥官。[43]

巴尔克将军认为，缩小装甲师的规模将会"增加机动性和灵活性"。他指出：

我更偏好的师的编制大约包含4个步兵营……一个由3个营组成的坦克团，以及1个反坦克炮营。这样的配置非常理想，且易于领导。

这样一个师可能拥有约10000人。[44]

本章注释

1. Middeldorf, The Russian Campaign, p.38.

2. Strachan, Hew. European Armies and the Conduct of War (London; George Allen and Unwin, 1983), p.34.

3. Marshall, S L A. Armies on Wheels (London; Faber and Faber, 1942), p.116.

4. Colonel Dirk Brodersen，个人通信。

5. Porter, David. Soviet Tank Units 1939-45 (London; Amber Books Ltd, 2009), p.141. 以及Ellis, John. The World War II Databook (London; Aurum Press Ltd, 1993), pp.223.

6. Porter loc cit.

7. Porter and Ellis locs cit.

8. Porter loc cit.

9. Ellis 前引第246条注释。然而，这一数据反映了每个师配备四个坦克营，每营拥有61辆中型坦克的情况，而这一配置仅在1945年5月采用。更典型的编制是每个师拥有三个坦克营，此外装甲侦察营中配备40辆中型坦克，这样每个师总计拥有223辆中型坦克。

10. Ellis前引，Section 4，除了特别指出的情况外。

11. Pile, General Sir Frederick. Ack-Ack: Britain's Defence Against Air Attack During the Second World War. (London: George Harrap & Co. Ltd, 1949), p.63.

12. 紧凑纵队允许车辆间距47码。FM 17 (42) Employment of Armored Divisions (The Armored Division), p.14.

13. Von Manstein, Rüdiger and Fuchs, Theodor, Grundsätzliche Gedanken zu dem Organisationsplan Heer, Munich; 1955. In Soldat im 20. Jahrhundert (Munich 1981), pp.389-408. Translated by Ghislaine Fluck.

14. 当时，这些计算是通过手工流水运算产生的，非常容易出错。

15. SOHB (89), pp.3-14-1.

16. Lieutenant General Sir John Kiszely, 个人通信。

17. Nafziger, George F., The German Order of Battle [...] in World War II, 3 vols. (London: Greenhill Books, 1999), Passim.

18. Attributed to Wagener, Major General Karl. Command and Control in the Wehrmacht. British Army Staff College unsigned paper dated 11 July 1985. British Army Tactical Doctrine Retrieval Cell Index No 7231. P1.

19. Middeldorf, The Russian Campaign, p.35.

20. Guderian, Panzer Leader, p.139.

21. Böhm, Walter. Panzerkampf im Kalten Krieg (Erlangen; Verlag Jochen Vollert, 2010), p.9.

22. Colonel Dirk Brodersen, 个人通信。

23. Exercise Wide Horizon Directors Report, HQ 4 Div [sic] Encl 33 to 45526 G:SD, 14 November 4. British Army Tactical Doctrine Retrieval Cell Index 3240, p. B-2.

24. Advisory Panel on Armour, Vol. II, Tab 1, Annex B, Para 10.

25. 极端情况下，如果一个师只包含一个连，按照之前的类比法其冲击力似乎是有36个连的师的36倍，但这显然是不正确的。

26. Ellis前引，pp.129-30. 德军数据是指所有组建的装甲和机械化师的总数；并不是指前线部队的实力。

27. The 'Monash' division. William Owen，个人通信。

28. Isby, Weapons and Tactics, p.122.

29. 减少了坦克乘员，每辆坦克的乘员数量从五人减少到了三人。

30. Isby, Weapons and Tactics, p.163.

31. The Soviet Motor Rifle Division and Tank Division: Organization, Size and Logistic Capability, Central Intelligence Agency, Directorate of Intelligence, November 1970, pp.5, 11.

32. Isby前引，第122页。

33. Manstein and Fuchs前引，见上述第13条注释。

34. Romjue, John L., The Army of Excellence: The Development of the 1980s Army (Fort Monroe, Virginia: Office of the Command Historian, TRADOC, 1997), p.171.

35. FM 71-100 (79), p3-8.

36. Delporte, David, Entre réalité et prospective: L'armée de terre Française en Janvier 1989 <http://armee-francaise-1989.wifeo.com/> accessed 1616hrs GMT 23 December 2019.

37. FM 71-100 (79) Armored and Mechanized Divisions Operations, Annex B, pp.167ff.

38. FM 71-2 (77) The Tank and Mechanized Infantry Battalion Task Force, pp.4-25ff.

39. Middeldorf, The Russian Campaign, p.51.

40. The Infantry Battalion (1975) Part 2, para 230.

41. FM 71-2 (77), pp.3-8.

42. Leonard, Barry (ed.), 60 years of Reorganizing for Combat: A Historical Trend Analysis (Fort Leavenworth, Kansas: Combat Studies Institute, US Army Command and General Staff College, 2000), p.60ff.

43. Von Mellenthin, Major General F.W., Panzer Battles: A Study of the Employment of Armour in the Second World War (London: Futura Publications Ltd, 1979), p.304.

44. Translation of Taped Conversation with General Hermann Balck, 12 January 1979 and brief Biographical Sketch, Columbus, Ohio; Battelle Columbus Laboratories, Tactical Technology Center, 1979, p.37.

第三部分

战术

第十章

防御战术：延迟、防御和撤退

北约的作战目标是保卫西德，自然而然地，其战略重点放在了防御作战上。苏联军队也可能根据战略需要或形势所迫，不时采取防御行动。然而，根据英美两国的军事学说及作战指令，相比于西德国防军，这两个国家的军队对于防御作战的理解似乎不够清晰和透彻。

北约的防御作战旨在阻止华约的攻势，保卫西德领土，同时争取时间——无论是用于外交谈判、等待增援到来，还是等待核武器使用授权。既然如此，在威悉河和莱希河前方的防御行动，目标是彻底阻挡还是仅仅延迟敌军的推进呢？指挥官在富尔达河沿线或萨尔茨吉特运河支流指挥防御，他的预判是基于从那儿可以有效迟滞对手，还是可以完全挡住华约军队？

广义上讲，防御侧重于守住地面，而迟滞则侧重于争取时间。[1]迟滞与防御的很多技术手段是相似的，其主要区别在于防御结束后，是否应继续保有阵地。因此，通过在迟滞、防御和反击之间转换，可以使敌方产生混淆，难以判断我方防御行动的真实目的和形式。[2]西德国防军认为，这种灵活性是必要的。

西方军事学说通常将"机动防御"定义为迟滞与反击的结合体，而"阵地防御"则主要涉及固守和阻滞。[3,4]第二次世界大战期间，德国与英国的军事学说都认识到，防御作战中，首要的是火力运用。火力应用于摧毁、压制和使之瘫痪，用以阻止和迟滞敌军前进。选择阵地时主要考量的是怎样方便提供间接火力观测、坦克和反坦克武器的射击视野，以及为步兵防御阵地提供保护，免受敌方火力威胁。[5]

北约编队级别的防御通常由掩护部队防区和主防区组成。主防区前方可能包括一个位于前沿阵地之前的警戒区。然而，各国军队对于这些组成部分的用途和设计存在显著差异。

在20世纪80年代初，英美的编队可能会包括一支掩护部队、一个坚固的主防区，以及预备队，以便在必要时发起封锁或反击，以保持或重建一个完整的前沿战区。相比之下，西德国防军编队可能会在其大部分防区进行迟滞作战，以便为发起反击创造条件。到了20世纪80年代末，英美指挥官似乎意识到，最初的前沿战区被突破几乎是不可避免的。一旦发生这种情况，他们计划在纵深进行迟滞，然后根据事先大体规划好的方案，实施高级别的反击行动。这一策略变化体现了对战场现实的适应，以及对防御战术灵活性的进一步认识。

简单来说，防御作战的核心在于阻止敌军的进攻：无论何时何地都是如此。美国的最高军事原则明确指出，防御的首要目的是使敌人的进攻失败。[6]无论出于战术、战役还是战略层面的考虑，北约都必须阻止苏联部队的推进。在战斗群层面，当必要时，阻止敌军的任务主要落在步兵和反坦克部队肩上。工兵通过设置障碍延缓敌军前进，以便有效阻止其进攻。破坏敌军攻势的任务则落在炮兵身上，这要求实施大规模的反炮兵作战，确保防御一方的炮兵能够持续发挥作用。反攻行动主要由坦克和装甲战斗群执行。

即将讨论的内容说明，防止敌军侦察到主防区是北约防御作战中的关键步骤。如果主防区的具体位置和细节被识别，它将遭受炮轰或空中打击的削弱。防止主防区被详细侦察是掩护部队、战斗群警戒力量或两者共同承担的重要任务。[7]更广泛地说，挫败敌军的侦察活动与制造突然性有关，它降低了进攻者的突袭能力，同时增强了防御者对进攻者实施突袭的可能性。

在下文中，我们将逐步介绍防御作战的传统序列：迟滞、防御、撤退。在考察防御措施时，我们将探讨其概念、计划制定以及具体实施方式。

掩护部队的作战主要以迟滞为目的[8]，但并非所有迟滞行动都发生在掩护部队防区内。西德国防军计划使用全兵种的旅乃至师执行大规模的迟滞作战任务。美国陆军通常会选择装甲骑兵部队来执行这一任务，他们大体上属于多兵种编制，但实际上并不包含步兵。英国的装甲侦察营虽然配备了一些可下车作战的士兵，但没有坦克。

西德国防军从莫斯科撤退至柏林，从阿拉曼撤退至突尼斯，从列宁格勒（今俄罗斯圣彼得堡）穿过芬兰北部直至挪威边境，又从诺曼底撤退至易北河。无怪乎关于迟滞战术的最佳叙述出自米德尔多夫的著作。这些战术技巧需要进行一些调整后才能适用于全机械化部队，调整之后，可以发现美军和英军的战术大致相似。

西德国防军在迟滞作战中采用了三种通用战术：机动迟滞战斗；有限时间的防御；以及对有限目标的攻击。[9] 第一种适合侦察部队和坦克部队；第二种（"紧急防御"）适用于反坦克武器和步兵（一般情况下）；第三种可理解为"局部反击"。西德国防军认为应当频繁地在这几种战术之间转换。迟滞行动应集中在少数关键地点（如狭窄通道或渡口）上，并在其他地方只部署弱小兵力。[10] 迟滞行动的目标应从时间和地点两个维度来考虑。[11]

迟滞区域不应过宽，以免无法组织起有效的抵抗。[12] 例如，1986年在"法兰克盾"演习中，一个西德国防军装甲战斗群在约7.5千米的正面进行了迟滞作战。[13] 迟滞部队应力求在主要路线和关键地形上阻止敌人，并通过反复的小规模交战来达成迟滞目的。这并不排除在重要地形上或其前方开展战斗，特别是在有强大炮兵支援时。[14]

在连续防御阵地之间的机动迟滞作战能够使其他部队干净利落地脱离接触并撤退，同时识别敌人的进攻轴线，再进一步实施迟滞。这种做法可以在战线广阔且预备队较少的情况下进行。它需要作战纵深，并且不可避免地要放弃大量地面。通过火力打击和局部反击可以造成敌人更多损失和延迟。[15]

短期防御的阵地应由一系列相互支援的哨位构成，并排列在连续的防线之上。相反，机动迟滞作战应在很大程度上独立于预设阵地之外。如果向后方的安全路线得到保障，迟滞阵地通常应设置在前沿居高临下的斜坡上。[16] 所有武器，包括轻武器，都应在最大射程上进行交战。[17]

接近主防区时，临时构建的前哨阵地应识别并迟滞敌军的接近，保护主阵地免遭突袭，并通过欺敌手段使进攻者对主阵地位置产生误判。位于主防区内部的部队也可以有效地实施局部反击，以阻碍敌军的攻击准备并获取情报。[18] 这有助于形成积极主动的防御态势，并进一步掩盖主防区的实际位置。

迟滞部队应组织成警备部队和接应小组的组合。接应小组只需要由副连长或军士长级别的人员指挥，可能承担一些后勤任务，也可能防守一些局部地点。这两组人员像毛毛虫一样交替后撤，直到迟滞部队通过下一个防御阵地。[19]

迟滞行动的目的在于造成尽可能大的迟滞效果，同时不与敌军进行近距离战斗，避免正面被缠住或侧翼被包围。[20]因此，应尽可能在最后的安全窗口避免遭遇优势敌军的攻击。[21]若出现局部被突破的情况，应在条件允许下坚守阵地直至夜幕降临。在这些情况下，成功的关键可能在于不能让敌军意识到面对的是一处迟滞阵地。对于敌军尝试绕行的行为，应使用装甲力量进行阻击并发起局部反击。[22]模拟兵棋显示，这样的战术能够显著阻碍规模更大的部队行动，并对敌方造成重大损失，而对执行迟滞任务的部队造成的损耗相对较小。[23]

迟滞部队的局部后撤并不意味着其相邻部队或整个部队必须随之后撤。从其余阵地上发动的局部反突击可以阻止或摧毁这类渗透。[24]为了维持实力并防止在撤退中还要战斗，迟滞部队最终需要适时有序地撤出战斗。[25]在夜间或视线不良时，干净地脱离并实施撤退较为容易，部队在可能的情况下，应一次性撤退至下一预定位置。[26]

20世纪80年代末，英国第1军计划在接到临期预警的情况下，于其左前侧师（第1装甲师）前方的开阔地带部署一个旅作为迟滞部队。[27]那么，如果华约发动攻击前，军已完成全面部署，则该旅将由两个装甲侦察营取代。原计划该旅通过战斗争取时间，以便前沿战区能够做好防御准备。如果这一准备工作已经完成，那么该旅的部署需求也就不复存在了。

在某些不同的情况下，掩护部队的实力可能会非常强大。20世纪80年代初期的美军作战理论表明，每个师可能拥有一支由多达5个坦克和装甲骑兵营组成的掩护部队。[28]这样做的意图似乎是击败敌军的所有前锋部队，甚至包括先头营。具体而言，这支部队涵盖了师级和团级的侦察部队、战斗侦察巡逻队、先遣连以及团的先遣营。2019年，通过对第5军旧防区的访问，以及对兵力与地域比例的分析，得知该部队的掩护力量应该能够相对轻松地完成这项任务。模拟演练同样表明，这不应该是一项艰巨的任务，只要保持冷静的指挥决策即可。

在战斗群的警戒区域，重点转移到预防敌方突袭并至少隐藏主防区阵地的确切位置上。

当进攻者停止尝试前进时，他们的攻击就遭受了挫败。也就是说：他主动停止，或是被迫停止。这就是防御的本质。通过突袭、造成冲击效应和利用机会，防御者能够让进攻者停止前进。

我们先前讨论了突击的作用。在防御中，有关冲击效应的考量大致有四个方面。首先，对进攻部队施加冲击效应最简单直接的方式是集中且出乎意料的炮火打击。其次，装甲反击通常是给进攻部队造成冲击效应的决定性手段。第三，基于障碍物和反坦克火力构建的连贯反坦克防御体系，是防止进攻者对防御者造成冲击效应的最佳途径。最后，进攻者自然会利用集中的间接火力来给防御者造成冲击效应，对此，防御者需要运用从第一次世界大战后期学到的方法：分散部署、隐蔽以及构筑工事来进行应对。

在防御中，利用机会的主要作用体现在把握短暂时机进行反击上。防御者最初通常不具备的一项主要优势是主动权。[29]利用防御中的机会或许能使其重新夺取主动。并非所有这类机会都能预见到。然而，事先规划多种方案并对它们进行演练，将在机会出现时极大地帮助防御方抓住这些机会。

北约面临的主要问题之一是，面对苏联团级部队的攻击，北约一个战斗群需防御大约4～6千米的扇区。如果对方是摩步团，它将拥有1个约40辆坦克的坦克营和3个摩步营。它通常会以2个加强摩步营为先导进行攻击，每个营配属1个坦克连。这意味着第一梯队会有25～30辆坦克，并可能有6～8台扫雷车配合行动。

因此，首要问题是，防御战斗群能否在前沿战区较远的位置摧毁这25～30辆坦克中的大多数，尤其是那6～8台扫雷车？我们稍后分析。如果防御方能做到这一点，敌军的协同攻击很可能会崩溃。该团可能会投入第二梯队的营，但除非防御方已遭受重大损失，否则很可能再次遭遇失败。

然而，即便如此，该团仍可能尝试乘坐战车穿越田野或利用一切道路和小径进行推进。如果战车推进失败，他们可以下车徒步前进。根据命令，苏联指挥官必须竭尽所能，以任何可能的方式推进。因此，在阻止了协同攻击之后，防御战斗群接下来需要应对的实际上是车辆或徒步渗透。这种渗透可能源自任何微小突破口，在每一个村庄、小屋或林地，沿着任何篱笆线或沟渠进行。这可能紧接在协同攻击失败之后发生。如果敌军能够推进，他们一定会尝试。在取得成功的地点，他们会巩固并扩大这一成果。

苏联进攻的团可以得到多达10个炮兵营的支持。[30] 如不加以遏制，这将造成巨大且无法持续承受的损害。**这也是为何击退敌方的侦察至关重要的主要原因**。北约军队非常重视挖掘工事。英国的试验显示，配有顶盖（即"碉堡"）的堑壕中的步兵能够很好地抵御每分钟每公顷40发122毫米炮弹的袭击。[31] 这相当于一个苏联炮兵营以大约每门炮每分钟14发的射速对一个250米×250米的目标开火。这是根本不可能的，火炮会因为过热而炸膛。为了达到所需的炮击密度，苏联炮兵需要极其精确的目标信息。再次强调：阻止对主阵地的侦察至关重要。

分散部署防御部队能使他们在没有集结射手（并使他们暴露于敌方炮火之下）的情况下集中直射火力。关于隐蔽性，首先整体上要从选择防御阵地开始，这通常由师长或旅长负责。接着是设立警戒区，这是最后也是对敌方侦察的最有力防御。此外，尽可能将步兵班和排配置在反斜面，或至少在有遮挡的位置。最后一步是尽可能伪装一切，让其保持隐蔽（藏在遮蔽物后、置于迷彩网下或躲在战壕底部）。

可以得出几点研究结果。对防御部队最大的威胁来自敌人的炮兵。这就要求实施分散部署、隐蔽以及大量的挖掘作业。地形的选择应主要着眼于（但不限于）反坦克防御。[32] 相比作用强大但显眼的位置，不太引人注目但实用的阵地可能更为可取。在击败敌军的协同攻击后，防御方应准备好阻止敌军的渗透行动。最重要的是，防御指挥官必须明确是否阻止攻击，以及在何处、如何阻止。

军队在制订防御计划时有着明确且经过充分练习的程序。首要问题是在哪里进行防御。（防御的目的通常很明显，参谋部门对此不会有太多纠结。）这在一定程度上归结为"在哪条防线或哪几条防线上"进行防御，或者如果考虑采用机动防御，则可能是"在哪个区域"。阵地一般应提供一定程度的隐蔽性，多数军队都在一定程度上提倡利用反斜面阵地（下文将进一步讨论）。"在哪里防御"的问题也部分受到上级指挥官计划的制约。从最高层来看，这源于北约中欧盟军司令部在前沿位置（尤其是莱茵河至威悉河一线前方）进行坚固防御的要求。从师级到营级的指挥官可能会指定某些地形要素为重要、关键或至为关键。

两次世界大战的严酷经验告诉欧洲军队，防御阵地应利用反斜面。苏联军队也采用了这一策略。[33]米德尔多夫及其同事认为，最好的阵地"位于反斜面上"[34]。英军的低层级作战原则中提到，反斜面"需要被利用"[35]，而通常防御阵地"将会设置在反斜面上"[36]。相比之下，美军的作战原则在此方面没有那么绝对，我们将在后面讨论。

我们应当清楚"反斜面"这一术语所指代的内容。请参考图10-1。

在图10-1的"错误"示例中，交战区域位于反斜面上，防御阵地却设在了正斜面上。到达山顶的任何人都能俯瞰这些阵地，这使得阵地易于被识别并遭到压制。相反，在"正确"示例中，交战区域和防御阵地都设在了反斜面上。即使进攻者到达山顶，也很难对这些阵地发起有效攻击。防御者靠近山顶，便于进行反击和清理工作。交战区域设在射击阵地的侧翼而非正面，因此大多数武器都是从隐蔽位置向侧面射击。可能无法将整个防御阵地都设置在反斜面上。[37]应优先考虑将一切可用的小块反斜面分配给步兵和反坦克部队。[38、39]

接下来的问题是**如何**进行防御，即如何阻止敌军。有两种普遍的策略。一种是使用迟滞部队，为反击创造条件。另一种是使用单一且坚固的阻击阵地，仅在必要时使用反击来恢复防御的完整性。但即使是机动性最强的防御，也可能需要设置阻击阵地来塑造敌军的进攻路径。实际上，大多数防御策略会介于这两种极端之间。

相关的问题是，防御的重点应放在哪里。能选择"交战"或"杀伤"区域固然很好，但进攻者掌握着主动权，防御者并没有完全的选择权。一位经验丰富的指挥官谈到了确保"没有敌人能够机动而不受火力打击的区域"，即"没有任何进攻路线不在火力覆盖之下"的必要性。[40]也就是说，指挥官

```
        交战地            防御阵地
```

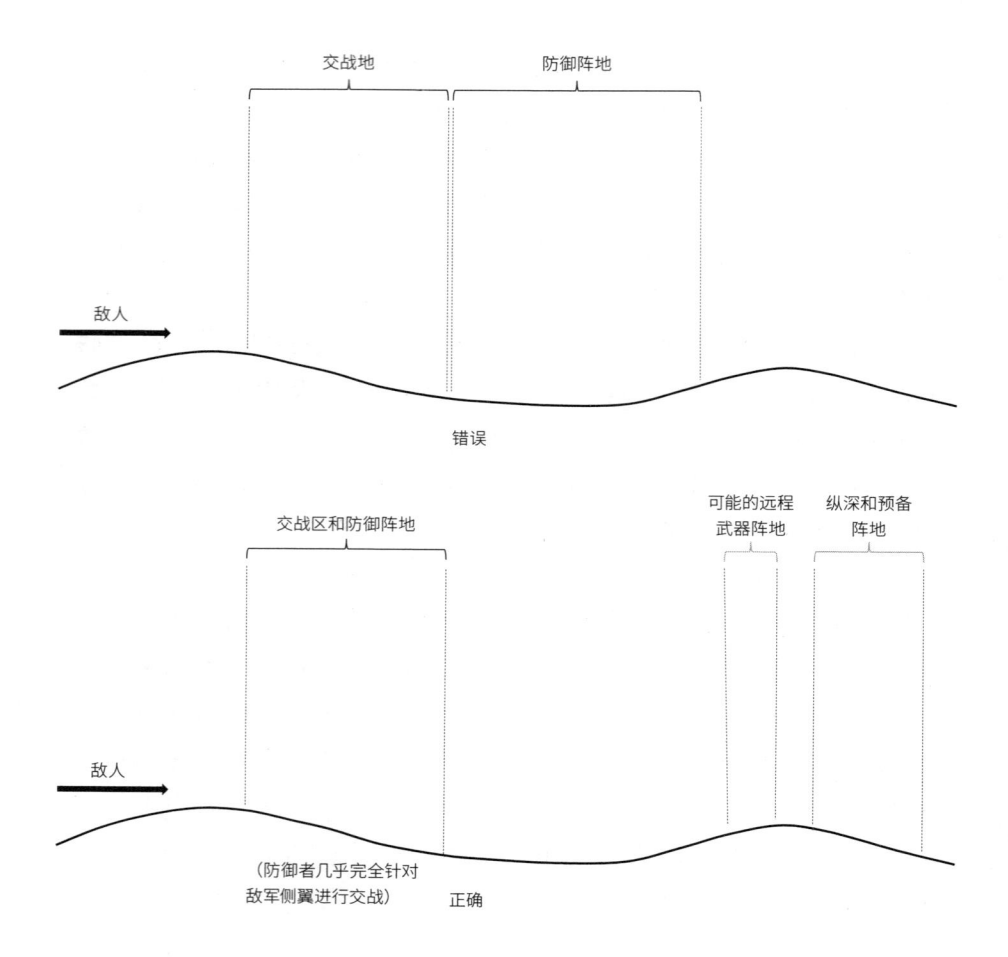

敌人 →

错误

```
  交战区和防御阵地      可能的远程    纵深和预备
                      武器阵地      阵地
```

敌人 →

(防御者几乎完全针对
敌军侧翼进行交战)   正确

图 10-1: 对"反斜面"的正确与错误理解

和参谋们不应试图猜测敌人会怎么做，而是应该评估敌人可能或能够做什么，并覆盖所有可能的情况。

据说，老毛奇曾说过，敌人有三种选择，但他总是会选择第四种。因此，防御者策划防御战役的程度是有限的，但这限度在哪里并非显而易见。这意味着尽管防御方难以确切预测敌方行动，但仍需尽力设想并应对各种可能的进攻方向和方式，确保防御布局的全面性和灵活性，以适应战场上可能出现的各种复杂情况。

战场情报准备（IPB）在冷战期间并未得到广泛应用，直到20世纪90年代初它才进入英国军事学说。[41] 大概是在1988年，它首次出现在美国军事学说中，随后被广泛实践。[42] 但数十场战役的模拟演练表明，战场情报准备在防御作战中并不奏效。这似乎是一个不必要的过程，反而给予指挥官（更重要的是参谋人员）一种关于敌人意图的虚假自信度。

现实生活中，变量实在太多。战斗关键阶段的发展取决于初始交战的结果，而这些都无法预测。同样也无法预知进攻者将如何应对这些交战。如果设置了前哨，它们理应影响战斗的走向。因此，随着战斗的进行，不确定性如同多米诺骨牌效应般扩散。老毛奇也曾评论称，没有计划能在首次接敌后依然保持不变。这对于进攻者和防御者双方来说都一样。既然如此，为何还要试图去猜测对方的行动呢？

另一种选择是制订简单而适应性强的计划，并配备充足的预备队。英国军事学说建议，最多可将部队编制的一半作为预备队，但也承认这在某些情况下可能难以实现。[43]

防御计划需要在警戒部队、主力部队和预备队之间分配可用兵力。警戒部队可以在战斗后期转为预备队使用。然而，当他们部署在前线时，就无法再在后方准备防御阵地。如果他们之后被用于反击，这一点可能无关紧要。

多考虑考虑背景情况也很重要。如果掩护部队能够可靠地阻止敌人侦察到主阵地，那么战斗群的警戒部队规模就可以相对较小。20世纪70年代，西方军事学说对使用前哨的重视程度不高。[44,45] 20世纪80年代，美英的做法大体上忽视了前哨，这可能是个错误。即使敌人的初步推进被蒙蔽，前哨仍然可以在后面的战斗中通过制造关于防御配置和布局的迷惑性来发挥重要作用。远程反坦克导弹（如"霍特"或"陶"）不能替代前哨，而是与之相辅相成。在某些情况下，远程反坦克导弹倾向于集中在少数几个明显的射击位置周围，但这不仅会暴露它们自己的位置，还会暴露防御的布局。

中程反坦克导弹以及装备火炮的步兵战车，如果配置在步兵阵地内部，很可能招致敌方炮火的攻击。这将导致不必要的伤亡，并使步兵失去机动性。在模拟演练中，最有效的防御布局是将反坦克导弹、步兵战车和装甲运兵车部署在距离步兵班排阵地几百米之外的地方。

时间是一个重要的限制因素。一般来说，步兵挖掘、加固并搭建掩顶将其战壕转变为"碉堡"需要长达12小时的时间。[46]布设雷场和其他障碍物也同样耗时。因此，防御筹划必须进行优先级排序并安排各项准备工作。这意味着在有限的时间里，指挥官和参谋团队必须精心规划哪些任务最为紧迫，如何高效利用时间来最大限度地增强防御工事，确保在敌军到达之前完成最关键的防御准备。

总有一个地方，那里必须制止敌方攻击。阻止一次攻击主要依靠火力。防御包含五个主要元素：坦克与反坦克火力、间接火力、障碍物、轻武器火力以及反击。在最近的距离上，使用轻型和中型反坦克武器的防御步兵只能被进攻的徒步步兵清除。而这些进攻者自身又会因受到迫击炮、火炮以及轻武器的阻击而被迫停止。[47]因此，轻武器火力是防御的一个重要组成部分。

反装甲战斗应是反坦克导弹（ATGM）与坦克协同努力的结果。作为坦克军官，库伊尔在他所著《洋基队》，以及麦斯基在他的《第一次冲突》中都没有很好地描述基于反坦克导弹精心策划的防御。理论上，应能够主要依靠反坦克导弹来阻止装甲攻击，而让坦克去清除残余的敌方装甲车辆或率领反击。这些反击的影响可能会促使进攻者放弃进攻。反坦克导弹和坦克都应该从侧面进行攻击。远程反坦克导弹应优先考虑打击执行监视任务的敌方车辆，特别是指挥观察所和反坦克导弹发射器。

对于大规模攻击，应在敌人一进入视野时，就利用尽可能多的武器，从两侧远距离进行接战。[48]尤其需要注意的是，敌人车辆转向面对一侧威胁时，其侧翼就会暴露给另一侧。理想情况下，应在敌人抵达防御障碍之前就能对其实施打击。这样一来，可以在敌方开辟通道前摧毁其破障车辆，同时也能击毁跟在其后的密集车队。如果可以使用大量反坦克导弹，并且障碍物能够导流敌人并减缓他们的速度，那么反坦克导弹较低的射速就不构成问题。坦克和反坦克导弹发射器都应设有备用阵地。

间接火力战斗首先从反炮兵任务开始，如果可能的话，还要打击敌人的集结地域。[49]随后，近距支援任务应针对三类目标。首先是障碍物（尤其是明显的突破地点），一辆停在突破口的装甲车就能阻碍整个团的前进。其次，可能是掩护火力点。最后，执行保护性火力打击任务，以防止敌人对防御阵地进行近距离突袭。这通常是由迫击炮来承担的任务。

在战壕上建造顶盖（即"碉堡"）的一个重要原因是为了能让防御用的迫击炮和火炮的火力能轰炸非常接近阵地的地方，特别是使用空爆弹药时。间接火力能打散敌军攻势，并迫使下车的敌军卧倒，这实际上阻止了进攻坦克与步兵之间的协同。[50]模拟演练显示，如果苏联步兵按照其作战教条，在距离防御阵地300～400米处下车，他们很少能成功冲进那些阵地。

障碍物应分为两大类："战术性"和"保护性"。战术性障碍物，通常是雷区，旨在增强反坦克火力的效果。战术性障碍物迫使进攻者集中在少数几条路线上进行突破，而这主要受限于可用的破障设备数量。战术性障碍物减缓了攻击速度，为防御者提供了更多时间用直接和间接火力打击敌人，同时也为执行反击行动争取了宝贵时间。

20世纪70年代的英国军事学说简洁而雄辩地阐述了为何应布设少数大面积雷区的理由。小型雷区效果并不特别显著，**而且其所消耗的时间和资源与其面积不成正比**。[51]同样，长而窄的雷区也相对低效。[52]

结合多种障碍物形成的综合障碍，比如雷区与河流的组合，尤其有效。它们需要更长时间来突破，并且需要更多的破障设备：例如，每条通道可能都需要一辆扫雷坦克和一辆装甲架桥车。这也大大增加了每次破障尝试失败的可能性。装甲架桥车可能在雷区内被摧毁，已被清理的道路又无法通行；扫雷坦克可能在桥梁铺设完成后被击毁。诸如此类，这些都是单点故障的例子，意味着整个行动可能因某一环节的失效而受阻。

"保护性"障碍物有助于防止防御阵地（如步兵排的阵地）被敌军突袭或冲垮。这类障碍物包括铁丝网和反步兵地雷场。这些保护性障碍物应当设置在便携式反坦克武器的有效射程内，同时也要足够远离防御主阵地，以便间接火力能够安全地对试图清除障碍的进攻者实施打击。此外，障碍物还应设置得足够远，以至于进攻者无法直接向防御者投掷手榴弹。

加拿大历史学家约翰·英格利希对二战中众多加拿大军队的记述感到"十分惊讶"，这些记述强调了需要控制小武器火力，以便在近距离内用所有可用武器集中打击进攻的敌军步兵。[53]通常，英国步兵会在100码的距离上才开火。[54]德军的观点与此完全一致。进攻的敌军应在100米或更近的距离上遭遇密集的机枪和步枪火力："任何其他运用步兵的方式都会过早且必然削弱其防御价值并丧失作用。"[55]火力纪律是保护措施的重要组成部分：除非开火，否则防御中步兵很少能在150米开外被发现。

重机枪（MMG）和狙击手的火力是例外，它们应尽早并在远距离上进行射击，以扰乱和迟滞远处的进攻步兵。重机枪应从侧射位对相邻阵地的正面进行射击。通过精心选位和火力计划，防御步兵班即使相隔200或300米，也能跨宽广的区域集中小武器火力。美国军方的学说建议，班级的"龙"式反坦克导弹应部署在相距300米的位置上。[56]

在这种分散程度下，加之合理的保护和隐蔽措施，要对每个防御的排进行有效打击，敌人至少需要一个炮兵营的火力：这还是在假设能够准确定位该排位置的前提下。我们现在可以看出，初期的炮击可能会有多么无效，特别是如果敌方侦察未能探明主阵地位置的话。

集中使用小武器火力，实质上是在伏击，会打散敌军的徒步进攻。单兵携带的反坦克武器（MAW）和轻型反坦克武器（LAW）将对付伴随的装甲车辆，迫使进攻者尝试清除每一个单独的防御阵地。迫击炮和炮兵火力将给徒步进攻者造成大量伤亡。良好的观察哨阵位和徒步巡逻队则是必要的，它们可以防止敌军进行徒步渗透。

反击行动主要有三种类型。第一种是阻击行动，即将防御部队部署在攻击路线前方，以阻碍敌军前进。第二种是火力反击，即将防御部队部署至能够从侧面以火力打击敌军的位置。第三种，也是正式意义上的反击——旨在夺回被敌人占领的地形特征或阵地。反击行动不仅有助于阻止敌人，还能使防御方重新夺回战场主动权。各级指挥官都应保有预备队以执行反击行动，因为没有预备队的指挥官将无法对战局产生直接影响。第九章中关于预备队的论述应从这个意义上理解。

运筹学研究强烈表明，基于反击的防御相比于单纯依托阵地的防御姿态具有更高的价值。在对抗华约组织军队时，反击行动使攻击停止的可能性是仅依赖阵地防御的6倍。它们能给进攻者造成更多伤亡，同时将防御者的伤亡减少高达80%。[57]德军发现，反击行动展开得越快，效果越显著，过程中遭受的伤亡也会越少。[58]然而，这一指导原则并没有区分火力反击和旨在收复失地的反击。

　　反击行动应当做好计划、演练并实践，以涵盖所有可能发生的状况。[59] 在某种程度上，所有北约军队都强调了立即进行小规模反击的重要性。[60] 德军认为，反击行动绝不应因缺乏步兵而取消，"在无数情况下，一小群坚定的人成功地对抗了数量远超他们的敌人，并造成了重大伤亡。"[61] 美国的军事学说则更趋向于谨慎，更强调火力反击。[62]

　　在更高级别的指挥中，如果存在多个突破口，预备队应逐一使用全兵种力量进行反击，而不是分散使用。[63] 可能这些行动中最关键的一点是预先考虑其目的及相应的行动方式。是否有必要进行反击？为什么？如果有必要，应提前做好计划，以便在时机成熟时，能迅速利用手头的部队发起攻击。装甲部队能够迅速利用任何突破口的能力，是预先规划和演练反击行动，以及在需要时迅速行动的极佳助力。

　　德军认为，防御主要是争夺火力优势和进行交火战斗的过程：即前文所述的"Feuerkampf"（火力战斗）。[64] 西德国防军的学说则认为，须通过开火、障碍和反击来阻止敌人。西德国防军的战斗群几乎总会部署掩护部队。该部队应占总兵力的1/6到1/3。典型情况下，它会以3个战斗群并列防守，每个战斗群可能向前部署2个班或1个排（战斗群中没有专门的侦察排）。掩护部队的作用在于为主阵地的准备争取时间，防止意外发生，阻止敌人侦察主阵地，隐藏阵地位置。[65]

　　米德尔多尔夫和他的同事们指出，最有效的防御是敌人到达主阵地前沿时就能将其阻挡下来。再次强调，最好的阵地"……在地形允许的情况下，位于反斜面上"[66]。不容忽视的是，"无保护的步兵会首当其冲成为受害者"。[67] 邻近阵地之间应形成无缝衔接甚至重叠的火力覆盖。

　　从排到师的每个级别，都应保留1/6到1/3的兵力用于反击。[68] 这意味着一个师在前线最多只有40%，或许仅仅13%的兵力。实践中，通常每个连会分配1个排，常为坦克排，用于执行反击或其他机动。在战斗群级别，几乎没有（如果有也是非常少）正规的预备队。西德国防军每个旅仅保留1个战斗群作为预备队，从这一点可以看出，他们似乎预计在每个前线旅中，一个时刻只会有1个前沿战斗群被突破。西德国防军的实践经验表明，这一预估是完全合理的。

　　米德尔多尔夫还指出，构建良好的防御阵地需要大量的工作，这意味着优秀的防御阵地实际上很少会有，一般不会连续出现。[69]西德国防军似乎计划为每个"黄鼠狼"步兵战车和坦克连设立一个主要阵地，大约还有一个备用阵地。备用阵地可能位于侧翼或纵深位置。机械化旅包含6个"黄鼠狼"和2个M113连。后者可能用于固守阵地，也可能用于给反击行动布置陷阱。

　　反击行动应迅速展开，从排到连级即时进行。在更高层级上，反击应非常迅速并从意料之外的方向发起。[70]西德国防军似乎很懂得反击的冲击效应，其战术高度机动，依赖强大的警戒部队、次级阵地和快速反击。

　　我们再来看看受到"主动防御"（主要使用M60坦克、M113装甲车和反坦克导弹车）和"空地一体战"（使用"艾布拉姆斯"坦克和"布雷德利"战车）思想影响的美国陆军，他们的低层级作战原则是什么样的。[71、72]其防御学说发生过显著的变化。20世纪60年代初期，它经过深思熟虑，书写得当，且与英国作战原则颇为相似。[73、74]如果说有什么不同，那便是它可能稍微更加含糊和保守一些。排和连保留预备队用于固守或反击。到1969年，关于反斜面阵地它也有重要讨论。[75]

　　然而，美军打着"主动防御"旗号制订的作战理论，实际上摒弃了许多先前的有益的做法。指挥层、部队编制及战斗群的理论都没有明确指出应如何有效阻止敌军。关于前哨的讨论消失了，反斜面阵地相关内容也不见了。[76]排级和连级的预备队不复存在：各分队排成一线，以使正面火力最大化。虽然提供了很多具体的操作方法，但对于"采取什么行动"以及"为何如此行动"的指导却大量缺失。

　　幸运的是，到了20世纪80年代末，部分情况得到了纠正。美国陆军1988年发布的小册子可能包含了关于反斜面阵地优势及其实用性的最深入讨论。[77]但它并未明确提倡使用反斜面阵地。1988年小册子中描述的几乎所有选择反斜面阵地的条件，在中央防区通常都能满足，但这并不等于直接言明建议采用反斜面阵地策略。

　　在整个20世纪80年代的大部分时间里，美国战斗群通常只会部署规模不大的警戒力量，主要是其侦察排。4个战斗分队中的3个一般会前出部署在主防区内，它们要么位于指挥官指定的战斗位置上，要么分布于各自的防御区域内。而第四个战斗分队通常会被保留作为预备队。

在"主动防御"战略下，战斗分队会从最大射程处开始接战，直至需要撤离的节点。低层级的作战理论并没有很好地描述如果他们被迫进入"决定性交战"状态时应如何行动。给人的印象是，他们可能会不停地进行迟滞和撤退，可能一直持续到撤至新部署的、位于阻击阵地的旅战斗群后方。师级作战理论确实要求"师级单位应在有机会摧毁敌军部队时发起反击"[78]。然而，这类行动仅限于火力反击。[79] 1976年版的《FM 100-5作战》手册中关于掩护部队防区的内容大约有3页，而对于主防区的描述却只有1页。

相反，"空地一体战"理念若要阻止攻击，则更加强调"决定性交战"。[80] 到冷战结束时，美国的作战理论正朝着预判敌方可能行动并执行预先规划好的应对策略方向发展，并随之引入了一个新颖且高度理论化的障碍设置概念（"转向""阻绝"和"固定"）。[81,82] 但这要求敌人首先必须发现这些障碍，其次要按照防御者预期的方式做出反应，而这些都要在一个由进攻方掌握主动权的行动（防御）中进行。记住老毛奇的教导。实际结果可能复杂得荒谬。例如，一支特遣部队可能需要设置多达27个独立雷区。[83] 而实际上，设置1个雷区或许更为合理，或者某些情况下设置2~3个较小的雷区足矣。

美国的这两种作战方式都严重依赖于远距离的直瞄（且主要是正面）火力，包括坦克火力，以及可以描述为多重、连续且准备不足的阵地。两种方式都没能充分利用"陶"式反坦克导弹。在这两种情况下，战斗群内的所有武器系统实际上都是按固定间隔排列，并被要求保持位置不变，直到遭遇有效的反击火力射击或收到撤离命令。排级和连级的预备队通常不再保留。[84] 美军作战理论也没能解决"布雷德利"步兵战车的有效运用问题。

20世纪80年代初，在经过一番讨论后，英军明确其战斗群应使用警戒部队（往往仅限于其侦察排）来击退敌方侦察部队，这一做法明确旨在隐蔽主防区的位置。[85]

在此之后，部署了一个分散式的"米兰"导弹网，旨在优化交叉防御、侧射和隐蔽射击，以达到最佳防御效果。这一网络通过战斗群指挥部以一种较为耗时的方式进行规划和协调，覆盖了横贯整个英国第1军主防御区的深层雷场。尽管如此，雷场的纵深设计仍允许侧射的"米兰"导弹攻击雷场远端之外的目标。[86]步兵班通常部署在防止渗透的位置，或至少负责监视"米兰"导弹未直接覆盖的接近路线。坦克排，有时甚至是坦克连，通常被保留用于战斗群或战斗分队的反击行动。加拿大的防御学说类似，但使用的是挖壕固守的便携式"陶"式导弹而非"米兰"导弹。[87]

20世纪80年代初期，英国的作战理论认为，反斜面阵地"往往是最优选择"[88]。而对快速反击的强调逐渐减弱。预备队一般是可用的，但在排级层面"没有预备队可用，也不试图发起反击"[89]。对于改变的原因，并没有给出具体解释。

任务声明倾向于基于地理位置（如"左侧"或"右前方"），而不是基于任务本身（如"在……阻止敌人"）。因此，例如，关于"步兵4人战斗壕沟说明"（约1983年）的建造细节似乎比建造它的目的更为重要。

第二次世界大战期间，作战理论非常强调步兵班位置之间的交叉封锁。它提倡每个前线排都要部署前哨。[90]无论有没有掩护部队，前哨总是会被部署[91]，其目的之一是防止敌人对主阵地进行侦察。但到了20世纪80年代，这种重视程度已显著降低。在当时的战斗群战术手册中，没有提及前哨（"定点巡逻"）。[92]

英国战斗群包含的"米兰"反坦克导弹数量比德国同类战斗群多出约50%，但在"武士"步兵战车服役之前，并没有配备加农炮。到了20世纪80年代后期，英国一线旅的预备队规模非常小，反击行动很大程度上需要依靠预备旅或师来进行。[93]

排级需要预备班的三个原因：一是封堵前沿班之间可能出现的渗透；二是在被敌人绕过的情况下，掩护任一侧翼，从而帮助进行全方位防御；三是如果前沿班遭到突破，能够进行反击。出于类似原因，连级也需要预备排。1939年，英国军官们了解这一点，他们的作战理论也指向这一点，但并未明确表述。到1945年，这一需求得到大力强化，但条令仍未充分解释原因。到了20世纪80年代，英国连级阵地依然按照这样的布局设置，但几乎没有人确切知道为何要这么做。

"反向侧击"（counterstroke）是20世纪80年代后期英国军队的重大认识发展。它看似创新了对运动中的敌军侧翼进行战役反向侧击的理论，但实际上这一理论是从其他地方借鉴而来的。其计划与执行呈现典型的英式风格，呆板且略浮夸。但正如当时一位历史学家兼前皇家坦克团军官所言，这一反向侧击理论的最大的问题在于，它要求以"坦克时间"[94]来思考，而英国军队通常并不这样做。

那么，一个北约战斗群的防御阵地可能是什么样子呢？我们可以按步兵班作为基本单元开始考虑。一个由7到10人组成的班可能会占据2～4个散兵坑。这些散兵坑之间通常相隔数十米，因此一个班通常会分布在宽100米、纵深50米的区域内。[95]一个排通常有3个班，而一个连通常有3个步兵排。因此，对于一个连来说，存在多种可能的配置方式。

正如我们所了解到的，各个班之间可能相距200～300米，但仍能集中火力覆盖一个扇区。这就要求轻武器能在500～600米的距离内保持有效的杀伤力，而且射界要让一个班能够观察到并可以射击其邻班前方的区域。如果排和连都需要保留预备队，那么连通常会一线部署4个班。如果排之间或多或少地形成了连续的防线，那么连的正面宽度可能达到约900米，如图10-2所示。

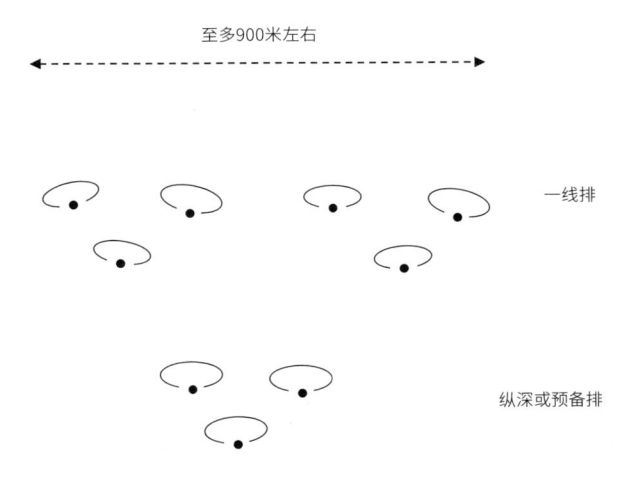

图10-2：高度强调相互支援的步兵连配置

排与排之间也可以存在500～600米的间隙。即便如此，他们之间仍然可以实现火力交叉封锁。这样一来，连的正面宽度就会扩展到约1000～1200米。请参考图10-3。

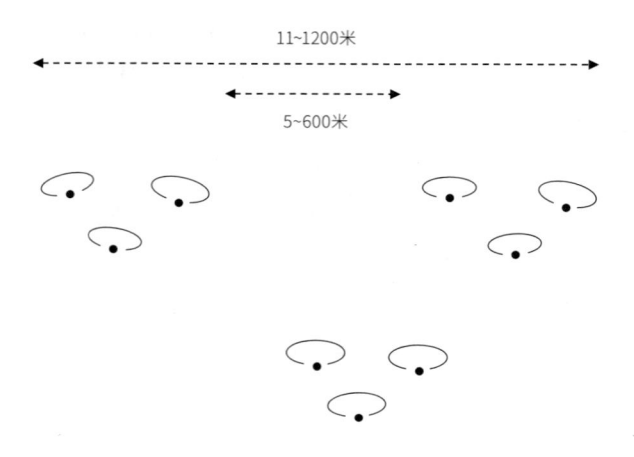

图 10-3：保持各排相互支援的步兵连配置

如果各排之间缺乏相互支援，或仅依靠重机枪和迫击炮火力进行支援，那么排与排之间的间距可能会达到1000米甚至更多。在这种情况下，连的正面宽度可能会扩展到1600米左右。或者有的时候，连的阵地的设计只是为了对阵地前沿实施最大化的正面火力覆盖。在这种情况下，布局可能会类似于图10-4。

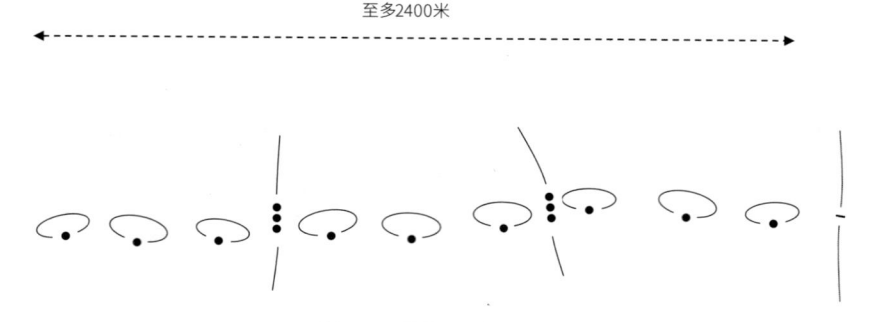

图 10-4：线性部署的步兵连

该阵地长度可达约2400米。如果战斗群构建了由两个步兵排组成的战斗分队，那么阵地的长度可能约为1500米。

短程和中程反坦克防御也需要考虑在内。如果使用射程可能为300至500米的肩扛式单兵反坦克武器，上述提到的间隔距离将保持不变。如果排与排之间相距1000米，那么这个间距反坦克火力将无法实现交锁。如果排里只装备有轻型反坦克武器（射程100~200米），那么这些阵地的反坦克防御可能就不够充分，阵地间的相互支援也会很有限。反之，如果在班这一层级配备了"龙"式反坦克导弹，并且导弹发射器之间相隔300米部署，那么就能提供高水平的相互支援。即便是排与排之间有1000米的间隔，也足以对付。图10-5基于图10-4，但显示的是班一级"龙"式导弹的火力覆盖弧面。

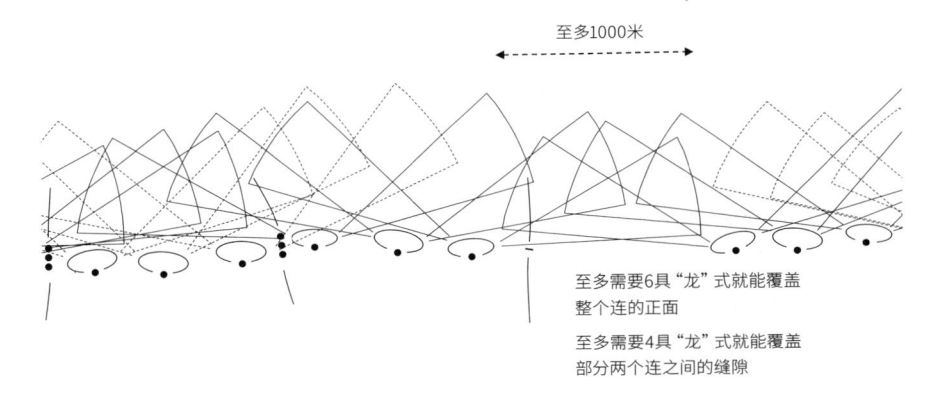

至多1000米

至多需要6具"龙"式就能覆盖
整个连的正面

至多需要4具"龙"式就能覆盖
部分两个连之间的缝隙

图10-5：在班一级配备"龙"式反坦克导弹的步兵连配置

（这里故意将龙式导弹的火力覆盖弧度显示得比实际更窄。）如果排内配发了射程达2000米的"米兰"反坦克导弹（如同西德国防军机械化步兵的做法），这样宽广的正面就更不成问题了。当"米兰"导弹部署在连或营级时，步兵班的部署可以与反坦克导弹的部署相对独立。对于远程反坦克导弹系统（如"陶"式）来说，情况亦是如此。

因此，对于一个战斗分队来说，1500米乃至2500米的扇区范围是完全可行的。如果一个战斗群拥有3个战斗分队，可以在长达5~6千米的整个扇区内建立连贯的防御体系。那么拥有4个战斗分队的战斗群，其负责的扇区可能更宽。这样的扇区要求在步兵排和战斗分队的阵地之间留有宽阔间隙，并利用重机枪、迫击炮火力以及反坦克导弹进行覆盖。同时，夜间或其他能见度低的情况下，还需要设置观察哨、巡逻队和监控设备。这些问题将在第十三章中进一步探讨。

到目前为止，我们已经考虑了步兵班阵地的"前线"以及它们之间的连贯防御。这直接依赖于侧射火力。第二次世界大战期间的英国作战理论对此有明确说明：轻机枪以侧射方式开火，以保护相邻的班和排。步枪手则负责掩护轻机枪。**防御的力量源自保护它的侧射火力**。[96]多份史料都指向一个事实：西德国防军高效地采用了同样的战术。当盟军步兵攻击德军阵地时，通常会遭到多处机枪的火力压制，这些机枪大多**从侧面**射击。

如果步兵阵地可以独立于反坦克防御框架之外，或者反坦克导弹的射程允许它们在排级阵地上灵活地部署，那么"前线"或"主要抵抗线"的概念在很大程度上就变得无关紧要了。排可能主要用来保护反坦克导弹阵地，或是覆盖反坦克防御部署中的盲点（比如狭窄通道），或是防止步兵穿过林地和建筑密集区进行渗透。一个特别有效的解决方案是，将排部署在反斜面顶部后方最多300米的位置上。[97]同样地，如果反坦克防御架构围绕反坦克导弹建立，那么坦克的部署位置和使用方式就有了很大的灵活性。到了20世纪80年代，防御第一梯队中已不再需要大量的坦克。[98]

单个班或排的阵地可能孤立无援。克服这一点的方法并不是要求必须布置连级的强固阵地并配备大量预备队，而是利用重机枪、迫击炮和炮兵的火力来保护它们，并通过反击来缓解它们的压力。

同样地，如果能够仅围绕4个步兵班的阵地构建起一个连贯的防御体系（参见上文图10-2和图10-3），即使战斗分队仅有2个步兵排，拿出班规模的前哨也是完全可行的。部署前哨可以降低被敌方突袭的概率。前哨能够造成敌军伤亡、误导敌人并掩饰主阵地的配置。显然，对于何时以及如何撤退，前哨需要得到明智的指令指导。

如果一个战斗群拥有3个战斗分队，那么有两种基本的部署选择。一种可以称为"西德国防军模式"，即将所有3个战斗分队一字排开部署。而另一种"英国模式"通常会将2个分队部署在战线上，还有1个作为预备队。采取"西德国防军模式"可能基于大范围机动防御的策略，而"英国模式"则更多侧重于设置阻滞防线及保持一支强大的战斗群预备队。

为了理解北约战斗群的防御行动，可以考虑两个情景。在这两种情况下，整个防区的防御都是大体协调一致的。如果不是这样，进攻者会很快找到并利用防守方的弱点。

在第一个情景中，掩护部队未能阻止敌人对主阵地的侦察。进攻者进行了40～50分钟的炮火准备。所有最重要的阵地都受到了密集火力的打击。虽然很少有防御者被消灭或击毁，但许多人被压制住了。在"H时刻"（即敌人攻击发起时刻），所有处于火力下的人员都无法行动。

敌军主力在大约2000米处出现。敌人炮兵释放了大量烟雾，遮蔽了战场。尽管先头营遭受了重大损失，但仍突破了障碍，并向防御阵地内推进了1～2千米。防御者的火力主要集中在正面，因此防御方的损失相当惨重。战斗群级别的反击遏制了敌人第一梯队营的攻势，但防御方的损失也非常高，无法阻止敌人第二梯队营的突破。或者，防御者撤退到次要阵地，但由于力量遭到严重削弱，无法坚守该阵地。

在第二个情景中，掩护部队成功击退了敌军的侦察力量。战斗群的警戒分队阻止了后续的侦察企图。因此，进攻者的炮火准备大多未能命中防御的关键部分。隐蔽阵地中的反坦克导弹从侧翼开火，在敌军先头车辆能够突破主要障碍之前将其摧毁。进攻纵队拥挤在一起，装甲运兵车或步兵战车被击毁。当步兵下车时，他们因遭受间接火力而出现伤亡。损失迅速增加，进攻逐渐停止。

突破口仅在一处打开。一次局部的反击行动就封闭了这个渗透区，并阻止了敌方的增援。进攻方的第二梯队试图利用这一小突破口，但其在能够跨越障碍之前就被阻止了。进攻方仍然对防御布局知之甚少。损失交换比超过7∶1，防御方优势。

麦斯基描述了一个假设场景，其中一个加拿大战斗群成功阻止了一个摩托化步兵团的进攻。先头营损失了其3个连中的1个以及12辆坦克中的7辆，主要障碍被突破。[99]这个结果与我们模拟的几十场战斗中的多个情形相似。接下来，我们将概述一些成功的案例。

早期的战斗展示了对反坦克武器相互配合的需求，以及对所需兵力与空间比例的一些认识。[100]不久之后，我们认识到了重机枪在阻滞敌人徒步步兵方面的价值。[101]在短短几年内，我们已经能够计划并实施复杂的防御行动，包括致盲敌方侦察、机动防御、备用阵地、侧射火力以及反斜面部署。[102]

在一个典型的成功防御案例中，一个配置薄弱的西德国防军的营在某个4.5千米的防区内，击败了一个进攻的摩托化步兵团。先头连在渡河时被阻挡，损失了约30%的兵力。而2个防守的战斗分队每队仅有2～3人阵亡，5～6人受伤。防御中并未设置雷场。[103]

紧随其后，另一个西德国防军的营取得了更加显著的成功。其警戒分队和主防区均部署在反斜面上。防御的营约1/3的兵力用于警戒区域内。进攻者虽突破了战术障碍，但未能实现真正突破。总的损失交换比约为7∶1。[104]

最成功的防御案例中，一个连加上小部分营预备队，击败了一个摩托化步兵团。前沿的4个前哨各使用"龙"式反坦克导弹平均击毁了5辆坦克，并且在轻微损失下安全撤回。

主障碍区仅为200米纵深的雷区，其中包含了一条反坦克壕沟。进攻者虽然突破了障碍，但未能扫清前沿防御阵地。2个先头营，平均每营的6个连，损失了46%。损失交换比达到了11∶1。最关键的是，进攻方只有少数坦克幸存。而防御方使用的最重型的装备不过是装甲汽车。[105]

这些都是极为成功的防御案例。我们认为在模拟战局中的攻击成功，是指有能力突破并打穿整个模拟战场。在总共84次有准备的攻击中：

a. 若没有主障碍存在，进攻方有79%的概率能成功突破。而一旦存在明显障碍，这一比例降至60%。

b. 主障碍在几乎所有情况下都会被突破（除1例外）。然而，这并不必然意味着防御战斗群的阵地也会被突破（参见a.）。

c. 当防御方仅在前沿战斗分队部署4个排时，进攻方有70%的概率能突破。若部署5个或6个排，则这一比例降至37%。（这是兵力密度的一个衡量标准，将在下文讨论。）

d. 若防御方不进行反击或仅以不满员的连/战斗分队反击，进攻方有86%的概率能突破。而当防御方以强大的兵力反击时，这一比例降至50%。

e. 无论是否突破，进攻方的损失通常占先头营的10%～25%。若成功突破，有时损失会低于10%；若未能突破，有时会上升至50%。

f. 无论防区宽度或防御方实力如何，单独进攻的连通常都无法成功。若有所成功，很大程度上是因为绕行。

g. 在防区小于3千米的情况下，单个防御的连能够阻止营级进攻的比例为39%。在大多数其他情况下，进攻方都能有效地绕过单个的防御连。

进攻方在至少60%的攻击中能够突破，这一事实不应引起过多担忧。首先，在这84场战斗中，仅有39场的进攻方是苏联军队。其次，兵棋场景的设计者总是给进攻方予以一些合理的突破机会。例如，仅有少数雷区的纵深超过300米。在某些情况下，在防御方发起反击之前战斗就被叫停了，而后续的反击本来很可能足以阻止进攻方。模拟兵棋的统计数据仅仅告诉我们进攻方大致何时会被挡住，以及何时未被阻挡。

关键因素并非防御力量的强度或兵力的对比，而是兵力与空间的比例。防御方必须能够在整个防区内建立连贯的防御（如上述c、f、g点所述）。一个拥有3个战斗分队的战斗群通常能成功防御5~6千米的防区。这可以通过多种方式完成，具体取决于该国的军事学说。成功通常依赖于防守反斜面阵地、进行反击以及防止主防区被侦察。兵力与空间比例的相关性是米德尔多夫及其同事们的主要研究对象之一。[106] 只要兵力与空间的比例足够大（虽不宽裕），德军部队几乎能在任何逆境中成功防御。

2019年6月，我与一位同事站在施利茨以北的富尔达河畔眺望。我们很容易想象，如果防守的战斗群采取了正确行动，进攻的苏军将根本无法完成渡河。同时，我们也知道这种情况并不会发生。

讽刺的是，成功的防御之后可能会伴随撤退。撤退也可能出自其他原因，可能与战略局势有关。对于中央防区上的北约而言，这可能与配合邻近部队的行动有关。更高层级的撤退可能会采取迟滞、撤退、短期防御乃至反击的战术来进行。而在较低层级，撤退与迟滞的主要区别在于，是否应在与敌脱离接触的情况下进行。

历史告诉我们，有计划的撤退往往能取得成功。它们通常利用安全措施（隐藏意图和行动）、夜幕的掩护，以及具有相似机动性的部队的整体能力，来做到比追击者更快撤退。其优势来源于设置障碍物以对追击部队造成延误和令对方不得不谨慎小心，通过布设诡雷、狙击（包括坦克狙击）和伏击可以进一步加剧这种谨慎。

开始撤退之前，须展开低层级的进攻模式，如巡逻、狙击和间接火力打击，以掩盖意图和准备工作。撤退计划应确保易受攻击或机动性较差的部队首先撤出。[107] 可以建立掩护部队，通过这些部队，主力能够不受干扰地转移到下一个位置。[108] 必要时，掩护部队可如同执行迟滞任务一样作战。在迟滞敌人后，它还应力求在不引起怀疑的情况下脱离接触并随后撤退。

成功实施撤退依赖于简单的计划、良好的纪律（特别是在控制噪声方面）和相对较高的士气。在这些方面的任何失败都可能使撤退演变成溃败。

本章注释

1. Middeldorf, Handbook of Tactics, p.139.

2. 同上，第241页。

3. 同上。

4. Field Service Regulations, Vol. II, Operations – General (London: War Office, 1935), p.137.176

5. Middeldorf前引。

6. FM 100-5 (76) Operations, p5-1；1982版本在第10—13页重复。

7. FM 71-100 (79) Armored and Mechanized Divisions Operations, pp.5-13.

8. Middeldorf前引，第255页。

9. 同上, pp.267ff.

10. 同上。

11. 同上，第139页。

12. 同上，第255页。

13. Operational graphic for Panzerbattailon 361 <http://www.traditionsverbandkuelsheim.de/attachments/article/-213/Chronik%20PzBtl%20361.pdf> accessed 5 July 2020, 12.40hrs GMT.

14. Middeldorf, Handbook of Tactics, p.255.

15. 同上，第273页。

16. 同上，第270页。

17. 同上，第242页。

18. 同上，第256页。

19. 同上，第276页。

20. 同上，第275页。

21. 同上，第241页。

22. 同上，第273页。

23. 例如，Battle 176, 5-6 November 2005.

24. Middeldorf 前引，第273页。

25. 同上，第256页。

26. 同上，第273页。

27. HQ I (BR) Corps OPO 1/89 – General Defence Plan dated 14 August 1989, Para 3.b. (2) (c) iii. in Arrcade Planner, p.163.

28. FM 71-100 (79), pp.5-13.

29. FM 100-5 (82), pp.10-3.

30. FM 71-100 (79), pp.5-7.

31. English, The Mechanized Battlefield, p.2.

32. Middeldorf, The Russian Campaign, p.138.

33. 同上，第116页。

34. 同上，第140页。

35. Infantry Training, Part Ⅷ. Fieldcraft, Battle Drill, Section and Platoon Tactics (London: War Office, 1944), Para 176.

36. Op cit, para 167.

37. Field Service Regulations, Vol. Ⅱ, Operations – General (London: War Office, 1935), p.135.

38. FM 71-2 (88) Tank and Mechanized Infantry Battalion Task Force, Para 4-25b.

39. The Infantry Battalion (1975), pp.3-12.

40. 个人通信。

41. FM 71-2 (88), Sect 4-7.

42. 例如 FM 71-123 (92), Tactics and Techniques for Combined Arms Heavy Forces: Armored Brigade, Battalion/Task Force and Company/Team, pp 4-17 to 4-22. Hereafter, 'FM 71-123 (92), Combined Arms Heavy Forces.'

43. Land Operations 1971, Vol. Ⅱ, Non-Nuclear Tactics. Part 1, Formation Tactics, Army Code 70633, Para 137.

44. FM 7-20 (69) The Infantry Battalions, para 5-15b 只提到了师级单位的前哨阵地。

45. Land Operations (1971), Vol. Ⅱ, Non-Nuclear Tactics. 第二部分，战斗群战术，并未提及为主防区设置前哨阵地。

46. 《英国参谋军官手册》估计需要6～11小时，而根据SOHB (99), p3-26-7, 个人经验表明大约需要12个小时。

47. Middeldorf, Handbook of Tactics, p.244.

48. 同上，第334页。

49. Middeldorf, The Russian Campaign, p.175.

50. 同上。

51. Annexe A to The Infantry Battalion (1975), Part 2 (Basic Tactics). Emphasis added.

52. Middeldorf, Handbook of Tactics, p.363.

53. English, The Mechanized Battlefield, p.4.

54. Infantry Training, Part Ⅷ, Fieldcraft, Battle Drill, Section and Platoon Tactics (London: War Office, 1944), Para 172.

55. Middeldorf, The Russian Campaign, p.147.

56. FM 3-23.24 (01) M47 Dragon, pp.8-3.

57. DSTL CR01651/1.0, November 2001.

58. Middeldorf, Handbook of Tactics, p.258.

59. Middeldorf, The Russian Campaign, p.148.

60. 例如 The Infantry Battalion (1975), pp.3-23.

61. Middeldorf loc cit.

62. For example, FM 71-100 (79) The Infantry Battalions, pp.5-21.

63. Middeldorf loc cit.

64. Middeldorf前引，第139页。

65. Colonel Bruno Paulus，个人通信。

66. Middeldorf前引，第140页。

67. 同上，第173页。

68. 同上，第146页。

69. 同上，第141页。

70. 同上。

71. FM 71-2 (77) Battalion Task Force.

72. FM 71-2 (88) Battalion Task Force.

73. FM 7-20 (62) Infantry, Airborne Infantry, and Mechanized Infantry Battalions.

74. FM 7-11 (62) Rifle Company, Infantry, Airborne Infantry, and Mechanized Infantry.

75. FM 7-20 (69).

76. FM 71-2 (77) The Tank and Mechanized Infantry Battalion Task Force.

77. FM 71-2 (88) The Tank and Mechanized Infantry Battalion Task Force, pp.4-25ff.

78. FM 71-100 (79), pp.5-21.

79. 同上。

80. FM 71-2 (88) and FM 71-123 (92).

81. FM 100-5 (93), pp.10-5.

82. FM 71-123 (92), pp 4-31, 34 and 4-66 to 74.

83. FM 71-123 (92), Fig 4-69, pp.4-77.

84. FM 7-7 (85) The Mechanized Infantry Platoon and Squad, Chapter 6 Section III; then FM 71-123 (92), Combined Arms Heavy Forces, pp.4-19 to 142.

85. Army Field Manual Volume III Pt 1, Battlegroup Tactics 1990, Army Code 71358 (Part 1) p4-4, para 15.

86. 详见图6-8。

87. Macksey, First Clash, pp.86-7, 93.

88. Land Operations (1971), Vol. II, Non-Nuclear Tactics, Part 2, Battlegroup Tactics, Section 12.

89. The Infantry Battalion (1975), sect 89.

90. Instructor's Handbook, p136.

91. Operations. Military Training Pamphlet No 23, Defence, 1939, p.11. 还可参考 Military Training Pamphlet No 3, The Defence, 1943, pp.7-8.

92. Land Operations 1971, Vol. II, Non-Nuclear Tactics. Part 2, Battlegroup Tactics. Section 7. 93 Land Operations (1971), Vol. II, Non-Nuclear Tactics. Part 2, Battlegroup Tactics, para 137.

93. Land Operations (1971), Vol. II, Non-Nuclear Tactics. Part 2, Battlegroup Tactics, para 137。

94. Major, later Colonel, Charles Messenger in English, The Mechanized Battlefield, p.32. 从1991年开始，我了解到以各种身份出现的梅辛杰，他在2019年去世了。

95. FM 7-8 (92), Section 2-21.

96. Instructor's Handbook, Sect 48, pp.131-4.

97. See both The Infantry Battalion (1975), pp.3-11 and FM 7-11 (62), para 148.

98. Messenger, The Mechanized Battlefield, p.29.

99. Macksey, First Clash, p.120.

100. Battles 3 and 28, 29 January 1978 and 29 July 1979.

101. Battle 40, 4 January 1981.

102. Battle 69, 20-23 December 1984.

103. Battle 152 and 153 of 5 and 6 February 2000.

104. Battle 154, 19 February 2000.

105. Battle 158, 11 November 2000.

106. Middeldorf前引，第131页。

107. Middeldorf, Handbook of Tactics, p.278.

108. Middeldorf前引，第76页。

第十一章

进攻作战：推进、攻击与追击

要实现政治或军事冲突的目标，进攻通常是难免的。防御仅能阻止进攻方达成目标。一旦进攻方取得进展，那防御方只能也通过进攻来夺回成果。冲击效应、突然性和利用战果是陆战成功的关键。[1] 这些通常要以进攻来实现，无论是攻击或反攻。冷战时期的指挥官是如何着手实现这一点的呢？

冲击效应、突然性和利用战果的重要性直到20世纪后期才被明确认识到。在冷战时期的战略中，作战并没有围绕这些要素进行整洁的规划。但或多或少地，我们可以在指挥官计划进攻的目标中辨认出这些要素。

美国陆军认为，在进攻中，应集中使用装甲部队以实现冲击效应；应当以纵队形式推进；深入敌后；并尽可能减少协同措施的需求。[2] 而西德国防军则被教导："通过进攻让敌人毁灭来寻求决定性胜利。"[3] 米德尔多夫及其同事们认为，进攻之所以奏效，是因为其执行时的方向性、机动性和冲击力。[4] 突然性是进攻成功的最重要因素，它源自所采用的战术、地点、方向和时机。[5]

简单来说，进攻部队必须"推进"至敌人所在位置或预期将要到达的位置，然后对敌人发起攻击，随后利用所取得的任何胜利扩大战果。相应地，这一推进过程可能包括接触前推进，以及随后的在接触中的推进（例如敌人部署了掩护部队）。进攻可能包含对敌人阵地的突破，然后穿过该阵地。"突破"通常是一个有计划的攻击行动。而扩大战果阶段，或可涉及对撤退敌军的追击。

在更高层级的作战中，扩大战果通常旨在利用敌人的失败来实现整个作战任务。追击的速度越快，取得的战果往往就越显著。[6]

攻击通常被区分为"急促的"或"有准备的"，或类似分类。还可以确定第三种类型，即"渗透"。[7]不过这一分类并不是同一层次的，渗透攻击既可以是急促的，也可以是有准备的。它们可以从班到战斗群（甚至更高）层级进行。其主要特征是利用隐蔽性和避免大规模运用冲击效应。渗透战术并非新事物，约翰·英格利希认为，到诺曼底战役时，加拿大连同英国部队基本上已经忘记了这种战术。[8]

反击很少涉及接触前的推进。它们通常是接触中的推进和突破的结合。如果涉及突破，实际上它们就是有准备的攻击，应当如此规划。

进攻行动包含移动与暴力元素。移动不仅涉及速度，也涉及位置（从哪里来，到哪里去）。暴力则意味着某种规模。然而，为了达到最大效用，暴力应集中为突袭。在速度、位置和暴力这三个要素中，巴尔克和冯·梅伦廷认为，苏联攻击的高速度是特别难以应对的。[9]进攻者通常应竭尽全力寻找敌人的侧翼，以便迂回防守者并从其后方进行攻击。[10]只有当正面攻击突破了敌人阵地时，它才是决定性的。包围通常更为有效。[11]美国冷战时期的军事教义强调包围和局部突破以实现绕过敌军的目的。[12]美国和德国的资料都建议在同一攻击行动中应采用多种方法。

在米德尔多夫的著作中，攻击的位置和方向被突出显示为极其重要的因素。正确的地点和方向可以制造突袭并打击敌人的弱点。一旦攻击的整体位置和方向确定，应尽可能给予下属在时间和地点上的灵活性。他们应该能够在正面攻击中实施迂回或包围。同样，作为包围行动的一部分，他们也可能需要正面攻击。[13]

本章的讲解顺序将遵循进攻行动的整体顺序：前进接敌、接触推进、突破、穿透以及扩张战果。跨越或突破障碍的技巧将在接触推进阶段考虑。

我们从前进接敌开始讲起。这一过程始于从兵营或远离接触的集结区域出发，并在部队首次与敌方产生实质性接触时结束。初期可被描述为"行军"阶段，这远不止是一次长途的公路移动。额外的因素在于，如果执行得当，行军将为投入战斗的主力创造产生冲击效应与突然性的条件。

靠前驻扎的北约部队期望在华约展开攻击前到达他们的初始战斗位置，但也要意识到可能无法做到这一点。增援的师和军可能需要长距离移动（例如，从荷兰、比利时或法国出发）。途中，他们可能会遇到苏联的突破部队或空降部队。

靠前驻扎的苏联部队可能直接从兵营出发，进入两德边界对面的遭遇战。更靠东的部队则将面临漫长的公路行军（可能超过2000千米甚至更远），尤其是在铁路运输不可用的情况下。

前进接敌的基本编队是纵队。纵队作为一种战术编队的重要性应被强调。对于长途行军，整个师可能以单一纵队形式移动。然而，纵队不仅限于前进接敌阶段，还会在接触推进、突破敌人防御纵深、追击和扩张战果等各个阶段继续被采用。

西德国防军认为，履带式车辆纵队每天可以行进200千米，轮式车辆纵队每天则可达300千米。[14]在冷战时期，这些距离可能仅在能够利用高速公路的情况下才能有所提高。

行军纵队一般由侦察部队、先遣部队、主力（此阶段通常包括其后勤元素）以及可能的侧翼和后方警戒力量组成。侦察部队可能提前师级单位6个小时行动[15]，或提前营级单位半小时行动。[16]

师级单位可能会使用一个旅作为先遣部队，旅级单位可能会部署一个战斗群，战斗群则部署一个战斗分队，战斗分队则部署一个排。[17]先遣部队应是合理范围内的多兵种组合。对于西德国防军而言，先遣部队的功能包括确保纵队的持续向前行进，击溃微弱抵抗以不影响主力，以及在对抗较大规模敌人时争取时间和空间。先遣部队通常为整体力量的1/3到1/6，而且通常不会携带其配属的后勤资源一同行动。[18]

在侦察部队和先遣部队部署完毕后，主力部队可以不间断地向目的地移动。然而，它通常会按照战斗的预期进行组织。组织方式通常以战斗群而非营为单位。炮兵连可能会分布在纵队各处：每个战斗群后面可能跟随着一个炮兵连。防空部队也会分布在整个纵队中，以便在行进中提供保护。某些情况下，燃料卡车会被放置在纵队较前位置，以便在行军结束后为部队加油。救援车和救护车通常位于每个单位的末尾，以便收集故障车辆或伤员。

进攻行动中，长途行军通常会直接引导主力部队投入攻击。这就要求部队展开进行战斗准备。对于米德尔多夫及其同事们来说，展开部署是连接行军与下一作战行动的手段。部队越是接近敌人，就越应该分散到多条路线上行进。[19]这样一来，如有需要，更容易改变行军方向。同时，也减少了集结所需的时间[20]，因为整个纵队的总长度被细分成了几个较短的纵队。米德尔多夫和他的同事们认为，师级部队以单一纵队行军将是很少出现的情况。[21]

最终，部队会被细分到每个战斗群都在两条路线上展开，每条路线都有一个战斗分队成为先遣部队。西德、英国和美国的出版物对此观点一致。[22]

瑞典在冷战期间保持中立，但其关于前进的理论却惊人地相似：将情报重点放在没有敌人的地方（因此可以寻找缺口和弱点），并使用多路纵队。[23]

然而，英国并没有关于行军的军事原则。在长时间的公路行进结束后，英军部队会占领一个集结区域，然后等待下一个行动的命令。这些命令通常包括部署的具体细节，这一过程需要时间。相比之下，西德国防军继承了一种演练程序，即一旦后方部队跟了上来，整个编队就可以立即动身出发，每次都能节省数小时时间。[24]

"有两个先遣战斗分队"并不意味着"两条纵队"。这暗示着每个战斗分队都处于"部分前出"状态。先遣班通常会被部署，并以跃进的方式前进。战斗分队的其余部分则以散开队形跟随其后，沿同一路线行进。每个班通常会以方形或双列队形部署，或者可能从一个掩体到另一个掩体跟进。显然，这一切必须根据战术情况妥善处理。库伊尔的《洋基队》无意中描述了一个虚构情况，即一支特遣部队正是因为其队形不适合地形而遭受了不必要的伤亡。[25]

在前进接敌的过程中，米德尔多夫及其同事们提出，成功将取决于突然性、果断性、行动准备、预先安排的火力支援以及快速及时的部署。等待命令则是错误的做法。[26]也许令人意外的是，关于在行军状态下进攻，德军主张在相对较宽的正面展开攻击，放弃大纵深或保留强大预备队。[27]通常，他们的成功来自当战斗分队一抵达就并肩投入战斗，而不是等待形成大纵深（请参见图11-1）[28]。

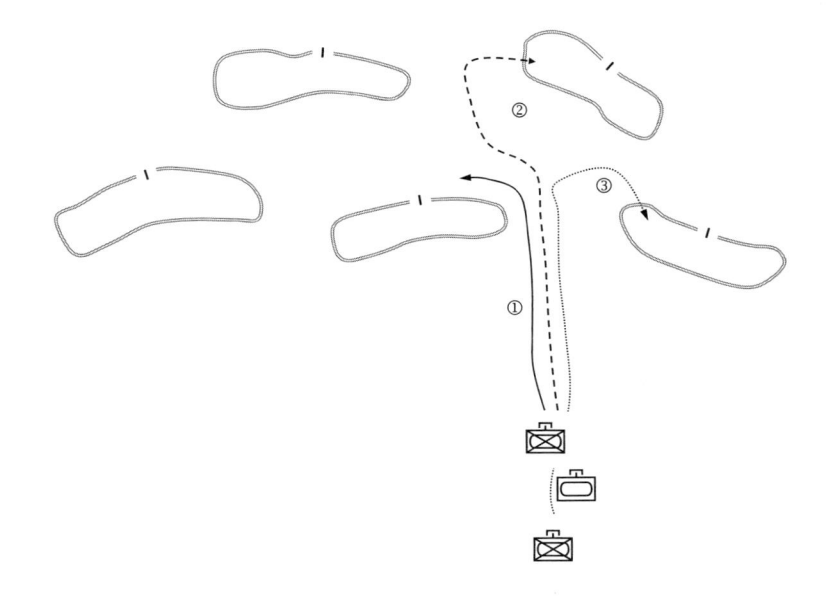

图 11-1: 遭遇战中投入兵力的方式

通过这种方式，敌人通常无法了解进攻者的实力。这避免了过早无谓地投入兵力，并且可以迅速改变前进方向。能用于侦察的时间有限，因此必须在快速评估关键因素后"在行进中"下达命令。[29]这与英国的做法大相径庭，后者决定进行"快速攻击"后，可能需要长达一个小时来实施。

模拟演练证实了这一点。它揭示了以战斗分队纵队形式推进的优点，同时也揭示了需要为未来10～15分钟可能出现的情况做好行动准备的必要性。一些战术技巧（后文将详述）被证明是有利的，通过比对手更快地思考和行动、秘密侦察以及利用突然性所带来的巨大优势也同样重要。[30]

部队可能在此阶段与敌方首次实质性接触。在此之前，可能已与敌方侦察部队有过一些接触。从前进接敌到接触推进的转变可能并不明显，甚至会显得混乱。接触推进阶段在决定进行突破战斗时结束（下文将讨论）。

在接触推进时，通常假设部队的先遣队正以多个纵队的形式推进。如果某个师以2个旅并肩前进，每个旅又以战斗群并肩前进，而每个战斗群则以战斗分队并肩前进，那么该师将会有大约2个战斗分队并肩推进。人有两只手，十根手指。"用手指感受，用拳头打击。"当打击来临时，就会落在手

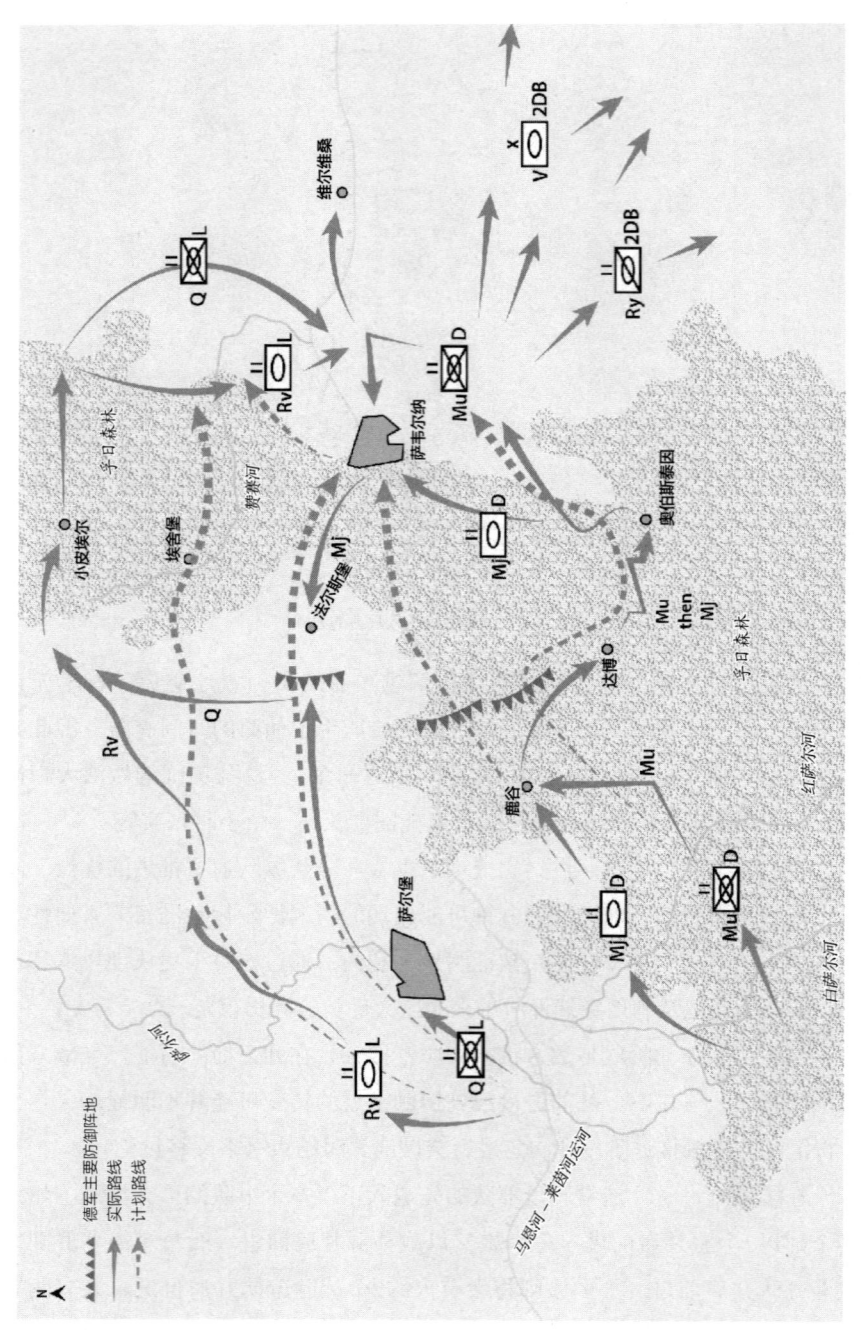

图 11-2：第 2 装甲师突破萨韦尔纳缺口的计划

指曾感知过的位置附近。

二战中，法军沿多条路线推进的装甲部队有一个非常出色的例子。第2装甲师（Deuxième Division Blindée或2 DB）在诺曼底登陆，参与法莱斯的合围，并解放了巴黎。到1944年11月，它被配属给了美军第7集团军（该军在法国南部登陆）。第7集团军面对的是沿孚日山脉一线固守的强大德军第19集团军。萨韦尔纳缺口是穿越孚日森林的主要隘口之一，第2装甲师的任务是突破萨韦尔纳缺口。

第2装甲师组织为3个主要的"战斗指挥部"。每个战斗指挥部包括1个坦克营、1个机械化步兵营和1个自行火炮营。进而，每个战斗指挥部又组成2个战斗群。师部计划是在四条轴线上推进和攻击，每条轴线部署1个战斗群。位于两条内侧轴线上的战斗群仅需将德军守军牵制在缺口内。而外侧的战斗群将突破森林和山地，然后进行扩张。见图11-2。

关键词（单位名称通常反映其指挥官的姓氏）：

D：Dio战斗指挥部

L：Langlade战斗指挥部

Mj：Minjonnet战斗群（第12非洲猎骑兵战斗群）

Mu：Massu战斗群［由乍得机动团第2营（2/RMT）组建的战斗群］

Q：Quilichini战斗群（1/RMT战斗群）

Rv：Rouvillois战斗群（第12胸甲骑兵团战斗群）

Ry：Rémy战斗指挥部［基于摩洛哥第一机动骠骑兵团的装甲侦察群（原文中可能存在拼写错误）］

V：Guillebon战斗指挥部（原文中可能存在拼写错误）

这次行动虽未完全按计划进行，却完全符合师长的意图。3天后，第2装甲师的战斗群已经从侧翼突破，从东面封锁了隘口，向西攻击以打开缺口，并迅速向东扩大战果，直逼斯特拉斯堡。战斗分队、战斗群和战斗指挥群尽可能绕过障碍，不得不战斗时便投入战斗，且攻势凶猛。

美军步兵部队紧随第2装甲师之后，持续对从西面防守缺口的德军施压。当法国部队突破时，美军第106骑兵团为第2装甲师（因此也为美军第15军）的左翼提供了掩护。这是装甲战的一个杰出范例。遗憾的是，对于大部分读者而言，这一案例鲜为人知（描述它的美国陆军官方历史卷册直到1993年才出版）。[31] 在法军中，这一战役极为著名，是冷战期间法军遗产的一部分。随后德军的反攻（由装甲教导师执行）和美军的反反攻（由第4装甲师的B战斗指挥部执行）均采用了多纵队形式。[32] 如前所述，反攻可能始于接触推进。几件冷战时期的北约资料描述了谋划营以上级别反攻发起的问题。[33] 主要困难似乎在于，反攻发起时，所要通过的友军现有防线的稳定性（或不稳定性）。在恰当的时刻，给定的发起点是否能保持安全？因为这个问题无法提前得知答案，所以解决起来并不容易。

德国国防军早在几十年前就已辨识出这一问题。他们的对策是将反攻部队保持在后方一定距离，然后通过防地的部队，以多路纵队形式发起反攻。[34] 这样降低了反攻部队过早卷入遭遇战的风险。我们已经看到，通过多条路线移动可以显著缩短部队展开所需的时间。[35] 下辖两个旅的师级部队以四条路线并肩推进，通常耗时约1小时。即使从后方30千米处发起行动，也只需额外1小时。这很容易在一个夜间内完成。

这一战术也有助于保持奇袭。它简化了反攻部队的前线穿越线路。诚然，它需要良好的交通管制。这是德国国防军，或许也包括西德国防军，在其他西方军队尚未充分思考的问题上已有解决方案的明显例证。冷战时期的大型"恐龙"师可能会使这一过程更为复杂，但仍然可行。

接触推进的整体进展在很大程度上取决于防御的连贯性。突然性越高，防御越不连贯，成功就会越大且越快。如果敌人完全没有准备，那么进攻者的进展将仅受进攻者战术的制约。如果防御者建立了连贯的防御，进展可能会慢得多。

在接触推进过程中，对敌方抵抗的最简单快速的反应通常是将每个敌方单位从其位置上驱逐出去。也就是说，运用迂回动作。迂回和绕过应非常有效，它们凸显了并行战斗分队以纵队推进的重要性。这减少了意外绕过敌人的风险，同时增加了找到缺口或开放侧翼的机会。[36]

模拟演练揭示了一个有趣的现象。在连续三场战斗中，先遣部队面对似乎是敌方的前哨阵地竟然毫无进展。[37]原因很简单。这些确实是前哨，但同时也是防御者主防区警戒部队的一部分（因此相对坚固）。直接和防御行动相比较（如第十章所述），进攻者应当尽一切努力确定防御者的主防区，并对其进行有效侦察。

以战斗分队纵队形式接触推进应当大胆且迅速。快速接近以及夺取关键位置，对整体攻击结果可能是决定性的。[38]快速行动的心理效应可能相当显著。它既能出乎敌人意料，也能使其难以有效应对。这就是实战中的冲击效应。苏军已经认识到这一点，因此，他们采取了坦克连或摩托化步兵连单纵队推进的战术。

经典的苏联战术是"遭遇交战"。在行进中，苏联坦克或摩托化步兵团的第一个组成部分（侦察连之后）是战斗侦察巡逻队（CRP），通常是一个加强的坦克或摩托化步兵排。如果战斗侦察巡逻队无法赶走或摧毁敌方分队，先遣连队的其余部分（即"先头部队"或"前卫"）将脱离行军路线，迅速实施侧翼攻击。如果这未能清除轴线，先遣营的其余部队也会这样做。团的其余部队，随后是师的其余部队，可能也会采取同样的行动。然而，一个进攻团为了执行侧翼攻击，需要大约10千米宽的区域。[39]因此，在中央防区，由于缺乏空间，这一战术在更高层级上可能行不通。

面对敌方的推进部队，这一战术的意图是在敌军主力仍以纵队部署时，对其侧翼进行打击。连级可能在10分钟内完成，营级在20分钟内，团级在30分钟内，师级在60分钟内。然而，即便是在良好道路上以最高速度移动，各纵队的通过时间显然也会延长上述时间。对于师级部队，前面提到的最长3小时可能是比较乐观的。[40]此外，在白天以高速在道路上移动将为空中攻击提供绝佳的目标（在第十二章中讨论）。

"遭遇交战"体现的是，苏联指挥官认为，相对于北约对手的重要优势，仰赖演习将赋予其紧凑而强大的部队。北约军队打算如何应对"遭遇交战"并不明显——除了在华约进攻前部署在防御位置这一简单策略之外。无论如何，西方战斗群以战斗分队纵队推进将具有两大优势。首先，多纵队很可能或偶然或有意识地找到单一纵队的开放侧翼。其次，纵队长度（以及由此产生的通过时间）得以缩短。然而，这一优势可能轻易地因为缓慢的战斗程序而丧失。

还不仅仅是以多纵队推进，领先的排遭受攻击，立即作出反应，如果可能就消灭敌人。更重要的是，战斗分队指挥官已经开始绕过敌人并进一步深入打击。[41] 在第一个敌方单位被摧毁之前，下一个排就已经继续推进。它绕过先遣排，继续迅速推进。几分钟之内，战斗分队就能向前推进1千米。

或者，战斗分队可能会遇到一个又一个敌方阵地。战斗分队和随后的战斗群指挥官很快意识到，这股敌军无法绕过、包围或从其位置上驱逐。然而，战斗群中另一支先遣战斗分队的指挥官找到了一个缺口并加以利用。战斗群指挥官也如此行事，随后是旅指挥官。纵队阵型并不总是适用的，但它的使用十分广泛，并有许多优点。

类似的考量也适用于徒步步兵。第二次世界大战期间，英国步兵连被训练在狭窄的正面（甚至可能是单列）来实行接触推进，指导原则是"非必要不展开"。[42] 训练有素的步兵指挥官完全有能力做出瞬时的决策并执行。德军将这种素质称为"闪电般的决断力"。[43] 有两起事件浮现在我脑海中，一起是1983年的（英军）排长[44]，另一起是1989年的连长[45]。在这两起事件中，军官在训练演习过程中对完全出乎意料的情况的反应几乎是瞬发的，而且是绝对正确的，有效地改变了战斗局势。遗憾的是，训练军官很少有人能达到如此高水平的决策能力。但这毕竟可以做到，也应该做到，而且几乎不需要任何成本。

战斗分队的快速攻击可能非常成功。然而，在地形允许的情况下，推进部队应当隐蔽地前进。[46] 不应试图保持统一的推进速度：战斗分队应尽可能快地前进。[47] 在狭窄地区的渗透有被包围的风险，但纵队的后续部队为领先部队提供了安全保障。[48,49] 正如巴顿所言，"一次较深的渗透……其后方受到保护……是合理且安全的。"[50] 然而，这并不是侦察部队的用武之地。夹在对立力量之间的侦察部队往往遭受重大伤亡。[51]

所有主要军队的军事理论都在一定程度上认识到寻找并利用敌方弱点的必要性。真正的问题在于，他们实践这些理论的程度如何。巴顿认为：

> 来自后方的火力比前方的火力更具致命性，且效率高3倍，但要到达敌人

后方，你必须迅速牵制住他，并快速绕过他的侧翼。[52]

此外：

敌人的后方是装甲部队大展身手的乐土。应利用一切手段将装甲部队送到那里。[53]

德国第19集团军的参谋人员以一种间接的方式赞扬了巴顿麾下经验丰富的师级部队。他们评论说，美军可能因为在攻击时总是瞄准敌方侧翼和后方而变得有些可预测。[54]

冷战时期，美军骑兵部队的理论强调，在可能的情况下攻击敌方侧翼，以之作为营级规模的迂回或包围行动的一部分。[55、56] 在师级单位内部，绕过敌方被认为是常态，尽管这种行动需要上报。然而，进行此类行动的权限通常不会下放至特遣队级别以下。[57] 速度至关重要[58]，一般包围战术更受欢迎。从多个方向或意料之外的方向同时发动攻击，会迫使敌人在防御薄弱或无防御的轴线上作战。[59]

英国的军事理论明确指示战斗群尽可能绕过敌人；先遣旅也应如此。重点放在速度和渗透上。应从侧翼包围敌人，而非正面攻击，尽管指挥官被警告注意向侧翼发展的危险。[60]

然而，在实践中，这些理念却被遗忘了。1986年，我目睹了一位旅长斥责一位战斗群指挥官，只因为后者考虑进行侧翼攻击。在1994年整整一年的陆军参谋学院学习中，没有任何一次攻击是从偏离敌方正面超过60度的角度接近敌方阵地的。[61] 渗透战术从未被提及。理论编写者似乎至少两次尝试在二战后重振这一战术。[62、63、64] 我回忆了整个20世纪80年代演习中战斗群和战斗分队的战术，竟从未展现出上述提及的那种节奏。[65]

然而，速度至关重要。在短短10分钟内，可能深入敌方阵地5千米的影响不容忽视。这要求指挥官们需提前10～15分钟进行思考，并以"坦克时间"来衡量。[66] 正如巴顿所说，"用60个每一秒的奔跑距离填满那毫不宽容的1分钟……"[67]

在接触推进的过程中，有时可能需要徒步前进。这可能是在树林或城市地形中。因此，每一个先遣战斗群中都应该有一些（机械化）步兵，也许在每一个战斗分队中都应如此。两次交战之间，几乎不会有重组的时间。步兵可能需要反复下车和上车。[68] 步兵战车相比老一代的装甲运兵车而言，实际优势可能仅仅是速度。

战斗分队此类行动的一个显著好处可能仅仅是让间接火力控制员能够向前跟进，以支持下一阶段的进攻。然而，在仅有的几分钟时间里，炮兵可能没有足够的时间来使敌方阵地瘫痪。[69] 相反，几轮迫击炮弹的齐射可能足以迫使防御者在阵地被攻击前躲入掩体。模拟游戏表明，反坦克导弹车辆应尽量靠前部署。如果先遣的坦克必须转向侧翼进行绕过，反坦克导弹可以用于固定敌人位置，阻止其移动。

通过兵棋推演，我们学到了很多。我们很早就意识到，让战斗群在广阔正面进行推进通常是一种糟糕的战术。战斗群的大部分力量（实际上）会被过早投入，这使得力量集中变得困难。[70] 并行纵队推进则更容易，也更快。未投入的排和战斗分队可以从后方迅速调上前线，因为它们远离接触区，能够更快移动。这使得切换侧翼等操作变得更加容易。也就是说，不是像图11-3所示那样。

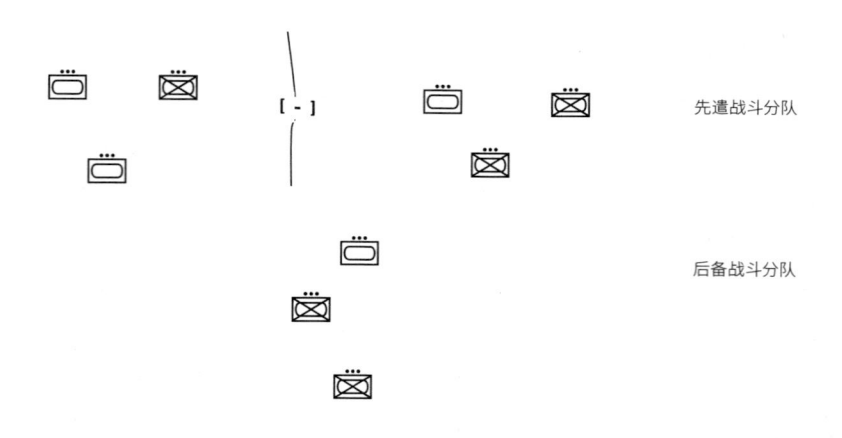

图 11-3：部署战斗分队的战斗群推进

而更应该是像图11-4：

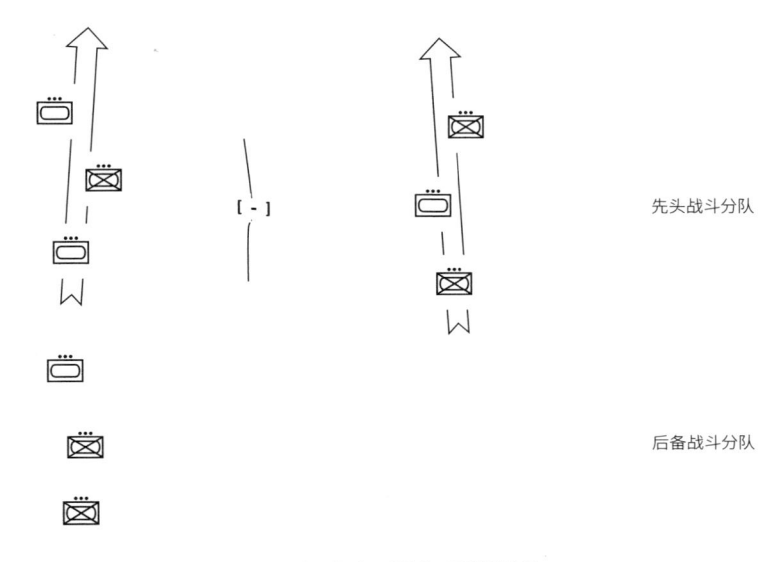

图11-4: 部署先头战斗分队的战斗群纵队推进

　　我意识到自己不够大胆。[71] 后续再使用优秀的训练程序和更大胆的行动带来了回报。[72] 再加上使用更快的车辆，这带来了更加有利的损失交换比。[73] 学习需要一些时间：当我大约第20次用"诺兰德"部队进行模拟时，已是我的第174次"战斗"。经过大约7年的120次战斗后，我观察到，在训练有素的战斗群中，第二梯队的战斗分队可以在战斗群首次接触敌军大约15分钟后投入使用。[74] 此后我开始有意识地思考和规划战斗群在15分钟后的行动方位。这与陆军元帅卡弗勋爵的指导思想相吻合。[75]

　　几场战斗后，一个北约战斗群在大约1小时内突破了一支相当强大且准备充分的警戒部队，自身则仅损失了大约10%的兵力。[76] 再后来，一个战斗群以极少的损失，巧妙地包围并驱逐了处于匆忙防御状态的敌军。[77]

　　迄今为止，我们尚未讨论障碍物。河流和其他障碍在中央防区是常见的。双方都会布设地雷（北约比华约更甚，至少最初是这样）。如果给予时间，工兵可以利用任何自然或人造特征来制造障碍。道路和铁路沿线的沟壑和堤坝显然是首选地点。

　　预期在进攻行动中（有时也在防御行动中）需要频繁穿越障碍的单位和编队，都接受了相应的训练和装备，并定期进行练习。在我服役的英军驻德部队中，每5年中有3年会进行夜间突击渡河训练。所有这些行动都在编队层面进行了规划。其中有两次行动，要在一夜之间建造、开通再拆除两座水陆两用桥梁（水陆两用桥被认为是太过宝贵且易受攻击，不能在白天使用）。1982年的一个夜晚，我目睹了英国第2装甲师的所有战斗单位（包括师属炮兵；总共约1300辆车辆）通过威悉河上的一座水陆两用桥。我们连队就在天黑前不久乘坐突击艇渡过了这条河。

当指挥官意识到某一障碍将阻碍部队的前进时，突破或穿越障碍的行动便开始了。该行动将持续到不再需要该穿越点，或被一个更持久的替代方案所取代。从战斗群的角度来看，一旦其战斗元素已经越过障碍，且穿过障碍的责任已移交给其他人，该行动实质上就完成了。

障碍通常是可预见的。河流、道路和铁路在地图上都有标注。沟壑和堤坝通常也有标记。然而，在现实世界中，一些看似微不足道的地形特征实际上，可以有效地阻止装甲部队的行动。雷区一旦布设，应当有标记并在地图上显示。但是，雷区及其标记可能并不明显。敌方雷区在被定位之前，它们不可能出现在进攻者的地图上。因此，侦察工作是必不可少的。需要专业的工兵侦察来规划如何穿过或突破障碍，并提供在哪里进行这项行动的建议。

如果能找到一个没有（或仅有最小）抵抗的突破点或穿越点，可能会考虑发起"快速"或"紧急"作战。如果没有，就将回到按部就班的行动，大致类似于任何其他有计划的进攻行动。[78] 穿越点或突破点的位置必须是在工程学意义上可通行的。它应该夺取一个桥头堡，防止该地点受到直接火力的攻击。它通常必须靠近道路网络，以便后续轮式车辆可以使用。然而，船只的强渡地点不必恰好是建桥的同一地点。正如之前讨论的，通常会准备多条通道和工程设备，以确保至少有一条通道被打开，避免单点故障。[79] 这是我们很早就在兵棋中认识到的。[80]

穿障力量通常分为掩护组、突击组和扩大组。掩护组保障本方阵地的安全，并为穿障提供直接和间接火力支援。它通常包括一个医疗分队和位于相对较前的救援车辆，以便接近穿越地点。突击组包括将打开或建筑穿越点的工兵。如果是由船只进行的河渡，突击组将主要由清理工事的步兵组成。它将包括火控人员和便携式反坦克武器，以保护该地点。如果穿障需要冲击桥或雷区突破，主体通常将是坦克；可能随后是乘载在装甲车中的步兵。

扩大组通常是一个或多个以坦克为主的战斗分队，任务是继续推进。突破或穿障行动很可能是一个编队级别的行动，可能涉及多个地点。然而，每个地点的作战通常是一个战斗群的任务。在面对最小（或没有）抵抗下的紧急穿障可能也是单一战斗分队的事。一旦突破或穿越成功，如果情况允许，攻击力量会以相当快的速度扩大战果。[81] 在兵棋中，穿越或突破障碍的行动经常取得成功。然而，突破障碍并不总是意味着突破敌人的防御阵地。[82] 很有可能，花费在突破一个障碍上的时间，也足以让防御者在后面建立另一个纵深障碍。随着自行地雷布设或散布系统投入使用，这一点尤其现实。

任何遭到抵抗的穿障都将伴随着火炮和迫击炮的火力计划进行。过程中会大量使用烟幕（到20世纪80年代末，美军已经部署了安装在M113上的专业烟幕发生器。它们可以制造长达数百米的烟幕，并且每次可以持续一个多小时）[83]。直接或间接火力、工程装备和攻击部队的移动之间的协调需要深思熟虑。与其他任何事情一样，依赖于战斗群级别上的扎实且良好的演练。

从逻辑上讲，接触推进在指挥官认为他的进攻不能再取得有益进展，并决定进行某种形式的突破行动时结束。

北约军队打算迫使华约进攻者尽早转入突破作战：如有可能，就发生在北约掩护部队的战斗中。一旦进攻或反击，英国和美国指挥官可能会尽可能长时间地继续推进。西德国防军指挥官似乎想要完全避免突破攻击。行进间的攻击已成为"第二次世界大战期间德军的标志性优势"[84]。如前所述，如果地形允许，指挥官会不刻意地渗透。[85] 在无法避免常规攻击的地方，部队会寻找一个位置和方向，从那里攻击将实现迅速突破或包围，或两者兼有。[86] 再次强调：接触推进应以有利于为后续攻击创造突然性和冲击效应的方式进行。

突破始于决定进行更为蓄意的、有计划的行动。这是推进的结束，攻击的开始。从逻辑上讲，突破在先遣部队（如战斗群）完全于敌方阵地纵深内作战时结束。或者说，当他们完成突破时结束——如果这更快的话。

指挥官应当合理规划进攻行动，以避免大规模的突破战，或者至少尽可能地减少这类战斗的发生。应当借鉴1940年的法国战役，而不是1943年的库尔斯克战役。

突破并随后穿透敌防线的计划在很大程度上取决于地形。可能需要穿越或避开障碍。占领高地特征往往能使之观察到敌方的纵深，或阻止防御者对进攻者进行观察。这些特征往往会吸引注意，被指定为"关键地形"或被赋予类似概念。

战役和战斗是通过突然性、冲击效应和扩大战果而赢得的。突破是创造冲击效应的最佳机会，即最迅速、最集中的暴力应用。然而，常常能做到冲击效应却完全没有突然性，从而导致失败。突然性比冲击效应具有更大的影响。敌人越是感到意外，就越不需要用冲击效应来突破。但是，冲击效应和突然性一起使用得越多，总体成功的可能性就越大。目标将更早实现，遭受的伤亡也会更少。英国对攻击的指导原则是突然性、势头和安全。攻击势头是通过使用尽可能大的火力支援来获得的，然后通过某个计划来维持，该计划会将进攻者带入敌方的纵深。[87] 美国的条令则强调最大的速度、突然性和暴力。[88]

最集中、最猛烈的暴力形式是大量使用炮火。炮兵首先用于反炮兵作战，然后用来压制敌方最前沿妨碍己方推进的阵地。[89] 炮火准备应保持平衡：它可以非常有效地压制前线，但这样做的同时可能给敌人时间调动预备队，导致丧失突然性。[90]

应大量使用炮兵。苏联能够集中10个或更多的炮兵营来支援一个先遣团。[91] 美军认为，用10个炮兵营支持一个进攻的师，这个师可能在任何时候都有一个旅在行动。[92] 集中使用能避免长时间的持续炮击，1小时的炮火准备是罕见的。

集中炮火是形成攻击主攻方向的有效方式。它应集中在能产生最大效果的地方。[93] 此外，反坦克防御越强，对炮火的需求就越大。[94] 然而，准备炮击所需的时间（或损失的时间）可能是一个重大劣势。比如需要将火炮和弹药向前移动；还需要找到目标；火力计划必须与攻击部队的行动协调，并告知所有相关人员。这些准备本身可能会导致失去攻击的势头。

进攻部队在炮火下发起攻击，用坦克炮摧毁敌方目标，并将步兵送至他们的目标。归根结底，攻击中的决定性因素是在最近的距离出现的：由步兵完成。[95] 所有这一切都应该迅速完成，以保持攻击的势头。

有趣的是，诺曼底登陆提供了一个天然的实验，它对炮火和坦克炮的影响提供了深刻的见解。五个登陆的海滩，五个独立的例子。在各种情况下，一个师级的部队在同一日对同一支军队防御的海滩发起登陆。盟军的伤亡从轻微（犹他海滩）到非常严重（奥马哈海滩）不等。详细分析统计数据可知，几乎所有的伤亡差异都可以归因于两个因素：炮火准备的密度和实际上第一波登陆中到达的两栖坦克的数量。不幸的是，在五个海滩中，奥马哈海滩的炮火最稀疏，坦克最少。[96] 大致而言，无论是炮兵还是坦克，在奥马哈海滩都没有实现冲击效应。而在其他地方，的确实现了。

在突破阶段，所有初始目标都必须使之瘫痪，或者至少将其压制。[97] 再次强调：攻击的步兵不能仅靠自己的武器射击目标。[98] 加拿大的作战研究表明，步兵战车不能仅依靠自身的火力前进。[99] 兵棋推演也强烈地显示，没有什么可以替代突击与集中间接火力之间紧密协同的作用。这是我们当时笔记中唯一且最重要的主题，这些笔记主要包括次序化、协同、观察员的向前移动等方面。

现实世界中，这需要良好的训练和优秀的执行。使用步兵战车进行火力支援并不是答案。"最关键的一点是，这将冒着可能失去步兵战车的风险，而步兵战车对步兵的运输至关重要。"[100] 如果丢失了步兵战车或装甲运兵车，步兵就会被坦克抛下，攻击就会瓦解。消灭在地下的步兵，特别是在碉堡中的步兵，是很困难的。要迅速做到这一点，需要坦克炮火。需要步兵找到并压制碉堡和肩射反坦克武器。清除此类阵地的困难是我们在早期兵棋研究中首先发现的。[101]

不同的北约军队在突破行动中强调了不同的方面。追溯到1918年，英国的军事条令曾指导进攻者直接向远处的目标前进。清理战场的任务留给了后续部队。[102] 这一原则在冷战时期的军事条令中被重复强调。[103] 迂回、包围和渗透都被高度重视。然而，到了20世纪80年代，攻击被划分为若干阶段，每个阶段都有自己的目标，每个阶段都要进行重组。[104] 这就完全丧失了进攻的势头。在马尔维纳斯群岛的基层经验似乎动摇了有关迅速占领整个目标并随后清理的任何想法。[105]

西德国防军的教义则截然不同。任何情况下，重新编组都不应减缓推进的速度。[106] 攻击的进展在前线各处会有所不同；指挥官应向获得成功的地方增援，成功与否以向前推进的尺度衡量。这通常会有助于那些不太成功的攻击。[107] 在多条轴线上使用多个纵队以加速整体攻击。[108] 进攻者应该不顾留在身后的敌方据点，直接向纵深打击，这些都不能预先计划。[109、110]

美国的军事条令与西德国防军类似。进攻者应凭借速度、突然性和暴力快速推进。尽可能绕过预设阵地，只有在必要时才进行清理。如果先遣（攻击）部队停滞，应该迂回。[111] 目标应该是弱点。如果不存在弱点，那就制造弱点。[112]

米德尔多夫和他的同事们清楚地描述了如何攻击反斜面阵地。初步行动中（运用"有对限目标的攻击"），应夺取山脊线上的一个或多个山丘，这样就可以对反斜面的阵地进行部分观察。一旦确定了这些位置，就间接火力进行轰击，派遣以步兵为主力的部队沿通往反斜面的峡谷向下攻击。这些渗透点应随后扩大，以便对对面山坡上的敌方阵地进行全面进攻。山脊上的间接火力控制员、坦克和反坦克导弹应为这次攻击提供远程火力支援。[113] 显然，这并非简单易行。但西德国防军似乎拥有唯一且肯定是最清晰的指导，说明如何进行此类攻击。

突破提供了充足的时机来发挥冲击效应，但其自身是不确定的。任何必须正面发起的攻击只有在穿透敌防线时才是决定性的。[114] 有些突破确实能穿透敌方防线，如果做到了，进攻者可以直接进入扩大战果的阶段。而在其他情况下，进攻者将不得不继续战斗，以穿透敌方阵地的纵深。

穿透开始于攻击部队获得立足点之时，结束于攻击部队从敌方阵地的纵深中突围而出之时。冲击效应已经施加；最好伴随有一些突然性。但冲击效应和突然性是短暂的。如果不加以利用，它们会消失。因此，保持攻击的势头至关重要。[115] 美国军事条令规定，一旦穿透了敌方前沿防御，一个师必须无情地向敌后方挺进。[116] 如果攻击部队无法做到这一点，它将不得不进行一系列有限的攻击"一口一口地咬"。遗憾的是，这似乎正是英国的实践所缩减到的状态（尽管存在一些例外）。[117]

"反向侧击"是其中的一个例外。原则上，即时的反攻可能开始于接触推进，然后演变成对即时防御的穿插战斗；可能直到某个特定的地形被重新夺回（或类似情况）。然而，反向侧击的概念是指正在移动的敌军侧翼进行突然刺穿，随后是极快的穿插战斗。考虑到之前讨论过的数量，反向侧击可能使我们看到一个师在8个坦克连的引领下迅速推进，整个军级炮兵提供火力支援。在德军手中，它曾经是戏剧性的，而且经常非常成功。

回想1984年9月的西贝塞缺口，第5皇后团的团长命令他的预备连向西南方向推进，封锁穿过树林的小路。15分钟之内，整个森林爆发了一场混乱而激烈的战斗。英军一度阻止了西德国防军的旅级攻击，之后英军其余部队本可以反攻并恢复局势。但显然，这种情况并没有发生；然而它原本并不难发生。无论如何，英国的营长和连长并没有考虑进行即时的反攻，即接触前和接触中的推进。

向纵深攻击很容易受到反攻的干扰，特别是来自侧翼的反攻。因此，无论是通过间接火力还是后续部队，应尽早识别并消解反击。[118]

在突击中，指挥官的任务是通过利用最短暂的机会来发展攻势。[119] 每个机会都应积极利用，尤其是在低层级。进展将是不均衡的，可能出乎预料。前线部队的指挥官应识别最薄弱的位置，并在那里发动攻击。[120] 成功的关键在于迅速执行纵深打击。[121]

火力支援应用来维持攻势的节奏[122]，打乱敌人的反攻，并将先头部队投向下一个目标。结果往往是戏剧性的。[123] 兵棋模拟表明，即使是单个前进的战斗分队也可能需要两个炮兵营，加上迫击炮，来支援一次突击。四个野战炮兵营，即使是攻击延伸的线性目标，可能也只能覆盖4×450=1800米的正面宽度。[124] 这对于攻击群的延伸射击来说是不够的。因此，炮兵支援通常会采取对连续的敌方阵地进行集火射击的形式。

可用的多管火箭炮将大大增加使敌方瘫痪的机会。[125] 然而，它们较大的火力安全距离排除了用它们来掩护攻击部队的可能性。良好的通行条件或已取得的良好的进展，决定攻击的方向。而敌人的实力所在，决定间接火力的落点应集中向何处。[126] 这两者不一定在同一个地方。

近距离战斗中，数量很重要。但在穿透敌人阵地的战斗中，避免一场消耗性的近距离战斗显然更好。也就是说，最好利用现有的兵力，通过整体的穿透战斗来绕过和包围敌方阵地。

事实上，在穿透战斗中，应当始终尝试侧翼和包围攻击。[127]对敌方阵地展开正面攻击会迅速削弱步兵，同时带来的成果却很少。相反，由多个攻击小组执行的包围行动更可能极为成功。[128]因此，进攻的步兵应选择适当的时机，在突击和渗透之间切换。[129]这样，攻击的方式将一直处于变化中。[130]

到了攻击的这个阶段，步兵班在前进时不应寻求相互支持。这样做只会导致缓慢的、消耗性的战斗，并受制于最慢一方的速度。相反，连队应以前面的几个（比如4个）班为先导，其余的班则在不接触状态（并且很可能处于乘车状态）。排长和连长不应试图协调各班齐头并进，而应支持他们前进（例如，用间接火力）并增援获得成功的地方。正如我们所见，这样做可以帮助其他不太成功的攻击地点。

坦克在步兵下车时给予直接火力支援，并在步兵乘车时引领战斗。战斗分队应在可能的情况下恢复纵队编组。他们的侧翼应由战斗群的侦察或反坦克部队进行掩护，或由各纵队的后方部队保护。单一的渗透会招致敌方的反击。而多个、大致平行的攻击则更难以应对。在一个旅或师的攻击区域内，总有人会在某处找到一个缺口；或者制造一个。这应该被无情地利用。

指挥官应准备好在到达纵深位置时进行突围。敌人已经被冲击效应所震慑和惊吓。剩下的就是通过后续行动扩大战果。但对于某些部队来说，他们的即时任务已经完成。如果是步兵，他们应该散开以避免间接火力[131]，重组进行急促防御，协同监视，并派出巡逻队。[132]反坦克武器应构成反坦克防御的基础，以便解放坦克，用于下一次行动。[133]

对美军而言，"扩大战果和追击是机械化战争的顶峰。"[134]扩大战果开始于攻击指挥官感觉到敌人在维持连贯防御上遇到了真正的困难。它在攻势行动达成其目标时结束。

扩大战果和追击并不相同。我们再次参考西贝塞缺口的情况。第1装甲掷弹兵旅的营级单位利用了其对英军前沿阵地的突破从而扩大战果。旅长可能指挥了一次会合行动。这两项任务（"扩大战果"或"会合"）并不一定需要"追击"或"跟随"。当然在许多其他情况下，利用一次突破确实可能涉及追赶敌方部队。

对于北约来说，局部意义的扩大战果可能在华约部队被切断和包围时结束。更广泛意义的扩大战果，可能会看到两德边界（和捷克斯洛伐克边界）的恢复。华约要扩大战果，其视野甚至可能远达英吉利海峡。

有趣的是，美国的军事教义要求："当敌人开始退缩时，必须无情地利用胜利。"[135] 克劳塞维茨写道："每一次成功与成功之间的间隔都给敌人（即防御者）带来了新的希望。"[136] 他提出，应扩大战果，防止敌人在遭受下一次失败之前从这一次失败中恢复过来。

兵棋推演提供了一个有趣的案例。一场战斗中，发生了一次突破，后来转化成扩大战果，但这个过程既尴尬又混乱。[137] 一段时间后，另一次突破被更快、更有效地转化利用。[138] 前后的差异在于两点。一是改进的训练；二是"指挥官"（即我）的经验，这不仅仅是因为我进行了更好的训练。这一案例反映，在冷战期间，指挥官最初可能难以识别突破即将来临的迹象，然后也不知道应对此如何反应。

毫不奇怪，米德尔多夫和他的同事们为"追击"提供了最清晰的指导；美国的军事条令也大体相似：首要的是实现突破，其次是追击应该以强大的装甲力量超越敌人。[139] 应该组建数个追击分队，并赋予它们深远的目标（河流渡口、控制要点、隘口和交通交汇点）[140]，以包围敌人。[141] 它们应该在大致平行的轴线上追击。高级指挥官应以敌军而非领土为目标，并从一开始就将行动设计为通过包围实现的摧毁之战。[142] 部队不应该被派去跟随敌人，而是要越过敌人。[143] 美国陆军在一定程度上同意这一观点，但也看到了除了包围力量之外，还需要一个"直接压力"（即"跟随"）的力量。[144] 德军可能会认为，相关的"直接压力"是由后续部队施加的。

时间会很紧迫，没有时间进行侦察。命令应该"从马鞍上"发出。[145] 组织和发动部队进行追击远比确保它们拥有所有必要条件更为重要：即便是小型追击部队，如果大胆行动，也能取得巨大成果。不过，总应该有一些步兵与坦克一起行动，至少应有工程侦察部队，指挥官应尽量确保分遣队携带尽可能多的弹药。[146]

克劳塞维茨认为，"［追击］所投入的力量决定了胜利的价值。"[147] 机械化部队对敌人的持续追击应防止其巩固防御。最高程度的努力是合理的：

它们可以减少后续阶段的激烈战斗。敌人无法得到喘息之机，也无法策划反制措施，无法构建防御工事，也无法有序撤退，其部队更有可能放弃抵抗。[148] 第二次世界大战期间，苏联军队在追击过程中经常采用夜间行军和夜间攻击的策略。[149]

追击行动应当迅速进行。任何下车下马的步兵部队必然会落在后面。追击过程中，指挥官应持续识别敌军的薄弱点，并从这些弱点深入攻击敌方阵地。[150] 追击部队不应受到自身的横向牵制，应立即利用现有兵力迅速打击敌人，而不是等待集结重兵再行攻击。必要时，应对敌人正面施压，侧翼包抄或突破，然后由后续部队从后方发起攻击。预计会遇到一些困难情况，但通常后续部队能够解决这些问题。[151] 英国军事原则在本质上与之相似：如果可能，追击者应尽可能绕过敌军并进入阻挡位置，以便切断敌人退路。[152]

本章注释

1. 参见第三章。
2. Advisory Panel on Armour, pp.54ff.
3. Middeldorf, Handbook of Tactics, p.138.
4. Middeldorf前引，第139页。
5. Middeldorf, The Russian Campaign, p.121.
6. Middeldorf, Handbook of Tactics, p.233.
7. 例如, The Infantry Battalion (1975), chapter 9, part Ⅱ.
8. English, The Mechanized Battlefield, p.69.
9. 同上，第126页。
10. Middeldorf, The Russian Campaign, p.119.
11. Middeldorf, Handbook of Tactics, p.140.
12. FM 71-2 (77) The Tank and Mechanized Infantry Battalion Task Force, pp.4-7.
13. Middeldorf 前引。
14. Middeldorf前引，第103页。
15. 同上，第64页。
16. Colonel Bruno Paulus，个人通信。
17. FM 71-2 (77) The Tank and Mechanized Infantry Battalion Task Force, pp.4-10.
18. Middeldorf前引，第88页。
19. 同上，第76—79页。
20. 同上，第103页。
21. 同上，第83页。
22. 举一个英国例子, The Infantry Battalion (1975), pp. 6-8 para 200.
23. 根据2006年1月30日至31日在伦敦SMI Ltd举行的Urban Operations Conference记录，演讲者是瑞典皇家近卫部队的Frederik Almér少校。在这个上下文中，Almér少校并没有特别涉及都市作战。
24. Middeldorf前引，第219—220页。
25. Coyle, Team Yankee, p.263
26. Middeldorf前引，第188页。
27. Middeldorf, The Russian Campaign, p.119.
28. Middeldorf, Handbook of Tactics, p.188.
29. Middeldorf前引，第190—192页。
30. Particularly Battle 198, 28 February 2009.
31. Clarke, Jeffrey J. and Ross Smith, Robert. Riviera to the Rhine: The United States Army in World War Ⅱ: The European Theater of Operations (Washington, DC; Center of Military History, US Army, 1993), pp.371-80.
32. 同上，地图27，第385页。
33. 例如Arrcade Planner p.85，以及个人通信。

34. Middeldorf, The Russian Campaign, p.149.

35. 参见第九章。

36. The Infantry Battalion (1975), Pt 2 para 149.

37. Battles 180, 1 and 3, 7 July, 15 September, and 9 December 2006.

38. Middeldorf, Handbook of Tactics, p.227.

39. Isby, Weapons and Tactics, p.47.

40. 同上，第48页。

41. The Infantry Battalion (1975), Pt 2, para 245.

42. Instructor's Handbook (1942), p.159. 原文强调。

43. Introduction to Wehrmacht H.Dv. 298/3a of 5 August 1944. In Middeldorf前引，第54页。

44. Second Lieutenant Bill Warren, later a brigadier and Provost Marshal (Army). Warren died in 2019.

45. Major Mike Oates，一位非常有经验的连长。

46. Middeldorf前引，第171页。

47. English, The Mechanized Battlefield, pp.6-17.

48. Middeldorf前引，第221页。

49. Middeldorf, The Russian Campaign, p137

50. Patton, George S, Jr. War as I Knew it (Cambridge, Massachusetts; Riverside Press, 1947), p.413.

51. 第四章，第4—8页。

52. Letter of Instruction No 2 [to 3rd US Army], 3 April 1944. In Patton前引，pp.403ff.

53. 同上，第413页。

54. Clarke and Ross Smith前引，p568.第19集团军所辖的是美国第3、第36和第45步兵师。其中，第3和第45师曾在西西里岛在巴顿的指挥下服役。这三个师都在萨莱诺、安齐奥以及从法国地中海沿岸向北的战斗中参战。

55. FM 17-95 (81) Cavalry, pp.5-24.

56. Colonel Clint Ancker，个人通信。

57. FM 1-2 (88) The Tank and Mechanised Infantry Task Force, Sect 3-17.

58. FM 71-100 (79) Armoured and Mechanized Divisions Operations, pp.4-22 ff.

59. 前引，第4—13页。

60. Land Operations 1971 pt 1, paras 569-70.

61. 个人收藏。

62. 1971年的Land Operations 1971 Pt，在编队级别用了三页半的篇幅来详细阐述渗透攻击，而对正面按部就班的攻击只用了1/6页的篇幅。这表明作者试图推广渗透攻击的概念。相反，较晚的较低层级的Infantry Battalion(1975)总共用了34页来讲述按部就班攻击的战术，而只用了四页和一张图表来介绍渗透攻击。显然，渗透的想法并没有深入人心。

63. 然而，皇家海军陆战队第42突击队在马尔维纳斯群岛冲突中对哈丽特山的攻击完全遵循了Infantry Battalion(1975)第九章中渗透攻击的原则。这次攻击大获全胜，自己几乎没有伤亡。

64. 后来，我在2005年的Army Doctrine Publication Land Operations, 2005. （Army Code 71819.）中再

次尝试重新唤起对渗透战术的关注。我是这份出版物的作者。

65. 这其中包括了1987年我在BATUS担任训练和警戒军官时的许多实例。

66. Messenger in English, The Mechanized Battlefield, p.32. See chapter 10, note 94.

67. Patton前引, 第121页。

68. Middeldorf, Handbook of Tactics, p.230.

69. Middeldorf前引, 第227页。

70. By about Battle 30, 31 July 1979.

71. Battle 106 of 27-8 October 1997. 这是用Norrland部队进行的第七次战斗, 也是在战斗群级别上的第六次战斗。

72. Battles 138 of 7-8 June 1997 and 174 of 25-26 September 2004.

73. Battle 175 of 23 October 2004. 在遭遇战中, 损失交换比达到了5∶1。

74. After Battle 123 of 31 July 1993.

75. Film: Command of Armour in World War II. Part 2, North West Europe, British Defence Film Library, C1405, 1979.

76. Battle 134, 22 February 1997.

77. Battle 197, 16 January 2009.

78. Middeldorf前引, 第411页。

79. 在1982年的威悉河横渡行动中, 计划了两个地点并进行了两次突击穿越。(另一次穿越是由Green Howards团第1营完成的)。然而, 师长随后故意关闭了第二个穿越点。他旨在迫使师部和旅部参谋重新规划师的移动: 从两条路线变为一条, 并在夜间实时进行。他这样做了, 他们也做到了, 而且行动成功。

80. Battle 68 of 20 Dec 84.

81. Macksey, First Clash, p.153.

82. Macksey, First Clash, p.153.

83. The M1059 "山猫" 烟雾生成器。

84. Middeldorf, The Russian Campaign, p.119.

85. Middeldorf, Handbook of Tactics, p.171.

86. Middeldorf前引, 第221—226页。

87. The Infantry Battalion (1975), pp.7-6, 7-7.

88. FM 71-100 (79), pp.4-3

89. Middeldorf前引, 第155页。

90. Middeldorf, The Russian Campaign, p.121

91. 见第十章注释30。

92. Col Clint Ancker, 个人通信。

93. Middeldorf前引, 第100页。

94. Middeldorf前引, 第61页。

95. Middeldorf, Handbook of Tactics, p.93.

96. Rowland, D., The Use of Historical Data in the Assessment of Combat Degradation, J Opl Res Soc, Vol.

8 No.2, 1987, pp.149-62.

97. Middeldorf前引，第175页。

98. Middeldorf前引，第156页。在15、160、174、179等页也有重复。

99. English, The Mechanized Battlefield, p.162.

100. 同上，第161页。

101. Battle 41 of 5 Jan 80.

102. SS135, The Division in the Attack 1918. Issued by the General Staff, HQ British Expeditionary Force. T/1635. chapter 4 Section 5 (Infantry).

103. The Infantry Battalion (1975), pp.7-24.

104. 同上，第7页。

105. 这里提到的并不是对参与行动的个人进行批评，其中包括我在当时或后来认识的一些人。他们中包括Lance Sergeant Dale Loveridge MM, Welsh Guards; Captains David Benest, Colin Connor MC and 'Chip' (later Major General Clive) Chapman, Lieutenants Mark Cox MC and Guy Wallace of the Parachute Regiment; and Captain Steve Hughes, Royal Army Medical Corps. 遗憾的是，Hughes于2018年去世，享年60岁。Benest则在2020年去世。

106. Middeldorf前引，第182页。

107. 同上，第149页。

108. 同上，第170页。

109. 同上，第228页。

110. Colonel Bruno Paulus，个人通信。

111. FM 71-100 (79), p4-3.

112. 同上，第4—11页。

113. Middeldorf, The Russian Campaign, p.122.

114. Middeldorf, Handbook of Tactics, p.140.

115. The Infantry Battalion (1975), Pt 2 Para 271.

116. FM 71-100 (79), p.4-3.

117. 在20世纪70年代末，英国军官学员被教导必须"在纵深组织"攻击，但教官们似乎并不明白这句话的真正含义。个人记忆。

118. 同上，第228—229页。

119. 同上，第225页。

120. 同上，第180页。

121. 同上，第225页。原文强调。

122. 同上，第151页。

123. 同上，第183页。

124. 详见第七章。

125. Middeldorf, The Russian Campaign, p.73.

126. Middeldorf, Handbook of Tactics, p.225.

127. 同上，第226页。

128. 同上，第180页。

129. Middeldorf, The Russian Campaign, p.16.

130. 同上，第41页。

131. Middeldorf, Handbook of Tactics, p.232.

132. 同上，第186页。

133. 同上，第337页。

134. FM 71-100 (79), pp.4-25. Italics in original.

135. 同上，第4页。

136. Clausewitz, in Middeldorf, The Russian Campaign, p.128.

137. Battle 160 of 24-5 February 2001.

138. Battle 174 of 25-26 Sep 04, 在用那支军队所组成的部队进行了4场战斗之后。

139. Middeldorf前引，第128页。

140. Middeldorf loc cit, but also Handbook of Tactics, p.236.

141. FM 71-100 (79), p4-26.

142. Middeldorf, The Russian Campaign, p.130.

143. Middeldorf, Handbook of Tactics, p.237.

144. FM 71-100 (79), pp.4-26.

145. Middeldorf, The Russian Campaign, p.130

146. Middeldorf, Handbook of Tactics, p.235.

147. Middeldorf, The Russian Campaign, p.128.

148. Middeldorf, Handbook of Tactics, p.233.

149. Middeldorf, The Russian Campaign, p.189.

150. Middeldorf, Handbook of Tactics, p.233.

151. 同上，第237页。

152. Land Operations (1971), Pt 1, Sect 43.

第十二章

空中对地支援

所有主要国家的军队都在第二次世界大战结束时坚信真正融合的空地联合作战所带来的益处。例如，美国陆军认为"坦克和战术空军"需要紧密协同和精心训练，但同时也认为它们"构成了一股巨大的力量"。[1] 本章将探讨空中支援陆地作战的四个方面：空中对地攻击；空中机动作战；反坦克和攻击直升机的作战；以及防空。当然，本书的重点在于陆地作战，特别是战斗群级别的行动。因此，讨论的关键问题在于：空中相关的问题如何影响战斗群的行动？

从1945年到1980年，飞机技术有了显著发展。到1980年时，涡轮喷气发动机几乎成为标准配置。固定翼飞机的飞行速度普遍比1945年快很多。直升机技术已经成熟，并大规模投入使用。制导武器技术也已成熟，并在赎罪日战争中得到广泛运用。[2]

严格来说，"飞机"要么采用固定翼，要么采用旋翼（一般指"直升机"）。按此定义，直升机也属于飞机的一种。但为了简化表述，在不特指直升机的情况下，下文将使用"飞机"一词（也就是说，下文的"飞机"通常指的是"固定翼飞机"）。冷战期间，大多数飞机属于空军，而大多数直升机属于陆军，通常归军或师级单位管辖。

20世纪80年代初，"近距空中支援"（CAS）指的是"根据地面指挥官指定的目标，使用空中力量对抗敌方地面部队"。[3] 到了20世纪80年代后期，"近距空中支援"这一术语逐渐被限定为必须与地面部队的行动相协调的对地面目标的空袭。人们将它与"空中拦截"区分开来，后者发生在更远的区域，不需要与地面部队进行如此精确的协调。随后，又进一步区分出了"战场空中拦截"，这也是在距离前线较远的地方进行，同样不需要与地面部队协同。[4]

起初，近距空中支援并不一定意味着攻击必须在地面部队的视线范围内进行。实际上，攻击目标位于敌方前线后方几千米甚至几十千米处，这样反而能更好地打击敌军。20世纪80年代初，近距空中支援这个术语就包括了对华约部队行进纵队攻击，这些纵队距离前线几千米到几十千米不等。在接下来的讨论中，"空中拦截"将被理解为对地面部队的所有空中攻击。"近距空中支援"则特指那些必须与地面部队的实时运动协调一致的攻击。"远程拦截"将用来描述对那些参与地面战斗之前已处于一定距离之外的敌军的攻击。

1989年8月，西德森内拉格训练中心B靶场。国王团第1营正在起始线上部署，准备进行实弹攻击演练。前方空中打击控制员（FAC）通知我，飞机正从初始点（IP）飞来。[5]数周前，他曾建议我将请求的飞机数量加倍，从2架增加到4架，因为空中支援请求经常会被上级削减或拒绝。不料，联队[6]将我的请求翻倍，提供了8架飞机。这就是为什么我们有8架A-10攻击机在头顶上空，以约200节（约合370.4千米/时）的速度和100～200英尺（约30.48～60.96米）的高度，用实弹为我们提供支援的原因。

飞机预计使用他们的30毫米GAU-8复仇者机炮进行攻击，该机炮的循环射速为每分钟2100或4200发。出于安全考虑，每架飞机必须先进行一次不射击的飞行，以确认目标（约1000米外的一辆废弃坦克）。此外，它们必须单独进行攻击。然后，每架飞机各自进行了两次攻击。接近尾声时，它们开始展示特技（例如倒飞射击）。整个过程持续了超过半小时。过了一段时间后，这变得有些单调。但是，这确实是一次相当特别的经历。一开始时，这确实很震撼。

"震撼"往往被错误地等同于"有效"。如果得不到利用，像冲击和震惊这样的效应会逐渐消失。战役的胜利依靠的是对冲击效应、突然性和扩大战果的运用。对于战役的突破和整体成功而言，制空权及其后果的影响不如突然性或后续的扩大战果。在战役突破方面，制空权的重要性也不如冲击行动。制空权最重要的影响在于实现或剥夺防御方的空中侦察能力。空袭的重要性不如制空权。[7]因此，空袭对战役进程或结果的影响相对较小。

米德尔多夫和他的同事们认为，战术空军的作用包括：制空权；空中侦察；隔离战场；以及随后对靠近己方部队的目标进行攻击。[8]这些角色反映了在战役层面通过作战比率进行衡量的重要性，正如上文所述。米德尔多夫和他的同事们指出，试图直接对地面部队产生影响是"代价高昂"的，但间接影响（如延迟增援部队到达或对后勤造成冲击）却是巨大的。[9]

美国陆军的教义中大量提及空中拦截的概念。[10]空地一体战理论加强了有关第二梯队部队的交战重点。然而，这一概念可能被误用了。理查德·霍利安博士，可能是当时最杰出的美国空军历史学家，曾于1990年写道，对地面部队的攻击通常"令人失望"。[11] 1994年，另一项美国空军的研究指出"空中拦截的效果往往是边缘性的"。[12]

空中攻击往往具有震撼性，但效率低下。在1941年4月至10月为期6个月的第一次托卜鲁克围城战期间，每次空袭都有多达100架"斯图卡"俯冲轰炸机参与，共发生了62次空袭。英国军队的总伤亡统计为15人死亡，68人受伤。[13]显然，空中攻击的有效性很大程度上取决于具体情境。冷战结束后不久，沙漠风暴行动中，伊拉克地面部队在进攻卡夫吉时遭到联军空军的毁灭性打击。[14]盟军的战斗轰炸机在诺曼底莫尔坦反击战中严重挫败了正在向北推进的德军坦克部队。实际上被摧毁的坦克数量很少。在莫尔坦和类似冷战时期的战斗中，最关键的点在于，德国遭受的损失使得他们的攻势被美军第3装甲师和第30步兵师阻止了。

广义上的空中拦截主要有三大效应：消耗（attrition）、封锁（blockage）和系统性低效（systematic inefficiency）。[15]冷战时期的规划者们似乎确实从这些或类似的视角思考问题。自冷战以来，空中力量理论的发展指向了空中与地面作战之间的协同效应。[16]因此，例如，地面部队成功阻挡了敌军的推进，那么空军将面临更优质的攻击目标。空军造成的消耗和延迟能够使地面部队更容易防守，进而为地面反攻创造更好的目标环境。如此形成良性循环。

A-10攻击机是美国主要的近距空中支援飞机。美国空军大约有40个中队，每个中队配备18架飞机。每架A-10飞机每天可以轻松执行6次飞行任务。[17]西德的前沿作战基地每天能够为北约的每一个驻防师提供超过100架次的A-10支援任务；或者为每个位于前沿战区的师提供近200架次的支援。[18]"复仇者"机炮几乎可以轻易穿透任何非复合装甲坦克的侧面或后部装甲。A-10还携带有空对地AGM-65"小牛"反坦克导弹（通常每架飞机携带六枚）。"小牛"导弹允许飞机在更远的距离上进行攻击，能够击毁任何已知型号的坦克。

英国的"鹞"式战斗机部队的规模要小得多（3个中队），但它们从分散的基地运作，距离前线更近。"鹞"式可以在接到前方空中打击控制员的呼叫后，从地面警戒状态起飞响应，大约15分钟内即可到达。[19]"鹞"式战斗机通常使用集束炸弹（每架飞机携带7枚）攻击装甲纵队。一个苏联坦克营可能遭到两波6~8架飞机的攻击，一个团则可能遭遇三波攻击。[20]三波攻击大致相当于"鹞"式战斗机一线作战力量的一半。

包括法英联合研制的"美洲豹"（Jaguar）在内的其他几种飞机也被用于执行近距空中支援任务。按照现代标准，它们的航空电子设备相当原始。那个时代的几款经典轰炸机（如"狂风"式战斗机或FB-111）的设计意图是攻击更深后方的目标。20世纪80年代，堪称冷战时期最具标志性的飞机——F-4"鬼怪"战斗机，通常被北约空军用作战斗机，而非地面攻击机。

我们在兵棋推演中获得的经验同样支持这一观点：飞机对地面作战的影响高度依赖于具体情境。我们在早期战斗中就开始观察空中攻击和防御。[21]我们很快意识到，我们所使用的规则中，关于空战的部分过于简单化，于是我们借鉴其他地方的规则对其进行了替换。[22]

兵棋推演中，在不恰当的情况下，空中攻击可能会带来灾难性的后果：每一架参与攻击的飞机都可能被击落。而更常见的情况是，采用合理的攻击战术，飞机能够在完成一次飞越目标的行动后安全撤离。我们从兵棋中得出了一条关键发现，即战斗群需要足够的防空能力。"足够"的具体含义将在后续进行探讨。

我的兄弟约翰很早就得出了一条结论：空中攻击的效果相当有限。[23]我却一直坚持尝试。我在许多战斗中使用飞机，对武器和战术进行了研究、分析和思考。然而，在经历了大约200场战斗之后，我得出的结论是，空中攻击通常对战斗群的作战行动影响甚微。我认为，我兄弟的看法是对的。

这并不是说空中攻击不能在陆地战中做出显著贡献，也不意味着它在冷战期间的中央防区不会发挥重要作用。但这一结论暗示，空中拦截的最大影响可能并不在于战斗群相互接触的区域。

1990年11月，我前往位于英格兰索尔兹伯里平原训练区边缘、第1步兵旅（英国机动部队）总部所在地蒂德沃斯报到。大多数日子里，大量的A-10攻击机以低空飞行的方式掠过我们的总部大楼。我们被告知，这些飞机正在为伊拉克的作战（即后来的"沙漠风暴"行动）进行实弹训练，而我们所在的位置正好是它们进入训练区的必经之路。然后，大约在1991年1月13日，A-10的飞行突然停止了。3天后，针对伊拉克和科威特的空袭行动开始了。冷战真正宣告结束，历史的另一篇章就此展开。但这又是另一个故事了，就交给其他人来讲述吧。

时间回到1976年的某个地点——英国第1军防区内。一个国土防卫军[24]步兵营正埋伏在军的雷区的一个缺口处，承担守卫责任。他们并不知道，一个美军空中机动步兵排已经在前一晚侦察了这个位置。

美国第187步兵团第3营曾在越南服役4年。随着征兵制度的终结，该营近期成为美军第一支全职业化的部队。乘坐UH-1"休伊"直升机[25]，该营即将展开一次空中突击行动。其目标是夺取并控制雷区缺口。在前往目的地途中，营长接到了来自侦察排的重要情报更新。整个营随即短暂着陆。在直升机螺旋桨的旋转声中，指挥部迅速重新规划了突击方案，并通过无线电快速下达了命令。

片刻后，美军的营几乎就在防守者头顶上降落。突袭效果完美无缺：直到直升机距离仅百米之遥时，防守方才听到声响。实际上，直升机根本没有完全着陆：美国步兵在直升机低空悬停时就跳下。阵地在几分钟内就被占领并巩固。这是一次令人印象极其深刻的行动。[26]

UH-1"休伊"是第一款真正高效且应用最为广泛的多用途直升机。相比之下，英国的"山猫"（Lynx）直升机体积较小且较新，但它是世界上速度最快的直升机。法国的"美洲狮"(Puma)直升机略大一些,总体上比"休伊"更现代化。关于最大载员量的数据,它们各不相同,"山猫"直升机最多可搭载8名士兵,"休伊"直升机可搭载12～13名士兵,而"美洲狮"直升机能容纳16名士兵。更大的直升机,如"支奴干"(Chinook)、"海骑士"(Sea Knight)和"海种马"(Sea Stallion)(均为美国制造),不仅能搭载更多士兵,而且更重要的是,它们可以运输轻型车辆或大型货物。相比之下,苏联同类直升机更为粗糙。[27]

或许令人惊讶的是,20世纪80年代,美军并未在中央防区维持任何空中机动部队,或为此准备相关部队。西德国防军每个军都配备有一个空中机动旅,装备有大量装有"陶"式导弹和20毫米炮的轻型车辆。英军拥有大量轻步兵,但皇家空军的直升机数量相对较少。1985年起,驻德英军(即莱茵军团)开展了为期2年的试验,涉及第6空中机动旅。[28] 这一试验最终促成了第24空中机动旅的成立,该旅驻扎于英国本土。两个旅均配备了"山猫"反坦克直升机和大量"米兰"反坦克导弹。[29] 苏联的空中机动部队包括每个集团军配属的一个空降突击营和驻德苏军总部直属的一个空降突击旅。部分苏联空降突击单位装备了BMD空降战车。

英军和西德国防军的旅级部队主要是作为军级的空中机动反渗透力量而设立的。在这两种情况下,其目的是在敌人即将突破前线师级部队的防御时,投入旅级规模的兵力进行阻击。时机的选择至关重要。如果抵达得太早,苏联进攻部队可能就绕过阻击阵地继续前进了;如果抵达得太晚,他们将没有足够的时间构筑工事,从而容易被敌人迅速突破。而且,如果防守方有充裕的时间,为何还要依赖空中运输呢?为什么不直接驾驶车辆前往呢?空中机动部队在大规模演习中练习了进攻作战,例如作为重大反击行动的一部分,抢占狭窄通道。[30] 苏联集团军级的空降突击营旨在夺取深入敌后约30千米的目标;而空降突击旅的目标则位于敌后30～100千米范围内。[31]

在我们的兵棋推演中,我们进行了14次空中机动或空中突击行动。还有一些行动虽然规模较小,但也涉及直升机运输。回顾我们的发现,它们并不令人意外,却洞察深刻。

我们发现,直升机甚至比装甲运兵车更加脆弱。因此,之前关于在突击中使用装甲运兵车的评论，通过类比，同样适用于空中机动作战。总体而言，如果直升机着陆点选择得当；如果对任何防御工事实施有效压制；并且如果直升机飞行良好（甚至用精心选择的飞行路径），那么整个部队有很大可能完整无损地到达目的地。但是，空中机动部队在任何情况下都无法承受超过敌人轻武器火力的威胁，即使轻微的防御火力也可能导致直升机损失。每失去一架直升机就意味着至少一个步兵排的损失[32]，这可能是灾难性的。[33] 假设一个最糟糕的情况，一个苏联空中突击营在20分钟内失去了其3个连队中的2个。这2个连队都遭受了超过50%的伤亡，崩溃并逃跑。而防守方，一个西德国防军猎兵连，拥有几门20毫米炮，并且已经针对可能的直升机着陆点进行了迫击炮火力的预先准备。[34] 损失交换比大约为20：1。

直升机着陆点完全有可能选择在远离目标的地方，以便将损失降至最低。但这样做又会引发"阿纳姆困境"：即为了覆盖1千米的距离，步兵通常需要步行15～20分钟。因此，哪怕是1千米的距离，也可能太远了。而且，如果地面部队不能迅速地与空投部队会合，那么空投部队可能会被敌军包围并消灭。[35]

成功的关键似乎在于：目标没有得到防守；直升机着陆点位于目标之上或紧邻目标；没有低空防空；并且行动经过彻底周密的计划和执行。规划应该从后向前进行。也就是说：从地面突击计划回溯至空中突击（或着陆）计划；然后是空中移动计划；接着是空中装载计划；最后是登机计划。这需要大量的规划工作。无论如何，首先，这种规划似乎是必不可少的。其次，其中许多环节可以也应该简化为例行程序。直升机和步兵单位都有标准尺寸。不必每次都"重新造轮子"。[36]

德国空军拥有3个中队的"阿尔法喷气"（Alpha Jet）轻型战斗轰炸机。类似英国皇家空军的"鹞"式，他们能够使用高速公路跑道作为前沿作战基地。它们承担多种角色，其中之一是攻击华约集团的直升机编队。这一想法在飞行员中并不受欢迎。[37] 然而，它可能在打散空降部队方面极为有效。上述三段文字中描述的"战斗"[38] 就包括了"阿尔法喷气"对苏联直升机的攻击。

1972年6月，北约进行了直升机联合评估试验，后来称为"安斯巴赫"

试验（以西德小镇的名字命名）。[39]这些试验使用侦察和攻击直升机对抗由防空部队和战斗机支持的装甲单位。直升机采用极低空飞行路线和使用线导反坦克导弹的跃升射击战术。每一架直升机被"击落"前平均能够"摧毁"12～17辆装甲战车。某些情况下，损失交换比高达33∶1。这次试验促使北约国家广泛部署反坦克直升机和攻击直升机。也许反坦克直升机最有价值的特点是它们的反集中能力。直升机的移动速度大约是地面部队的20倍。它们还可以飞越地面部队，避免交通控制问题。因此，它们能够比其他任何类型的部队更快地到达敌军可能突破的地区。

反坦克直升机是一类装备远程反坦克导弹的多用途直升机。法国军队使用的是"小羚羊"（Gazelle），英军使用的是"山猫"，而西德军队使用的是Bo 105。"攻击"直升机是专为攻击任务设计的，可以携带各种武器。世界上第一款专用攻击直升机是美国的AH-1"眼镜蛇"，它基于"休伊"直升机开发，最初是为了越南战争而研制，通常配备有炮塔的加农炮和"陶"式反坦克导弹。1986年起，它被能力更强大的AH-64"阿帕奇"取代。当时苏联最接近"阿帕奇"的同类产品是米-24"雌鹿"。它体型庞大，粗犷原始，机动性则如同伦敦公交车。[40]

苏联的师级单位通常只装备一个由6架"雌鹿"组成的飞行小队。在驻德苏军集群（GSFG）的每个军中都有一个团级单位，大约装备了额外的40架"雌鹿"。[41]作为对照，美军每个师拥有2个营的攻击直升机（每个营装备21架AH-1"眼镜蛇"或18架AH-64"阿帕奇"），此外，每个军还配属一个包含3个直升机营的旅。每个装甲骑兵团也拥有自己的攻击直升机营。最终，美军共部署了34个"阿帕奇"直升机营。其他军队拥有的专用反坦克直升机数量较少。法国军队在师级层面没有部署专门的反坦克直升机单位，但在军一级部署了46～72架装备"霍特"反坦克导弹的"小羚羊"直升机。西德军队在军一级部署了2个营28架装备"霍特"的Bo 105直升机。英国陆军第1军总共部署了4个营的"山猫"直升机，每个营装备24架，同样装备"陶"式反坦克导弹。

北约的攻击直升机或反坦克直升机通常会在接近己方前线部队的最前方进行操作。它们会根据侦察直升机（如"小羚羊"或美国的OH-58"基奥瓦")的指示来行动。它们通常会绕过林木飞行，而不是直接飞越。在接近交战位置时，它们的移动速度往往不会超过步行的速度。指挥官们会试图将几架直升机的火力集中对准大的目标群，比如正在移动的装甲纵队。它们通常会以间隔较大的双机编队操作，同时对同一敌对单位发起攻击的直升机可能不会超过6～8架。

直升机自身是脆弱的。它们会尽量在远距离上交战，每一轮交战发射不超过2～3枚导弹，迅速脱离接触后再重新接敌。不过，考虑到每架直升机携带6～8枚导弹，这意味着一个小组每次任务可能会发射50枚导弹，可能击毁20～30辆敌方装甲车辆。如果北约的攻击直升机和反坦克直升机单位能够以较低的损失率反复执行此类任务，华约的装甲攻势将很快受到抑制。

"空地一体战"概念的发展和"阿帕奇"直升机的部署催生了远程拦截打击的战术。这些战术设想了整个直升机营与A-10攻击机和高速喷气式战斗机的协同作战，可能还会得到多管火箭系统的支持（尤其是用于压制敌方防空系统）。

每个进攻的华约师级单位配备6架"雌鹿"直升机，可能对已挖掘掩体、分散并隐蔽的北约战斗群威胁不大。然而，真正棘手的情况可能是，如果一个苏联集团军将其攻击直升机团全部投入，以支持可能的突破行动。40架左右的"雌鹿"直升机，要么一次性集体攻击，要么以连续的波次或中队形式出击，这将是一种截然不同的威胁。本章开头我们提到，一般而言，空中攻击对战役进程或结果的影响相对较小，但有一个重要的例外，那就是支援突破行动的对地攻击。[42] 这是一种获取冲击效应的形式。一个进攻的"雌鹿"直升机团可能就是这种作战行动的例子。在这种情况下，我们或许会发现那些德国空军"阿尔法喷气"飞行员的真实实力究竟如何。

兵棋推演很少揭示有关反坦克直升机和攻击直升机作战的新见解，但这部分是因为推演的规模限制。我们的模拟战场很少超过6千米宽。我们在几十次模拟中使用了反坦克直升机或攻击直升机，但它们通常只能对战斗群的反坦克防御做出贡献。攻击直升机的介入确实可以击毁大量装甲战斗车辆，但地面部队只要采取简单对策就能大大降低其效能。这些对策包括分散、隐蔽和合理选择行进路线。这些通常是北约部队的本能动作，但对于试图快速推进和攻击的华约部队来说，可能会造成很大的麻烦。在推演中，攻击直升机有时会在空中突击行动中提供有用的火力支援。然而，仅凭这一点不足以使一个连贯的防御体系瘫痪。

防空主题的大部分内容在此书中并不涉及，其中包括进攻性反空袭行动，即攻击敌方机场。这些内容还包括了北约（华约可能也是如此）自20世纪60年代以来就存在的中高空防空导弹带，以及围绕和处于这些防空带后方的防御性战斗机。

中高空防空导弹系统似乎在前沿师的后方边界之后，覆盖了大部分的军防区。例如，"霍克"防空导弹系统就有45～50千米的射程和65000英尺（约合19812米）的射高。军防区内，战斗部队则由移动的战术防空系统保护。分散、隐蔽和挖掘工事有助于保护前线部队免受空中攻击，就像躲避炮火一样。[43]

战场上的所有防空系统都是移动式的，绝大多数是履带式和装甲化的，就像它们所保护的部队一样。大多数国家使用了火炮和导弹的混合系统。除了肩扛式防空导弹之外，导弹通常比火炮具有更长的射程。

火炮系统包括美国的20毫米M163"火神"炮、苏联的23毫米ZSU-23-4"石勒喀河"自行高射炮、法国的30毫米AMX 13 DCA防空炮以及德国的35毫米"猎豹"防空炮。所有这些系统都有某种形式的雷达制导。由于高速攻击机的出现，加上使用了防区外空地导弹、远程空地导弹，到20世纪80年代，任何口径小于30毫米的防空炮都被看作已经过时。苏联开始用2S6"通古斯卡"火炮/导弹系统替换"石勒喀河"。美国陆军曾尝试开发一种双联装40毫米防空系统——M247"约克军士"，但未成功。理论上，这套系统原本是完全可行的。但所谓"追求完美是优秀的敌人"，M247项目的失败恰是这样一个典型的例子。这将在下面详细讨论。

最基本的防空导弹是肩扛式、红外制导的。例如，美国的"毒刺"和苏联的萨姆-7"圣甲虫"。更复杂的肩扛式防空导弹包括英国的"吹管"（也被加拿大使用）和"标枪"。射程更远的导弹通常是自行式的。其中包括苏联的萨姆-6/8/9/13型导弹；英国的"轻剑"；美国的M48"小槲树"（AIM-9"响尾蛇"空对空导弹的一种变体）；以及法德合作的"罗兰"。它们通常在师级或军级部署。一个装备12具发射器的"轻剑"导弹连可以保护一个10千米×15千米的区域，或者30千米的路线。一个装备36具发射器的"吹管"导弹连可以保护6个易受攻击的点（如河流渡口）或63千米的线路。[44]

很少有火炮的有效射程能达到5千米，但大多数自行防空导弹系统的射程都在8千米以上，并且还有更高的射高上限。相反，火炮的反应时间通常为8～12秒，而导弹可能需要大约30秒。与大多数导弹不同，火炮通常可以像对付地面目标一样，打击低空悬停的直升机。

通常每个师配属1个防空营，每个军则配备1个或多个。西德军队每师有1个"猎豹"防空"团"，配备36门炮，每军有1个"罗兰"防空"团"，同样配备36台系统（具体配置如下所述）。法国军队每军有1个"罗兰"防空营（详情见下文）。英国军队每师有1个装备36具"吹管"导弹的防空连，军级则有3个"轻剑"防空营。美军师级单位有1个营，包含2个装备12门M163"火神"炮的连和2个装备12具M48"小槲树"导弹的连。在更高层级，有"霍克"和"爱国者"防空营。苏联的防空团则有1个连装备4门ZSU-23-4自行高射炮和4套SA-9或SA-13防空导弹。其师级单位有1个装备20套SA-6或SA-8的防空导弹营，军级单位则有一个SA-4防空导弹旅。肩扛式防空导弹被广泛分发，几乎像小型武器一样普遍（除了"吹管"导弹外）。例如，西德的"猎豹"和"罗兰"防空单位还装备了216具"毒刺"导弹发射器。美军有"火神"和"小槲树"的防空营，还装备有72具"毒刺"导弹；诸如此类。

防空炮通常与前线战斗群和作战分队一起部署。防空导弹系统则通常部署在后方一些。具体部署细节各不相同，很大程度上取决于武器的特性。普遍认为，将防空系统均匀分布在防区内的做法是错误的。

美国陆军的条令建议，防御中，"火神"炮排应与预备战斗群放置在一起，而进攻中，则应与前锋战斗群一同行动。[45]这两种情况下，目标都是专注于保护移动中的部队。至于"小槲树"导弹系统，则用于区域覆盖：条令甚至指出要保卫师指挥部和燃油分配点。[46]

出于赎罪日战争的经验，西德军队重组了防空单位，从3个装备12个防空系统的连改组为6个装备6个系统的连。它还将这些单位重新命名为"团"

（因此上文使用了引号），并且添加了一个"营"级的指挥层次。[47]其结果是形成了数量更少但规模更大的火力单元（6个装备6个系统的连，而非9个装备4个系统的排）。这可能是为了优先考虑主攻方向的防空支援。[48]在防御行动中，这也意味着优先考虑那些被指定用于反击的部队。因此实战中，有些战斗群可能只有2台"猎豹"，甚至没有任何"猎豹"，而其他战斗群则可能拥有整个连的"猎豹"防空炮。同样地，"罗兰"导弹系统在旅级也会有类似的情况。

20世纪80年代，英国军官被告知，运用运筹学可以决定如何最好地使用防空力量来防御空中攻击。于是研究得出结论：对于给定的资金总额，使用纯导弹的组合能击落最多的敌机。因此，英国采购了"吹管"和"轻剑"防空导弹。然而，我们不知道这笔资金总额与其他北约国家相比贵出了多少。而且，正如我们当时观察到的，击落的敌机的数量再多，也肯定不如保持地面部队行动自由重要。

在进行兵棋推演时，我们数十次地部署和运用了防空系统。上面已经述及了一些观察结论。我们很早就发现，击落敌机可能相当困难，但阻止其再次攻击却相对容易。[49]这与"沙漠风暴"行动中的证据相一致。联军飞机遭受地对空导弹攻击时的损失率仅为每1800架次损失1架（总计超过10万次出动），但其中71%的损失发生在飞机于目标区域徘徊或再次攻击时。[50]

陆基防空导弹迫使攻击机必须飞得非常快、非常低，并且不能进行再次攻击。对战斗群其余的威胁来自极低空飞行的攻击直升机或反坦克直升机，它们通常悬停或突然跃升射击。在这个高度上，很少有射界（也就是交战距离）能超过2000米。推演表明，对付这些战术的最佳手段是安装在自行平台上的大口径火炮：30毫米、35毫米、40毫米甚至57毫米口径的。获取目标往往依靠目力，快速反应（因此需要火炮系统）也是必不可少的。因此，即使是20世纪60年代的老旧苏联ZSU 57-2（双联装57毫米炮）也能极为有效。

这表明，"约克军士"（安装在M48主战坦克底盘上的双联装40毫米炮）作为M163"火神"的替代品应当极为有效。实际上，"约克军士"遇到的诸多问题几乎全在于非必要的组件——雷达和电子火控系统上。采购团队似乎相信，对于击落高空高速飞行的飞机，这是必要的。这种过度乐观的要求与不良项目管理有关。一个仅仅依靠视觉，可能带有激光测距仪和热成像瞄准具，而无须雷达的解决方案，就能满足了"（真正）必要"的要求且成本低廉。[51]满足"必要"要求的系统不应因为无法实现"理想"的要求就被放弃。追求完美往往会成为优秀方案的敌人。

本章注释

1. Special Text No. 28, The Armored School, The Principles of the Employment of Armour, Introduction in Advisory Panel on Armour, Vol II, Tab 3, Annex C.

2. 电子战，尤其是机载电子战，已有了显著的发展，但本书不会对此进行详细讨论。

3. Busico, Maj Roger P, USAF. Battlefield Air Interdiction: Airpower for the Future, Leavenworth, Kansas; United States Command and General Staff College Master's dissertation, 1980, p.3.

4. Vernon, Maj Michael H. Air Interdiction: Joint Coordination Issues for the United States Army and Air Force Conducting Coalition Warfare Within the NATO Theater of Operations (Leavenworth, Kansas: School of Advanced Military Studies, United States Command and General Staff College, 1986), p.18.

5. 前方空中打击控制员是驻扎在帕德博恩第33装甲旅指挥部的英国皇家空军旅级空中联络官。初始点是位于比勒费尔德东部的高速公路交汇处，大约在东北方向15千米处。

6. 驻扎在英格兰本沃特斯（Benwaters）空军基地的美国空军第81战术战斗机联队。

7. Blues R.C., Rowland D., Keys M.C. and Dixon R.C., Historical Analysis Paper for PPSG Case Conference on ISTAR. Centre for Defence Analysis document CDA/HLS 44/393 dated November 1995, pp.7-8.

8. Middeldorf, The Russian Campaign, p.155.

9. Op cit, p169. Emphasis added.

10. For example, FM 100-5 (76) Operations, pp.3-7.

11. Hallion, Dr Richard P., Battlefield Air Support. A Retrospective Assessment, Airpower Journal, Spring 1990, Vol. IV, No. 1, pp.8-29.

12. Mark, Edward. Aerial Interdiction. Air Power and the Land Battle in Three American Wars (Washington, DC; Center for Air Force History, 1994), p.404.

13. Instructor's Handbook (1942), p.40fn.

14. Keaney, Thomas A and Cohen, Eliot A., Gulf War Air Power Survey Summary Report (Washington, DC: Government Printing Office, 1993), p.157.

15. Mark前引，第1页。

16. For example, British Air Power Doctrine, AP 3000, 3rd Edition. Directorate of Air Staff, Ministry of Defence, p.2.7.5.

17. Sweetman, Bill. Modern Fighting Aircraft. A10 Thunderbolt II (London; Salamander Books Ltd, 1984), p.61.

18. 六个前沿作战基地；每个基地有68架飞机；每架飞机每天执行六次飞行任务。

19. Exercise Spearpoint '76 Post Exercise Report, HQ I (BR) Corps BM 3 to 3573/16 GSD1. Apparently undated. British Army Tactical Doctrine Retrieval Cell index 3371A of 26 January 1977. P28.

20. Tactical Aide Memoire (TAM) Part 3. Issued under the direction of the Chief of the General Staff. Army Code 71384, February 1999, pp.3-1.

21. Battles 1 & 4, 29 December 1977 and 6 January 1978.

22. Air War: Modern Tactical Air Combat (New York: Simulation Publications Incorporated, 1977).

23. 我从没有问过他。

24. 可能是Mercian Volunteers团的一个营。

25. "休伊"（Huey）实际上是UH-1直升机的昵称。其正式名称为"易洛魁"（Iroquois），但这个名称在实际使用中几乎从未被采用。

26. 我对Major General Mike Charlton-Weedy提供的第一手叙述表示感谢。当时，他担任第3/187步兵团的代理S2（情报官）职务。

27. 2004年，我在塞拉利昂乘坐过一架米-17"河马"直升机。

28. 第6空中机动旅的指挥官先后为Robin Grist和Rupert Smith，后晋升为将军并获得爵士头衔。Smith将军通过个人通信提供了相关信息。第6旅下辖两个正规军步兵营，在重大演习中会附加一个国土防卫军营，约翰·斯托尔正是在该营中服役。

29. 正规军步兵营有42具发射器。

30. 我在1986年9月以第33装甲旅总部联络官的身份参与了一次，该单位是来自德国卡尔夫（Calw）的第251空降猎兵营。

31. Isby, Weapons and Tactics。第十五章，特别是第390-392页。

32. 例如, Battle 141, 22 February 1998：6架Hueys中的2架在飞抵途中被击落。

33. Battle 168, 17-18 May 2003：14架Hueys中6架在飞抵途中被击落。

34. Battle 164, 12 January 2003.

35. Battle 15, 12 August 1978.

36. Notes after Battle 81, 27 November 1986。这场战斗基于前引30号中提到的真实事件。

37. Group Captain Tom McCartney RAF, 个人通信。McCartney曾在德国空军的第49战斗轰炸机联队驾驶过"阿尔法喷气"机。

38. Battle 164, 12 January 2003。上述注释34也有所提及。

39. Keener, J Kristopher, The Helicopter Innovation in United States Army Aviation, Working Paper 01-1. MIT, Security Studies Program, January 2001. P31.

40. 1988年1月，我们正在西柏林的美国陆军"Doughboy"城市战斗训练中心进行侦察。一架"雌鹿"直升机缓慢地沿着墙的另一侧飞行，距离我们大约150米。很明显，机组人员在观察我们。1994年，我在捷克共和国的一个军营里检查了一架停泊的"雌鹿"直升机。

41. Isby, Weapons and Tactics, pp.33, 439-40.

42. Blues et al, loc cit.

43. Middeldorf前引，第185页。

44. SOHB 88.

45. FM 71-100 (79) Armored and Mechanized Division Operations, pp.3-15.

46. FM 44-3 (77) US Army Air Defense Artillery Employment, Chaparral/Vulcan, p.7-7

47. Blume, Peter, The Modern German Army in the Cold War 1967-1990 (Erlangen; Verlag Jochen Vollert, 2005), p.55.

48. Middeldorf前引，第283页。

49. Battle 68, 20 December 1984.

50. Keaney and Cohen前引，第105页。
51. 空余的M48坦克车体将作为政府资助的设备提供。

第十三章

在森林、建筑密集区和夜间作战

在森林、城市或夜间作战，这些环境都具有能见度有限和机动性减少的特点。历史上，指挥官们通过避开这三种环境来应对挑战。然而，到了第一次世界大战开始时，他们再也无法避免这些作战环境。尤其是在城市作战领域，甚至产生了一些误解。

在任何森林中，人们几乎都很难看到百米以外的景象：除非是在小径、道路或林间空地上。在某些地区，特别是在松树林内部，即使是白天，能见度也可能只有区区1米。

虽然都是机动性降低，但具体表现有所不同。在一些开阔的森林中，士兵可以像在开阔乡村一样徒步移动。也就是说，他们的行动可能会偶尔被沟渠、围栏或溪流阻碍，或者可能被灌木丛区域阻挡，但基本顺畅。相反，如果在茂密的松树种植园中，士兵们只能缓慢、嘈杂且艰难地移动。

车辆的移动所受限制要大得多。在中欧，林间空地通常是防火带或电力塔的位置，它们通常是未铺砌的道路。森林中，轮式车辆通常只有在小径或道路上才能以任何速度移动。履带式车辆可以在树木间缓慢移动，但这很大程度上取决于树木的大小和间距。虽然对坦克来说，几乎没有什么森林是真正不可逾越的（毕竟坦克可以推倒相当大的树木）[1,2]，但它要高速移动就会被限制在少数路线上。地图分析表明，在典型的西德森林中，每千米只有两三条这样的路线。

这里有几个含义。直射火力的交战距离非常有限：不会超过射手可以看到的距离。控制炮火非常困难，很难判断某个目标是否值得攻击。迫击炮火同样难以控制，但它可以在更接近友军部队的位置发射。迫击炮弹几乎是垂直落下，穿过树木间隙。二战的资料强调了森林中迫击炮火力的频率和有效性。

导航和控制也会变得更加困难。部队的移动往往会沿着道路或小径进行，因此行动路径相对可预测。偏离这些路径时迷路的风险很高，这就暗示了在前进和攻击中应采用简单的计划。[3]同时，这也给了对地形更为熟悉的防守方许多优势。

人造障碍的影响将被放大。道路更容易被封锁，障碍物也更难规避。炮火往往会击倒树木，阻塞道路，这将进一步降低机动性，可能导致步兵与车辆分离。

由于能见度有限，再加上面对近程反坦克武器的脆弱性，装甲战斗车辆将处于劣势。其反坦克导弹几乎毫无用处。因此，在森林中的战斗主要是一场下车步兵的战斗。战斗将在短距离内进行："在森林中战斗是一场近战。"[4]防守方将再度拥有许多优势。然而，如果进攻者能在森林中安静地移动，他们将对防守方构成渗透的威胁。"这对防守方来说尤其不愉快。"[5]

小型的森林则如同小村庄或聚居点，往往容易吸引火力。最好是绕过并避开它们。一些军队有清理小型森林的训练程序。至于攻击大型森林的一般方法，大致上与在开阔地带使用的战术相同。苏联和德国的实战经验强调了狭窄且纵深的阵型。[6]德军认为，你无法完全"清空"一片森林。[7]

米德尔多夫和他的同事们强调了在前进中进行广泛而仔细的侦察。"基本上，缓慢而有序地前进总比因急躁而导致部队分散或混乱要好。"最糟糕的结果是意外闯入森林内准备充分的防御阵地。应尽一切努力利用机会实现突袭。如果敌人的防御不是完全连贯的，那么攻击应在远离小径和林间空地的地方进行。[8]

攻击通常是由徒步步兵在坦克的支援下进行的。在这一点上，英国冷战时期的条令出乎意料地相似。它承认，主要的进攻轴线通常沿主要路线展开。经常需要偏离这些路线，用下车步兵去迂回和包围敌人。此类行动遭到反击的风险很高。这应该通过徒步警戒哨和巡逻队来对抗。有时可能需要进行有计划的攻击，选择如何以及在哪里进行攻击仍然很重要。实现局部冲击效应的机会应该很高。应利用小规模或局部的突破，寻找并攻击其他敌方阵地的侧翼或后方。[9] 不过，人们怀疑，这样做之后如果不能迅速带来成功，英国军队只得求助于系统性清理作战。这便将主动权交给了防守方。

任何森林的前沿都会吸引炮火。在第二次世界大战中，苏联军队很少在森林前缘防御，绝不在其最前线，通常是在森林深处布防。[10] 冷战期间，英国人认识到森林前缘的危险性，但并未完全放弃它。通常不可能守住大片森林的所有区域：英国人强调在道路或小径交汇处建立强点，同时在作战小组和战斗群级别保持充足的预备队。积极的、机动的防御将最大化防守方的优势。[11]

也许令人惊讶的是，西德国国防军提出了更为连续的防御，但步兵营占据的区域比在开阔地带窄得多。一条坚固的前线将得到机动预备队的支持（可能部署在相当靠前的位置），对机动性的重视程度极高。需开辟并标记反击路线，以便昼夜使用。[12] 我们有理由假设，西德的机械化步兵将采用更机动的防御战术。

低层级的战术技巧包括在前线设置机枪，利用预先准备的"火力通道"（在德军中称为"火力隧道"），穿过灌木丛向敌人侧面射击。小型武器的射击视野仅清除到腰部高度，以保持低姿态（在苏联军队中）。几乎每条小径、道路或林间空地都可能被炸成弹坑并布设地雷，通常是在拐弯处，这样障碍物直到最后一刻才会被发现。另一种（英国的）技巧是在小径和道路上横跨麻袋布屏障。屏障足够高，可以阻挡装甲战斗车辆乘员的视线。其中一些屏障会隐藏反坦克地雷：仅仅足够让装甲战斗车辆乘员"意识到地雷的存在"。一些地方会设置伏击，或伏击与地雷的结合。这是一种廉价而简单的方法，可以减缓车辆在森林区域的移动。

森林通常含有丰富的木材，可用于加固或覆盖战壕，因此要为防御步兵提供坚固、防弹和防炮的掩护应该相对简单。斧头、锯子，尤其是链锯将成为宝贵的工具。

我们在大型森林中模拟了数次战斗。[13] 所设森林区域可达6～8平方千米。我们的任何一场战斗都没有带来决定性影响。即使对于装甲战斗车辆而言，移动通常也是缓慢且笨重的。集中兵力、制造冲击效用或有效使用间接火力都很困难。防守的步兵可以轻松地脱离接触并撤退，然后在纵深建立另一个防御阵地。同样，发起局部反击也相对容易，这会大大减缓进攻者的速度。

几乎在所有方面，军事史学家们研究城市作战问题都做得很糟糕。大约30年前，现代英国军事运筹学之父大卫·罗兰德（David Rowland）指出：

> 城市战斗的历史往往由胜利者，通常也是进攻方撰写，他们强调自己的伤亡情况，而轻描淡写地提及敌人的伤亡和俘虏，很少将双方的伤亡情况进行比较。
>
> 人们普遍接受的城市作战观点是，这些战斗激烈而混乱，其中进攻方所遭受的损失尤甚。
>
> 虽然很少有人明确表达，但这正是军事界和许多历史学家不言而喻的……[14]

重要的是，罗兰德世界级的研究发表在《运筹学会杂志》（Journal of the Operational Research Society）上，不知是否有历史学家读过它。多年以后，我们仍会听到关于"城市例外主义"的说法：即城市地区是特别的、独一无二的、令人反感的战斗场所。这种观点是错误的。在39场城市战斗研究中（这是唯一能收集到准确数据的战斗），罗兰德发现进攻者的伤亡（死亡、受伤和失踪）平均只占防守者伤亡的28%。没有任何一场战斗，进攻者的伤亡达到或超过防守者。是的，没有一场。防守者的伤亡总是高于进攻者。在一个记录翔实（但不太为人所知）的战斗中，伤亡交换比甚至达到了25∶1。[15]

我们可以公正地指责历史学家没有正确地履行他们的职责。1943年，意大利南部的奥尔托纳（Ortona），加拿大军队与德国伞兵在这里爆发了激烈的城市战斗。几十年来，奥尔托纳对加拿大和英国的步兵来说都是著名的：它被用作城市作战的经典案例。据官方历史记载，战斗中加拿大军队有650

人伤亡。这个数字可能是正确的，也可能不是。但是，部队的记录，这本应由历史学家研究，显示参与的两个步兵营总共遭受了275人伤亡。275是个很大的数字，但它远小于650。

我的营从1988年1月至1990年1月在柏林服役，我们几乎专攻城市作战训练。许多其他营也在那里驻扎和训练。[16]然而，罕见的是，我们营的关键指挥人员（营长、副营长、作战和情报军官）在整个服役期间几乎保持不变。[17]这种情况让我们积累了一种不同寻常的集体知识深度，营的作战能力达到了大多数其他单位难以企及的水平。整个服役期间我作为作战军官，观察了大量针对城市作战的训练。以下内容反映了我的一些观察和思考。

城市环境的确带来了挑战，但这些挑战同样影响着对手。城市作战环境的特性并不是城市作战独有的。

1979年，西德有53个城市的人口超过10万人。还有235个城镇的人口在3千至10万人之间，但有2.1万个村庄的人口不到3千人。这些村庄平均相隔3.5千米，但这一数据具有误导性。在大片的森林和树林之外，村庄之间的距离通常为1.5～2.5千米。一个典型的北约旅防区包含了25个村庄。[18]鉴于居民区如此众多，北约部队在其中实施某种程度的阵地防御是不可避免的。同样，城市作战也不可避免。[19]苏联军队声称在1945年的1月和2月间通过强攻占领了300个城镇和城市。[20]（不过，对于苏联历史学家如何定义"城镇"和"城市"，西欧人或许有不同的看法：其中一些可能只是大村庄。）

城市环境具有四个主要特征：有限的能见度、受限的机动性、硬质结构和人文环境。城市中的能见度比在森林中更多样化。在建筑物内可能无法透过几厘米远的墙壁看到对面。在室内能看到的距离通常不超过几米。但几乎每座建筑都可以由车辆到达，几乎每个房间都有窗户。道路往往平直，所以在建筑物外，也时常能看到几百米外的视野。

就像在森林中一样，在建筑区创造障碍相对容易。汽车和卡车能被以各种富有创意且出乎意料的方式来利用，包括设置陷阱。瓦砾和弹坑会显著降低车辆的机动性。用炮火将建筑区变成废墟，往往会将防守方的效能提升大约55%。[21]

在城市区域，步兵可以在掩护下快速移动，特别是在经过一些准备之后。人员和车辆可以沿街道迅速移动。但是，道路和路径旁通常有掩护。有许多机会可以设置伏击。开阔地带通常较小，十分常见但却是致命的。

坚固的掩护在城市环境中也很常见，但并非所有的地方都是。在建筑物内部，许多墙壁仅由胶合板和石膏构成。防守者可以很容易地隐藏自己。他们可以通过火力控制建筑物间的开阔区域。他们可以迅速重新布置家具，以提供抵御小型武器射击的保护。然而，在某些情况下，他们也可能被轻易地孤立和消灭。

硬质结构的普遍存在以及许多建筑物封闭的性质，使得短程投射的高爆武器变得至关重要。即使是一个小的爆炸在房间或建筑物内部也可能是致命的。虽然有可能通过轰炸将建筑物夷为废墟，但典型的、系统化的推进所带来的缓慢进展意味着很难迅速利用这种摧毁效果。装甲战斗车辆往往跟不上前方步兵的步伐。所有主要军队都强调要在攻击建筑区前对其进行隔离的行动。[22、23] 苏联的条令强调沿主要路线快速推进至城市中心。这确实可能取得成功，但代价高昂，正如英国的野战试验监测所示。[24] 从第二次世界大战[25]到20世纪70年代[26]的英国条令建议从精心挑选的突破点渗透，沿多轴线攻击。然而，从20世纪70年代开始，重点转向了对各区域的系统性清扫。这只会缓慢地将敌人逼退，甚至可能失败。[27] 德军曾提出正面牵制敌人，同时向其侧翼和后方突破。它还建议在建成区深度最浅的地方发动攻击，以便迅速突破。[28]

城市战斗迅速分解成一系列局部交战：在建筑物之间、同一建筑物内，甚至在同一房间内。进攻者通常很容易获得局部的数量优势。[29] 这在很大程度上解释了有利的伤亡比率。详细的试验和历史数据显示，在分队层面，存在着强烈的经验效应。进行过10次攻击行动（包括实战和训练）的班组，其伤亡人数仅为未进行任何攻击的班组的1/4，损失交换比率强烈偏向进攻者。[30] 经验效应在每个班组进行15次甚至18次攻击后仍在继续。

我所在营的经验既相似又不同。我们学会了将几乎所有攻击都视为一系列渗透，随后是快速突击，从单兵到连级。营长的关键指导强调了战斗评估、路线选择和展现主动性。[31] 有说服力的是，某次惊人的成功[32]正是由我们最有经验的排长的行动达成的。他随后的职业生涯告诉我们，他也是最好的。³³为了利用任何转瞬即逝的成功，需要持续关注保持预备队可用，这一点也被其他评论家注意到。³⁴、³⁵有趣的是，我们还注意到，当使用激光武器效果模拟器时，训练弹药消耗量减少了，少了约一半。

最实用的梯子是由轻合金制成的（木头太重），长度约为10英尺（约合3米）。如果梯子较短，它们将无法从地面到达上层楼面。但如果梯子更长，它们就会变得难以操控。然而，最关键的是，在建筑物内或穿过建筑物时，携带较长的梯子也非常不方便。

基于在斯大林格勒（今俄罗斯伏尔加格勒）的经验，德军开发了一种配备150毫米短程火炮的城市突击坦克。³⁶它能够摧毁大部分建筑物，或者关键的是，能够创造出适合人员通过的入口。经验丰富的步兵，虽然人数少于防守者，但在每个进攻步兵连中使用至多1个连的坦克，就可以成功清除小型建筑区，几乎无损，且损失交换比高达25：1。³⁷米德尔多夫和他的同事建议，在袭击一栋建筑物之前，先向其使用肩扛式反坦克武器齐射。³⁸ **对于清除房屋来说，似乎没有什么比投射的高爆武器更好**。³⁹

然而，追求完美往往是优秀的敌人。在柏林，我注意到徒步步兵的关键需求是能够将手榴弹或类似物投掷到街道对面的窗户里。这将避免不得不穿越街道去将手榴弹扔进窗户，从而大大减少伤亡。英国陆军当时并没有手榴弹发射器。后来，我看到了几个装备需求文件，要求有效射程要达到数百米。然而，军队多年都没有得到手榴弹发射器。这些需求被过度规定，因此变得不可承受。追求完美的装备往往成了好装备的敌人。

防守方的关键优势在于他们对地形的了解。这种优势应该通过广泛的侦察来最大化，不仅要侦察建筑物内外的所有可用路线，还要包括地面以上和地面以下的区域。⁴⁰防守方能够找到或创建受保护的射击位置，却被火力效果比郊野环境最多低60%的事实所抵消。⁴¹这主要是由于射程受限和射击视野受限造成的。

大多数国家的防御条令都描述了这样一个组合，包括外围哨位或屏障、迟滞机动的力量、控制关键特征（如道路交叉口）的坚固据点，以及预备队。这些组成部分之间的平衡是至关重要的。

在所有对抗初期轰炸的生存策略中，加固天花板或地下室等措施是颇有价值的一条。然而，英国人往往倾向于构建复杂的坚固据点。但这些据点在抵抗地面攻击时可能并不比简单加固的建筑更有效。[42] 构建强固的据点可能会导致孤立无援，并且容易被逐个击破。我的营对建造此类据点的目的提出了质疑。米德尔多夫和他的同事们建议，这类据点的数量应当相对较少，只用于防守最关键的位置，它们的作用就像"防波堤"一样：能够阻挡任何突入城区的进攻，使其成为反攻的靶子。[43]

快速移动的攻击，如苏联军队常用的战术，通常沿着狭窄且易于识别的轴线进行。历史记载和大量经验表明，一个指挥得当的外围防线很容易就能长时间拖延几乎任何形式的攻击，即便不能完全阻止，至少也能识别出攻击的主要轴线。对于防守方而言，关键在于不要被固定在一个位置上，而要做好准备，在必要时撤退并选择时机进行反击。

西德国防军和苏联红军似乎都领悟了一个至关重要的事实，那就是进攻方的大部分伤亡发生在他们遭到反击的时候。罗兰德发现，反击造成的伤亡占进攻方总伤亡的50%～90%之多（高达90%！）。[44] 因此可以得出教训：不要仅仅被动防守，而是要在任何可能的时机发动反击。英国的军事试验也表明，反击往往是——

……在城市战斗中必不可少的……当反击发起时，可以观察到它给攻击力量造成了极大的混乱。进攻者被打了个措手不及，他们需要时间来理解发生了什么，并需要更长的时间来对此作出反应。[45]

训练的官员认为，对于反击来说，较大规模的预备队会更加有效。在我们开始驻防柏林一年半后，营长指示，在我们的"一般部署计划"（General Deployment Plan，简称GDP）防御中不会有固定的强固据点。营将在主要障碍上建立连级警戒力量。[46] 排、连乃至必要时整个营都会对任何渗透进行反击。[47] 更进一步的思考表明，如果一次反击不成功，可以使用相对较轻的屏障来封锁敌人的渗透区域。这将允许预备队重新集结，为后续的反击做准备。需要强调的是，到那时，我们将对西柏林那些由我们负责的区域地形非常非常熟悉。

这一点应该被强调。反击可以充分利用防守方的主要优势：对地形的详细了解。反击还利用了进攻的优势——更高的损失交换比。与此相关的是，它们赋予了反击方主动权。运筹学研究表明，基于反击的防御能够将进攻方获得成功的概率降低至少两成，有时甚至降达四成或更多（例如，可能从大约80%降低到20%）。它对防守方的伤亡数字也有非常相似的影响。[48] 这一信息再清楚不过了。

在模拟兵棋中，我们最终能够较为真实地再现较大的城市区域。[49] 我们的观点部分反映了我在柏林的个人经历。其中一个观点是，在一定的防守部队密度下，在进攻中向前渗透会变得非常困难，可能对应着每个防守连可控制500～600米前缘的情况，前提是防守方选择了合适的地形。[50] 柏林的实际情况表明，这个数字可能高了点。[51] 而同样的兵棋"战斗"展示了手持反坦克武器在对付有防御的建筑物时的价值。有一场战斗提示我们，需要在伴随的装甲战斗车辆（如基于坦克底盘开发的战斗工程车）上安装大口径（150毫米、155毫米甚至165毫米）的可发射高爆弹的火炮。[52]

人类在夜间的视力有很大的变化。从数学上讲，光照强度从几乎完全黑暗到足以阅读和写作的月光，相差约十万倍。在某些环境下，如满月的夜晚，人们完全可以读书甚至写字；但在其他时候，在极度黑暗中，比如身处密林之中，人们可能连眼前的手指都看不清。大多数士兵经过训练后可以在没有人工光源的情况下有效地执行夜间行动，但也有人难以做到。因此，夜晚对军事行动的影响因情况而异，差异显著。

到第二次世界大战时，各国军队已经掌握了如何在夜间进行集结、兵力调动以及从敌人面前撤退的技能。[53] 这些活动往往需要在白天进行侦察，以确定最佳的路线和位置。各国军队还认识到了精心策划的夜袭的价值，不过通常这些袭击的目标较为有限。苏联军队在整个战争期间持续使用至营级规模的夜间攻击，哪怕这样的行动常常伴随着高伤亡率。夜间袭击除了带来战术上的突然性外，其心理战效果也不容忽视。[54] 夜间环境使防守方的火力效率大大降低，同时造成恐慌和混乱，从而提高了攻击的成功率。

20世纪80年代初，许多坦克仍配备有主动红外探照灯。但到了20世纪90年代，几乎所有的坦克都已经换装了被动式的图像增强瞄准系统。许多坦克还配备了更先进的热成像瞄准系统，它们同样是被动式的并且性能更优。冷战结束时，大多数其他装甲战斗车辆仅装备有图像增强夜视系统。20世纪80年代初，步兵的小型武器所配备的第一代图像增强夜视设备还比较原始，性能不佳且重量较大。英国陆军每个排通常配备7套这样的夜视设备。到了20世纪90年代初，性能大幅提升的第二代设备问世，它们更轻巧、更有效，也得到了更广泛的配发。[55]

间接火力控制员一直优先配备夜视系统。前方观察员和机动火力控制员相对较早地接收了便携式热成像夜视系统。前敌观察小组和侦察部队经常配备有便携式战场监视雷达。与图像增强器不同，雷达能够在最黑暗的夜晚检测移动目标。但使用雷达（一种主动设备）存在一定的风险，即可能被敌方电子战单位探测到。20世纪80年代初，几乎所有的反坦克导弹都装备了热成像瞄准系统。[56]

在夜间攻击中，出错的概率非常高，其中一个重要原因就是进攻者往往在问题开始出现时看不见。因此，大多数军队强调简单的计划、坚定的控制以及尽可能进行攻击排练。攻击通常限于步兵连或营的有限行动，通常会得到全兵种的支持。

夜间攻击通常被视为更大规模行动的前奏。[57,58] 或者，它们可能被作为有计划的反击来执行。在这两种情况下，需要面临的选择包括：进行"无声"或"嘈杂"的攻击（即，是否进行炮火准备）；是否从一开始就使用照明设备，或不使用；是否从进攻者的前沿战区内部或外部发起。在所有情况下，建议进攻者从起始线直接向目标前进，中途不改变方向。另外还建议将攻击计划简化为只有一个阶段。更多的行动阶段，如前进接敌或追击，是可能的；但这些行动高度依赖于光照条件。

并不推荐正面攻击防守严密的阵地。[59] 坦克或其他装甲战斗车辆可以选择从起始线后面提供火力支援，或者在步兵抵达目标后不久前进到目标位置。西德国防军建议，应在天亮前拿下目标，或者至少要突破进入目标。起始线的选择应确保进攻者能够从暗处背景中突然出现。[60] 英国的军事条令重复了自索姆河战役第二次主攻以来就存在的观点，即起始线必须是安全的。[61,62]

在1982年的马尔维纳斯群岛冲突中，英国步兵营进行了六次针对设防充分的阵地的无声的、有计划的夜间攻击。以任何合理的标准衡量，这些攻击都算得上全部取得了成功，尽管在某些行动中的伤亡可能高于理想的水平。在所有的情况下，进攻方的伤亡都低于防守方。[63]

我们可以查阅1989年的一次营级有计划的夜间攻击演习的事后报告。[64] 这次攻击进行得相当顺利。在这之后，我也曾作为连长指挥了两次有计划的夜间攻击演习。每次都有些小问题发生，带来了明显的（但非决定性的）后果。我们从中吸取了教训，这也是训练的意义所在。我感受最深的一条体会是有必要进行演练，并且要与相同的指挥团队频繁地进行训练或实演。当指挥团队发生变化时，还必须重新进行演练。

步兵条令手册通常会专门辟出一个小节或一整章来讨论夜间攻击。[65、66] 相反，关于夜间防御的内容通常只占据寥寥数段。米德尔多夫和他的同事们指出，夜间防御时被偷袭的风险会增加，因为肉眼观察的效果会减弱。他们还敏锐地指出敌人在夜间倾向于选择与白天不同的地点进行攻击。此外，作为防御的核心，间接火力协同也会变得更加困难。[67]

他们的解决方案（其他各国军队普遍同意）是在夜间加强防护措施，特别是加强战斗群的安全力量。被动措施包括通过良好的伪装阻碍敌方侦察，例如从侧翼使用机枪进行交火，这使得敌方更难确定己方的位置。将双方力量之间的区域描述为"无人地带"是一个错误：实际上，这是一个安全区域。为了保护防御部队，通常要通过控制这片区域来得到预警，巡逻队和观察哨应该更密集一些。这里有一种特别的技巧——"钟摆巡逻"。这是一种战斗前哨或观察哨，它会不时改变位置，尤其是为了混淆敌人。[68]

1975年，英国的军事条令编写者认为没有必要解释什么是"常设巡逻"（standing patrols，它们是在警戒区域内设立的战斗前哨，通常在夜间部署）。编写者说明了能够长期保持的常设巡逻数量（每个前沿战斗分队需要1～2个；战斗群需要3个），并认为这是夜间增强战斗群安全的主要方法。[69] 其他措施包括基本的监视方案，以及开火命令（包括对战场照明设备使用控制）。到了20世纪80年代中期，相关的程序变得更加详尽（例如一些预定的控制措施）；但原本的意图却被逐渐淡忘。实际上，常设巡逻（以及"监听哨")不知何故消失了，没有明显的原因。

  有可能人们认为夜视设备的改进已经消除了对安全哨的需求。我没有听到过这样的讨论，也没有找到相关的参考资料。从1917年以来的条令手册给人的印象是，英国军队在两次世界大战中出于实际原因学会了执行这些任务，但从未真正描述过为什么要这样做。随着时间的推移，军队只是忘记了这些做法。我们将在第十五章再次讨论这个问题。

  在兵棋模拟的过程中，我们进行了一些夜间的作战。我们的发现并没有什么令人惊讶的地方。在夜间，步兵必须单列行进；连队纵队行动缓慢且难以控制。[70] 夜间在宽广的前线进行渗透通常是缓慢且难以决断的。[71] 有必要进行监视和目标规划，但大部分都是对训练的合理运用。[72]

  如果说在森林、城市区域以及夜间作战中提取一个共同的主题，那就是需要有良好的标准程序和训练，这些程序需要通过练习和演练来熟悉，以便能够理智地应用于当时的实际情境中。

本章注释

1. The Infantry Battalion (1975), Part 2, para 510.

2. Middeldorf, The Russian Campaign, p.216.

3. 同上，第214页。

4. 同上，第211页。

5. 同上，第210页。

6. 对于苏联，可参考Middeldorf前引，第210页。

7. 同上。

8. 同上，第210—214页。

9. The Infantry Battalion (1975) Part 2, pp14-7ff.

10. Middeldorf前引，第210—216页。

11. The Infantry Battalion (1975) Part 2 p.14-6.

12. Middeldorf前引，第213—216页。

13. Battles 7, 104, 146, 147, 169, 181.

14. Rowland, D., The Effect of Combat Degradation in the Urban Battle, J Opl Res Soc, Vol. 42 No.7, 1991, p.543.

15. 同上，第549—550页。也见以下注释37。

16. 从1945年到1989年冷战结束，一直有一个法国、一个美国和一个英国的步兵旅驻扎在柏林。

17. 在两年的时间里，共有58名步兵军官在该营服役（编制为32人）。除了上面提到的，有十名军官在整个服役期间都在该营。另见下面的注释33。

18. FM 90-10 (79) Military Operations on Urbanised Terrain, pp. 1-2.

19. English, The Mechanized Battlefield, pp.36-7.

20. Isby, David C. and Kamps, Charles Jr, Armies of NATO's Central Front (London: Jane's, 1985) in Arrcade Planner, p.57.

21. DERA OA analyst，个人通信。

22. For example, FM 90-10 (79), p211.

23. The Infantry Battalion (1975) Part 2 p13-9.

24. Lynam, Maj J.M., Exercise KING'S RIDE Ⅴ: Initial Impressions, Army Training News, April 1986. Pp34, 37.

25. Instructor's Handbook (1942), pp.46-7.

26. The Infantry Battalion (1975) Part 2, para 465b.

27. Lynam前引，第34页。

28. Middeldorf，第196—197页。

29. Rowland前引，第552页。

30. 同上，第545—546页。

31. Commanding Officer's Post Exercise Report. Exercise Nicholas Silver 15-20 Jan 89, 1 KINGS G206,

21 February 1989, p.1.

32. 在Exercise Grizzly Bear（一个旅级训练），1989年4月16、17、18日。

33. Gary Deakin少校。在那个特定事件发生时，他在柏林指挥一个排长达15个月的时间。请参考前注17。在写作本书时，他预计将于2021年退休。

34. Lynam前引，第37页。

35. The Infantry Battalion (1975) Part 2, p.13-11.

36. 二战期间德军使用的"Brumbär"（又称"Grizzly Bear"，即"灰熊"），这是一款由德国开发的重型自行迫击炮。根据Chamberlain和Doyle所著的Encyclopaedia of German Tanks of World War Two第101页的记载，共有298辆"Brumbär"被生产出来。它们被分配给四个装甲工兵营和几个装甲掷弹兵团的重型步兵炮连。

37. Rowland前引，第552页。

38. Middeldorf, The Russian Campaign, p.201.

39. Lynam前引，第38页。着重强调。

40. 同上。

41. Rowland前引，第549页。

42. Lynam前引，第37—43页。

43. Middeldorf前引，第204—206页。

44. Rowland前引，第552页。

45. Lynam前引，第39页。

46. The Kaiserdamm and Spandauerdamm, facing west.

47. Commanding Officer's Post Exercise Report, Exercise Nicholas Silver 15-20 January 1989, 1 KINGS G206, 21 February 1989, p.2.

48. DERA OA analyst, 个人通信。

49. 1986年11月27日，Battle 82的模拟战场范围大约是1～2千米，而最终这个范围扩大到了约3～4千米。主要的限制因素是建造（或购买）足够多的模型建筑所需的时间，这需要数百座模型建筑。

50. Battle 192, 1 March 2008.

51. 我们营的防区是1000米，两个连沿线排开。

52. Battle 31, 8 September 1979.

53. 例如, Middeldorf前引，第187页。

54. 同上，第187—188页。

55. 在1995年—1996年间，我所在的连队每个排大约有13件（某种装备或人员），基本上相当于每两名士兵就有一件。

56. 根据一位经验丰富的英国士兵的说法，当"米兰"反坦克导弹首次在夜间发射时，发射器会追踪用于照亮目标的迫击炮照明弹，而不是导弹本身。这使得整个系统变得无效。随后，"米兰"的红外适配器（MIRA，实际上是一种热成像瞄准系统）被列为最高优先级进行研发。

57. The Infantry Battalion (1975) Part 2, p.10-1.

58. Middeldorf前引，第189页。

59. The Infantry Battalion (1975) Part 2, p.10-2.

60. Middeldorf前引，第190页。

61. 1916年7月14日的那次作战是一次彻底的成功。这是一次从前沿战区以外发起的夜间攻击，成功夺取了6000码长的德军第二道防线。Sheffield, Gary, The Somme (London: Cassel, 2003), p.79.

62. The Infantry Battalion (1975) Part 2, p10-2.

63. See also chapter 6, pp.6-1ff.

64. Post Exercise Report: Exercise Devon Loch. Battalion Night Attack, 1 KINGS G400, 2 December 1988.

65. The Infantry Battalion (1975) Part 2, Chapter 10.

66. FM 7-20 (69) The Infantry Battalions, chapter 4, Section XII.

67. Middeldorf前引，第188-195页。

68. 同上，第194-195页。

69. The Infantry Battalion (1975) Part 2, pp 3-15 (battlegroup) and 3-18 (combat team).

70. 2004年3月6-7日，第172场兵棋战斗。

71. 1991年7月13日，第101场兵棋战斗。

72. 1985年1月8日，第78场兵棋战斗。

第四部分

案例

第十四章

1987年9月

1987年9月23日，星期三，清晨6点20分。华沙条约组织的第一波飞机飞越了两德边界，由此拉开了第三次世界大战的序幕。

日出时分，大约在早上7点09分，第3突击集团军的先头部队以营纵队的形式突破了东德边境的防御工事。7点10分，沿该集团军战线的大部分地区开始了极其猛烈的炮击。这次炮击掩护了先头部队向西德边境西侧的第一个掩体推进。师级和团级的侦察部队随后穿插过去，然后利用小路赶在先遣团之前前进。

第3突击集团军以三个坦克师为首进行推进。从北到南依次是第12近卫坦克师、第47近卫坦克师和第7近卫坦克师。该集团军的目标是在第三天夺取距离约100千米外的威悉河渡口。主要攻势由位于中央的第47近卫坦克师承担。位于两侧的第7近卫坦克师和第12近卫坦克师将在广阔的正面上展开攻势，以支持主攻。在集团军第二梯队中的第10近卫坦克师将在第三天的早晨投入战斗，带领部队向威悉河推进，之后继续向莱茵河方向挺进。

面对第三诸兵种合成集团军的是居中的西德国防军第1装甲师，其北侧是第11装甲掷弹兵师的部分兵力，而南侧则是英国第1装甲师和第4装甲师。

第47近卫"下第聂伯"坦克师以第245近卫"格涅兹诺红旗苏沃洛夫勋章"摩托化步兵团为右翼，以第26"费奥多西亚"坦克团为左翼。该师的直接目标是通往沃尔夫斯堡的A39高速公路。接下来的目标（对于右侧的第153"斯摩棱斯克红旗库图佐夫勋章"坦克团和左侧的第197近卫"瓦平纳尔-华沙"坦克团来说）是布伦瑞克和吉弗霍恩之间南北走向的B4联邦公路。当天的目标是夺取奥克尔河上的桥梁。

苏联的计划异常详细。炮兵指挥部记录了远至莱内河（Leine）的每一个潜在目标，以及远至奥克尔河（Oker）的每一个可能的炮兵阵地。作为苏军驻德集群的主要力量，第三诸兵种合成集团军获得了整个第34炮兵师的支持。该师拥有超过400门火炮和火箭炮。作为轮换，第三诸兵种合成集团军将第34炮兵师分配给第47近卫坦克师，以支持此阶段的作战。

西德第1装甲师部署了第3装甲旅及其装甲侦察营作为掩护部队。掩护部队的后方边界是A39高速公路向北至中部运河，然后是B248联邦公路北至埃赫拉。在其后方，第1装甲掷弹兵旅（北）和第2装甲旅（南）在纵深部署。第2装甲旅的防区位于A2高速公路的军防区边界与柏林—汉诺威铁路之间。该旅的任务是阻止敌人跨越奥克尔河。

第47近卫坦克师的作战区域相对狭窄（约15千米），而第一天的目标则相当深远：初始目标约为15千米，随后的目标则为12或13千米。虽然不期望取得战役和战术上的突然性，但大规模的炮兵和空中支援可以创造有利条件以确保成功。

西德第1装甲师的掩护部队分为5个战斗群防区，没有预备队。3个战斗群位于运河以北，2个位于运河以南。在A2高速公路以北，苏联的第26坦克团很快就需要部署其先遣连队，并进行一系列有限目标的攻击。第34装甲营给敌人造成了沉重的损失，但逐步放弃土地，缓慢后撤。

更北边的地方，西德第33装甲营面临着严峻的挑战。它遭到了苏联第245近卫摩托化步兵团的攻击。很快，苏联部队部署成连级纵队，穿越了沃尔夫斯堡以东的村庄和森林地带：维尔普克（Velpke）、丹多夫（Danndorf）以及赫林格森林（Hehlinger Holz）[1]；赫林根（Hehlingen）、诺德斯特姆克（Nordstemke）和赖斯林根（Reislingen）。每个地点都在猛烈的炮火轰击下遭受攻击。一旦被迫退入沃尔夫斯堡内，第33装甲营就处于严重的不利地位。苏联军队正沿着每一条道路、小径、路径和森林通道推进。防守的营可覆盖的路线数量远远少于进攻方可用的路线，尽管他们有一个相当复杂的设置障碍的计划。到中午时分，装甲营开始准备通过第2装甲旅后方的前沿战区撤退。

苏联师级侦察部队绕过了城镇南部，试图绕过西德第22装甲掷弹兵营的前沿部队。下午1点，来自苏军第34炮兵师的全部力量，以及军级和师级的炮兵火力，对位于A39公路西侧的第22装甲掷弹兵营进行了集中打击。第三诸兵种合成集团军的第899空降营在卡尔伯拉（Calberlah）村降落，该村庄位于铁路与两条运河之间的三角地带。摩托化步兵在两处地方突破了防线。在第2装甲旅在爆破运河上桥梁时存在一些混乱。苏联军队迅速夺取了两条支流的渡口。刚过下午2点，他们就开始快速向西推进，穿过下一排村庄：瓦斯比特尔（Wasbüttel）和伊森比特尔（Isenbüttel）。

西德第21装甲营作为旅预备队，已经接到了警报。当苏联先头部队穿过里贝斯比特尔（Ribbesbüttel），接近西面5千米外的莱费尔德（Leiferde）时，第21装甲营于14点25分向北发起反击。这次反攻得到了整个师级炮兵和数次近距离空中支援的支持。左侧的苏联营，其主力正在穿过里贝斯比特尔，被阻止并遭受重创。然而，苏军大部分正面炮兵火力和师属"雌鹿"直升机编队使得第21装甲营的攻势戛然而止。第245近卫摩托化步兵团坚守住了里贝斯比特尔和莱费尔德，然后继续恢复了攻势。

沃尔克塞（Volkse）横跨奥克尔河的一座桥梁被占领。一个摩托化步兵连过了河，师级和军级侦察部队开始零星地向西穿过河流。至少在北方，第3突击集团军实现了当天的目标。但是，第245近卫摩托化步枪团的部队散布在从A39公路延伸出去的20千米范围内。第二梯队的坦克团被滞留，而西德第2装甲旅的主力部队正以有序的方式撤退到中部运河。西德第1装甲侦察营迅速行动，以遏制苏联部队在奥克尔河西岸的渗透。夜幕降临了。

在A2高速公路以南，第7近卫"基辅—柏林"坦克师以3个团作为第一梯队推进：左翼是第40"柏林"摩托化步兵团，中央是第79近卫"布列斯特"坦克团，右翼是第56近卫"瓦西尔科夫—舍佩托夫卡"坦克团。第55近卫"瓦西尔科夫"坦克团则位于师的第二梯队。

上述两个坦克团预计会遇到英国的装甲侦察部队，结果确实如此。如同北部的第47近卫坦克师一样，他们当天的目标是夺取奥克尔河的渡口。他们在黄昏前成功达成了目标。但如果这一区域适合坦克作战，它同样适合反坦克作战。两个团都多次遭受"旋火"反坦克导弹和"山猫"反坦克直升机搭载的"陶"式导弹的打击。总体而言，先遣营的伤亡尚可，但是没有任何师级或团级的侦察部队能够突破英军的警戒线。夜间连续的尝试同样没有取得成果。第40摩托化步兵团在当天早些时候轻松地从维内堡（Vienenburg）附近渡过了奥克尔河。然而，随后它被哈尔茨山脉以北英国第4装甲师的掩护部队——第20装甲旅的第4/7皇家龙骑兵卫队战斗群——多次阻挠。[2]到黄昏时，第40摩托化步兵团已经到达了因纳斯特河（River Innerste）和B8公路一线，但在这个过程中遭受了重大损失。与北部的两个坦克团一样，没有侦察部队能够穿过英军的掩护部队。

沿前线战区部署的两个英国师在这一天大体上平静。他们所有的常备旅都已经到位（第19步兵旅在军事警戒状态启动前就已经从英格兰部署到位）。这一天的时间都用来完善防御工事。本土防卫自卫军（TA）的部队已经动身，但尚未到达。

在北方，西德第1装甲师预计第47近卫坦克师将在第二天早上投入其第二梯队的坦克团。然而到了拂晓时分，苏军对奥克尔河西岸阵地的炮轰并没有像预期的那样猛烈，这实际上是一个假动作。30分钟后，炮火转向东南方向10千米外，迅速变得更加强烈。仅仅15分钟后，第197近卫坦克团从瓦斯比特尔—伊森比特尔地区向西南方向发起攻击，这一举动威胁到了西德第2装甲旅在中部运河上的阵地。不久之后，第26近卫坦克团从东面恢复了攻势。在剩下的这一天里，第2装甲旅穿过奥克尔河，经过派讷（Peine）和埃德米森（Edemissen）缓慢地撤退。

然而，更为令人担忧的是第153坦克团。在又一次极为猛烈的炮火袭击后，它向西横渡奥克尔河，迅速推进，目标直指布尔格多夫（Burgdorf）和策勒（Celle）之间的缺口。虽然它被第1装甲侦察营暂时阻挡，但仍然取得了相当好的进展。

准确来说，是"预计中的"好的进展。前一天晚上，西德第1装甲师师长大胆地将他的预备队——第3装甲旅——从汉诺威调出。中午时分，它从策勒地区向正南方向攻击，直击第153坦克团的右翼。军级反坦克航空团（配备有两个中队的Bo 105直升机，携带"霍特"反坦克导弹）被部署去对抗布尔格多夫—策勒铁路西侧的苏联先头部队。第3装甲旅的攻击把第153坦克团打了个措手不及。

第三诸兵种合成集团军、第47近卫坦克师及所属的第153坦克团，都位于驻德苏军集群的攻击主轴线上。前线航空部队拥有该轴线上的空中优势，并迅速出动对地攻击飞机对付第3装甲旅。苏军第3突击直升机营已经接到警报，准备支援第153坦克团，迅速投入了对反攻的压制。第34炮兵师、集团军、师和团级的炮兵群全部投入对第3装甲旅的打击中。面对如此庞大的空中、航空和炮兵支援，反攻很快就被叫停。第153坦克团恢复了它的推进。

16：00，苏联第35空降旅进行了突击登陆，以夺取在尼恩堡（Nienburg）以北和以南威悉河上的渡口。第197近卫坦克团受命脱离接触，向西行军以支援第153坦克团，第12近卫坦克师最南端的坦克团也接到了同样的命令。只有西德第1装甲侦察营和两个装甲战斗群的部分兵力在拖延第153坦克团向西突进。他们设法阻止了苏联军队天黑前在莱内河上夺取渡口，但无法阻止苏联摩托化步兵在夜间进行徒步渡河。

在中部运河以南，第7近卫坦克师面对相对较弱的抵抗，成功夺得奥克尔河的渡口，但尚未逼近英国第1军的前沿战区。英军第22装甲旅的前沿战区位于萨尔茨基特支运河，第12装甲旅的前沿防区是通往萨尔茨吉特巴德南部的铁路。第4装甲师第11装甲旅的前沿防区沿着铁路至哈尔茨山脉东北肩附近的哈豪森（Hahausen）。英军的掩护部队在夜间已经被削弱，只剩下几个前哨据点。

将绝对优先权给予第47近卫坦克师的结果是，第7近卫坦克师只能在自身编制内的炮兵支援下发动攻击。这包括该师炮兵团的3个火炮营和1个火箭炮营，以及每个坦克团和摩托化步兵团的炮兵营。

相反，英国第1军的前沿战区阵地看起来非常坚固。障碍雷场大约纵深1000米，并且在其大部分长度上要么是运河要么是铁路。经过适当加强后的第3突击集团军本可以突破这一障碍，但是，一个未得到加强的坦克师不太可能做到这一点。不过，这个师很可能迫使英国第1军的大部分兵力固定在原地，无法灵活调动。

第7近卫坦克师的主要攻击轴线在北部，靠近第3突击集团军攻击主轴线上的第47近卫坦克师。在那里，第56近卫坦克团在师级炮兵群的支援下发动了攻击。这也是英军设防最为坚固的区域。第56近卫坦克团在遭受重大损失后被击退。英军第22装甲旅甚至不必动用其预备战斗群。

更往南的地方，第79近卫坦克团仅凭其自身的炮兵营支援，向英第12装甲旅发起了攻击。它在萨尔茨基特巴德以南发动了攻击，并取得了一些初步进展。然而，那个区域是英国陆军航空兵第1团（师属反坦克直升机营）少数几个良好的交战区域之一。第79近卫坦克团未能穿过雷场。该团的先头连队只剩下几辆幸存的坦克，坚守在雷场的东边缘。

再往南，第11装甲旅有一个难以防守的区域。其南方，前沿战区沿着A7高速公路经过第19步兵旅的防区，与比利时第1军在诺特海姆（Northeim）附近相连。因此，在哈豪森周围，前沿战区有一个尴尬的弯折。此外，和平时期的人员配置问题意味着第11装甲旅的其中一个单位——女王团第2营，只能维持其支援连和一个机械化（"步兵"）连的满员状态。[3,4,5]计划者已经注意到了这一点，并分配了一个国土防卫军步兵营（第51高地志愿兵团第1营）来加强该旅，但尚未抵达。因此，在1987年9月24日星期四，第11装甲旅的防区是最薄弱的。

无独有偶，正有一个苏军摩托化步兵团，即第40团，在这个区域发起了攻击。没有人说哈尔茨山脉（Harz）是禁区。虽然（现已削弱的）第40摩托化步兵团从朗格尔施海姆（Langelsheim）向西攻击，进展缓慢，但其侦察连和一些侧翼警戒部队沿着铁路、一条辅路和哈尔茨山脉北缘内的小径进行了渗透。大约在中午时分，他们找到了进入哈豪森和纽克鲁格（Neuekrug）村的途径，进入了所谓的"哈豪森缺口"。他们实际上绕过了障碍雷场，找到了一个薄弱点。到傍晚时分，他们大约1个连的兵力已经进入这两个村庄。第11装甲旅阻止了任何进一步的渗透。高地团1营当晚抵达，没有携带重型武器，直接投入夜间攻击，以清理哈豪森地区的敌军。

第35空降突击旅的空降行动是驻德苏军集群意图最清晰的信号。北方集团军群允许德国第1军使用其预备队，即第7装甲师。集团军发布了反击的简要命令，这些命令基于多年前制订并讨论过的应急计划，只需要更新和发布即可。

第62本土防卫旅，一个装备有M48坦克和卡车的预备役部队，被命令进入汉诺威，在中部运河沿岸建立了防御阵地。第2装甲旅撤出并沿B6公路至施泰因胡德湖采取了阻击位置。第27空降旅被空运到前方，从湖边到威悉河建立了类似的防线。第52本土防卫旅，另一个装备有M48坦克和M113装甲运兵车的预备役部队，在威悉河西岸建立了阵地，以遏制苏军第35空降突击旅的桥头堡。随后，在天亮前约1小时，第7装甲师向前移动进入由第2装甲旅和第27空降旅掩护的集结区。

第二战术航空军进行了"最大努力"，在天亮前很久，东德的机场就遭到了猛烈攻击。虽然损害将会得到修复，但华约空军暂时失去了在汉诺威—尼恩堡区域的制空权。

英国第1装甲师的北翼因第2装甲旅的撤退而暴露。该师做出了反应，将其预备队第7装甲旅沿着中部运河，从派讷向西部署到塞亨德（Sehnde）。随后，它通过从第22装甲旅撤出第四个战斗群来创建了一个新的预备队。现在，该师有9个战斗群在一线，仅有1个作为预备队。其本土防卫补充营（皇家"绿色夹克"团第4营）到达后，它替换了另一个战斗群，使之划归师预备队。

在夜间，第47近卫坦克师的防区内十分繁忙。第10近卫坦克师从集团军第二梯队前进，接手了先头部队的任务。第34炮兵师、集团军和师属炮兵群全部向前重新部署。被严重削弱的第245近卫摩托化步兵团向南移动，既为了腾出空间，也为了在中部运河以南的英国第1军防区内实施支援攻击。不可避免地，混乱、交通堵塞和延误随之而来。当第10近卫坦克师越过莱内河时，它将需要一张新的炮兵目标清单。第3突击集团军正在开始超越其战前精心规划且检查过的作战范围，进入更不确定和复杂的战场环境。

苏联的通信安全表现不佳，导致第245近卫摩托化步兵团向南移动，以及第10近卫坦克师的集结地区被侦测到。在拂晓前1小时，美国具备夜战能力的FB-111轰炸机对这些集结地区进行了猛烈轰炸。

在中部运河以南，第56近卫坦克团原计划与第245近卫摩托化步兵团协同发起新一轮进攻。但在拂晓前20分钟，英国的2个重型炮兵营和4个野战炮兵营对第7近卫坦克师的炮兵群（第670近卫"利沃夫"自行火炮团）发起了反炮兵打击，使其中许多炮兵单位失去战斗力。

因此，原本计划在中部运河以南和萨尔茨吉特支运河以西发起的攻势几乎还没开始就失败了。在集团军攻击主轴线上，第10近卫坦克师在黎明后不久便开局不利，但随后取得了较为顺利的进展。越来越多的北约战斗机参与争夺该师上空的制空权。A-10"雷电II"攻击机、"阿尔法"喷气机、Bo 105直升机以及来自美军第3军第一梯队的首批AH-64"阿帕奇"直升机相继参与了攻击行动。

在其南部，第197近卫坦克团作为支援力量发动了进攻，但很快报告称遭遇到来自西德军队在其左侧或南翼的激烈抵抗。当它穿越施泰因胡德湖时，虽然没有发现更多的坦克，却遭遇了越来越多的反坦克导弹火力打击，这表明西德的空降部队可能已经渗透到了该区域。

苏联侦察部队正开始寻找越过威悉河的渡口时，第7装甲师从施泰因胡德湖的对面东北方向发起了攻击。这次进攻并非完全出乎意料，因为驻德苏军集群司令部之前就猜测该师位于北部。而第3装甲旅从策勒东南方向发起了反击，更是强化了苏联指挥官对第7装甲师位置的判断。但是实际上，得到第2装甲旅残余部队加强后的第7装甲师，正以近4个旅的力量沿莱内河急速北进。

第7装甲师的先头旅毫不迟疑地向前推进，击溃了第197近卫坦克团和第10近卫坦克师，然后与北方的第11装甲掷弹兵师会合。随后跟进的2个旅负责清理战场。第10近卫坦克师的先遣坦克团以及第197近卫坦克团实际上已经被消灭。在随之而来的混乱中，第34炮兵师的许多炮兵连要么被直接击溃，要么在试图撤退时遭到空中打击。至天黑时分，第3突击集团军正试图利用第47近卫坦克师的残部和第10近卫坦克师的第二梯队团，在奥克尔河沿线建立紧急防御阵地，以防止西德军队的进一步推进。

因此，截至9月25日星期五的黄昏时分，第3突击集团军的攻势已被阻止。第10近卫坦克师遭受了惨重损失，并被迫撤回到奥克河后方。第47近卫坦克师实际上已经消耗殆尽。而北约一方，西德第1装甲师虽遭受重创，但已重新在奥克尔河沿岸建立起前沿防区。第7装甲师则撤回军级预备队。英军部队和旅虽然表现英勇，但实事求是地说，他们除了守卫自己的阵地外，并未做出更多行动。击败第3突击集团军的主要功劳归于西德军队。

本书的重点在于营级战斗群层面，上述的叙述是虚构的，其目的仅仅是提供一个连贯的框架，以支撑接下来五个简短的场景剧本，每个场景都设定在营或战斗群级别。这些场景旨在展示单位级别的战术，正如它们在20世纪80年代中央防区可能展现的那样。这些场景包括：

9月23日，第26坦克团对第34装甲营发起了攻击。

同一天，第899空降突击营夺取跨越中部运河的桥梁。

9月24日，第22装甲旅保卫了前沿防区。

9月24日，第3装甲旅发起反击。

9月24日至25日夜间，第11装甲旅执行了一次夜间行动。

9月23日，第26坦克团对第34装甲营发起进攻

第26坦克团防区内，有两处小型突出部位于格拉斯勒本（Grasleben）南北。该团从这两处突出部出发，分成两列纵队推进。主要的进攻轴线在南部。这两路行进大约3千米后便都到达了B244公路。

当第26坦克团穿越B244公路时，两个先头营的战斗侦察巡逻队（每个营的1个坦克排）遭到了火力攻击，接下来发生的情况两者相似。在这里，我们将追踪南部主攻轴线上第2先头营。该团面对的是加强后的西德第34装甲营，它是由2个坦克连和1个步兵连组成的战斗群。

侦察巡逻队中的两辆坦克被击中。一辆爆炸，另一辆起火。第三辆坦克迅速移动至掩体下。其指挥官未能确定射击者的位置，但报告称射击者在他的西北方向。先头连的指挥官选择绕过掩体向南迂回。大约1千米后，连队再次遭到火力攻击。这次攻击来自两侧，混合了坦克炮火和导弹攻击。一些坦克被摧毁。连队指挥官请求迫击炮和炮兵火力支援，并下令向他西北方向的敌人发动攻击。

在他后方，营长估计南部的敌人将被炮火压制。他命令他的另一个连继续向南迂回。该连派出了一支侦察巡逻队并继续推进。1千米后，侦察巡逻队再次遭遇火力攻击。

第34装甲营以3个并列的混合战斗分队形式组织。旅属反坦克连的2个排被配属给营，这使得营长能够保留1个坦克排作为预备队。到目前为止，苏联人只与该营的掩护部队交战，即每个战斗分队的1个坦克排或步兵排。

第26坦克团第2营的指挥官意识到他面对的是一个高度分散的敌人。如果继续以连队纵队的形式推进，可能会招致失败。他受到前方缺乏师级和团级侦察支援的困扰。这是一个他们团曾深入研究过的情境。

营长迅速下达了一系列命令，把整个营集合为一个整体，也要求进行广泛的炮火准备。团长之前一直在催促两位营长采取行动，这些命令暂时令他满意。然而，集结全营和安排火力支援确实需要一些时间。

营队将按照图14-1所示的"计划攻击"战术，以"三拨"（实际上是四拨）的方式发动进攻。

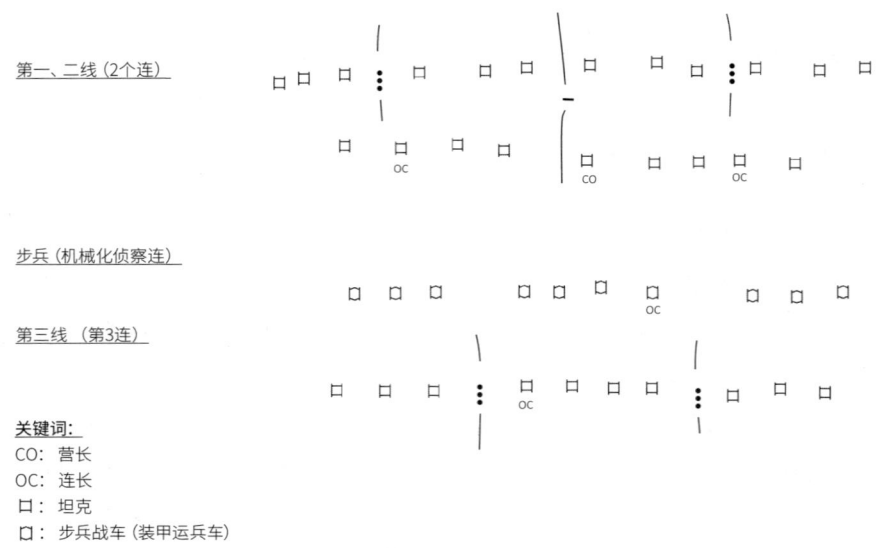

图 14-1：一个苏联坦克加强营以三拨方式进攻

关键词：
CO： 营长
OC： 连长
☐： 坦克
☐： 步兵战车（装甲运兵车）

首要目标是一条约2千米外的林线。炮兵将使用高爆弹和大量烟幕弹对目标及两侧进行线性集中射击。炮火准备会很短——大约10分钟之后，营将迅速向目标进发，边移动边开火或在短暂停止时开火。如果可能的话，第二波坦克将透过第一波坦克之间的间隙射击。一旦第一和第二波部队到达林线，步兵将下车并清理该区域。第三波将直接向下一排林线推进。就在第一波抵达第一条林线的同时，炮兵将火力转移到下一个目标。

在合理范围内，这一策略奏效了。在第一条林线的装甲掷弹兵排在炮火开始落下时就撤退了，未被发现。在侧翼的西德坦克上去交战，但在密集的炮火覆盖下，没有取得多少成功，随后也撤退了。苏联军队抵达第一树林线时只有轻微的伤亡。第三波部队在穿过林线后，遭遇了纵深隐蔽的西德坦克的攻击，迅速遭受伤亡并立即卧倒。西德军队的炮火还造成了下车的摩托化步兵的伤亡。

进攻方很少能看见防守方。当德国防军部队交战时，几乎总是从侧翼发动。当苏联的坦克、排和连级指挥官意识到他们正在遭受攻击时，防守者已经转移了位置。进攻者没有实现突袭的效果，也无法将防守者固定在原地造成打击。

第26坦克团的先头营取得了一些进展。他们多次重复这些战术。团长一直在寻找机会投入他的第三个营来突破防御，但一直没有找到合适的时机。每次突击大约需要1个小时来计划和执行。每次都能前进1~2千米。每次营级单位发起攻击时，都会损失几辆坦克。偶尔，坦克会在极远的距离被来源不明的"霍特"导弹击中。

正如我们所见，第33装甲营和随后的第22装甲掷弹兵营未能阻止第245近卫摩托化步兵团的行动。第26坦克团稳定（但并不惊人）地向前推进。到天黑时，第34装甲营已撤回至前沿战区之后。然而，双方的损失差异明显。西德战斗群损失了5辆坦克和2辆"黄鼠狼"步兵战车。而2个苏军先头坦克营分别损失了15辆和18辆坦克，以及相当数量的摩托化步兵。少量受损的苏军装甲战斗车辆将在第二天早上修复并重新投入使用。

9月23日，899空降突击营夺取中部运河上的桥梁

在卡尔贝尔拉的各条运河上，有一座铁路桥和两座公路桥。东边的铁路桥跨越了一组双锁闸门，如果所有其他替代方案都无法使用，这将是一个非常理想的架桥地点。任何一座桥都是有用的，至少在每条运河上有一座可使用的过河通道是必要的。苏联人无法预测当空降突击营到达时，西德军队会

炸毁哪些桥梁。即使没有任何桥梁可以完整地夺取，只要苏联部队出现在任一条路线的对岸，任何后续的架桥行动都会变得容易得多。

要搭载一个的空降突击营以及价值不菲的BMD空降战车，所需的米-6重型运输直升机比运输直升机团拥有的数量要多。考虑到这一点，营长制订了一项简单的计划。1个连将袭击运河每个分支上的桥梁，每座桥1个排，降落在西岸。这些连队将巩固他们完整夺取的每一座桥梁。与此同时，营长将与第三个连，以及尽可能多的BMD空降战车和迫击炮排一起，在卡尔贝尔拉南部的田野着陆，以支援任何成功的袭击。如有变故，BMD空降战车连应当增援西面支流上的过河通道。

西德军队对桥梁的爆破计划进行了详尽的规划。包括铁路桥在内的4座桥梁，一旦接到命令就会被炸毁。而另两座主要的公路桥则被"预留"。初期，只有在收到第2装甲旅总部的命令时，才会炸毁这两座桥。预计后面炸毁它们的许可权将被委托给第22装甲掷弹兵营的营长。每一座桥由轻步兵（猎兵）营的1个排守卫。工程兵们被指派准备所有的爆破工作，并按命令引爆。炸药储存在附近的掩体里。

9月22日深夜，所有的炸药都已布置到位，两个警戒排也各就各位。大约在23日7：30，工兵指挥官收到了炸毁4座预定目标的命令，随即执行。爆炸后有些碎片残留在锁闸上，造成了一些混乱，但这个问题大约在9：30得到了解决。

中午时分，第2装甲旅的指挥部命令将两座预留的桥梁警戒起来，并将炸毁它们的权限委托了给第22装甲掷弹兵营。在这个阶段，关于两个猎兵排归谁指挥的问题引发了更多的混乱。这个问题最终得到了解决。然而，没有人注意到在各种命令中（打印在标准北约表格上[6]）关于敌人即将占领时是否允许炸毁桥梁的条款存在不一致，相关的选项显然没有被勾选，但是第22装甲掷弹兵营的营长计划在适当的时候下令更改这一点。

整个区域正处于紧张状态时，突然受到了猛烈的炮火袭击。5分钟后，炮火停歇。第47近卫坦克师航空中队的"雌鹿"攻击直升机到来，攻击了两座未被炸毁的桥梁的守军，为接下来的空降突击行动提供了掩护火力。守军出现了一些惊慌和混乱。

炮火切断了电话线路，无线电网络受到干扰，守卫排的指挥官无法通过无线电与第22装甲掷弹兵营的指挥部取得联系。联络官在场，但在混乱中，命令并未得到更改。也没有从营长那里收到炸毁桥梁的命令。桥梁没有被破坏。每座桥由一个猎兵排守卫，都遭到了苏联空降突击排的攻击。不久，苏联的增援部队从其他降落点到达，桥梁被完好无损地占领。899空降突击营成功地控制了运河两条分支上的过河通道。重要的是，苏联部队夺取了中部运河的过河点，并迅速向西推进，这是令高层真正感到吃惊的。第1装甲师指挥部的指挥官和参谋人员必须迅速做出思考。第22装甲掷弹兵营向南撤退，然后向西越过运河。

9月24日，第22装甲旅防御前沿防区

萨尔茨吉特支运河从北向南流淌，位于布伦瑞克西边几千米处。地形相对平坦，所以运河位于一个非常缓和的反斜坡上。运河宽度略低于40米，两岸较为陡峭。加上深埋的混合雷区，这构成了一个非常坚固的障碍。然而，沿岸的树木阻碍了视野和火力，尤其是对反坦克导弹的影响较大。砍伐这些树木会耗时，但如果操作得当，将会增强障碍物的效果。在某些地方，树木可以融入防御体系，为"米兰"反坦克导弹团队提供掩护。

第22装甲旅有2个坦克营和2个步兵营：女王近卫骠骑兵团、第1皇家坦克团、威尔士卫队第1营，以及皇家安格利亚团第2营。

3个战斗群分布在旅防区15千米的沿线。每个战斗群在其障碍东边配置了1个装甲侦察排，以提供早期预警并与军的掩护部队进行联络。每个战斗群有一座准备炸毁的跨越萨尔茨吉特支运河的桥梁，但要"预留"到掩护部队撤退后才行动。所有其他桥梁均已经被炸毁。

第2皇家安格利亚团的战斗群包含1个坦克连和2个步兵连。两个以步兵为主的战斗分队沿着运河部署，而一个以坦克为主的战斗分队作为预备队。9月24日晨光初现时，运河上的桥梁已被炸毁，而负责警戒的部队也已重新部署。

从清晨前开始，陆军航空军第1团的"小羚羊"直升机就在障碍沿线执行侦察任务。[7]很快，它们就发现了第56近卫坦克团在第2皇家安格利亚团防

区内的侦察巡逻队。为了阻止近距离侦察，"弯刀"战车沿着障碍线重新部署并和苏联巡逻队展开了交战。8：20，战斗群防区遭受了较为猛烈的炮火轰击。而在接近9：00时，火箭炮齐射和混合的烟幕弹加入炮火之中，标志着苏联军队的全面进攻。

皇家安格利亚团的步兵和他们的"米兰"反坦克导弹发射器都深藏在有顶盖的掩体中。"米兰"导弹发射器被仔细安置在能够从隐蔽位置进行扇面射击的地方。然而，隐蔽位置并不能提供对间接火力的防护，因此还需要顶部掩蔽。

第56近卫坦克团以排级纵队推进，由2个营和4个坦克连领头。当纵队一进入视线范围，立刻遭到来自"山猫"反坦克直升机的"陶"式导弹攻击，这些直升机从侧翼发动攻击。"山猫"直升机撤后，英国的炮兵部队对敌军实施了短暂的集中火力轰击。紧接着，当领头的苏联装甲战斗车辆，包括排雷坦克，进入对岸的雷区时，"米兰"反坦克导弹开始射击。

"山猫"直升机和"米兰"导弹的乘员严格遵守了开火指令和优先打击目标的原则。工兵、防空和指挥坦克是优先攻击的目标。苏军以7列纵队领头的车辆到达了运河边，其余的车辆在距离运河不远处停下，坦克一辆接一辆地被击毁。

运河太宽，无法通过装甲架桥车来架桥，因此苏联坦克装配了深水涉渡的"呼吸管"套件。数辆坦克进入了水中。有2辆因为过快地下降而被淹没。UR-77工程车辆接近对岸，发射了直接横跨运河的爆炸性排雷软管，随后开始涉水过河。一些车辆成功地完成了这一过程，但至少有1辆被倒下的树木阻碍。当领头的坦克从运河中出来时，它们很难找到排雷通道。它们在试图定位这些通道的过程中，被"米兰"导弹和部分轻型反坦克武器击中，后者是由掩体中的步兵发射的。

烟幕和炮火大大降低了英军防区的能见度。"米兰"导弹小组在烟幕出现的那一刻就启动了他们的热成像仪，并透过烟幕开火。

苏联坦克出现在运河近岸，这是一个信号，促使英军坦克开始开火。近岸一侧的雷区深度为200～300米。英军坦克从经过精心侦察的位置发起射击，距离约1000米。他们迅速摧毁了少数越过运河的苏联坦克，随后开始攻击对岸的坦克。

对于皇家安格利亚团来说，最重要的命令之一就是何时停止射击，不仅是为了节约导弹。由于没有打开突破口，苏军营长无法投入他们的预备连队。所有坦克连都有摩托化步兵排伴随，但没有一辆BMP步兵战车能够到达运河。大部分工程装备和大约一半的先头连坦克已经被摧毁。

皇家安格利亚团在这次交战中3人阵亡，1人受伤，他们所在的战壕不幸遭到了苏联炮火的直接命中。他们还有1具"米兰"导弹发射器被摧毁，其操作人员受伤。没有任何事情出乎意料，防守方分布得太广，隐蔽得太好，挖掘得太深，以至于苏联炮火的猛轰并没有给他们带来震撼效果。障碍物的存在消解了攻击带来的任何冲击力。攻击瓦解了，只有少数单台的坦克足够勇敢（或者说不幸）地尝试穿越运河。

在师长对其任务进行"明确"（实际上是一种相当强硬的重复命令）之后，第56近卫坦克团的指挥官在4小时后发起了第二次攻击。这次攻击由他的第三个营和其他两个营的混成部队执行。然而，这次攻击甚至比第一次更加不成功。

9月24日第3装甲旅的反攻

为了达到最大的灵活性，第3装甲旅被组织成4个战斗群，每个战斗群包含2个坦克连和1个步兵连。西德军队并不喜欢复杂的战斗程序。各个旅部会通过师级指挥网络监控战场情况。师长只需发布类似以下的简单命令即可发起计划中的反击：

所有人注意，这里是奥托。发起反击"野猪"行动。前进，前进！完毕。

［在英国的语音程序中，这将是："所有电台注意，这里是0-α（师长代号）。发起反击'野猪'行动。立即行动。结束通话。"］为了执行这一命令，旅长可能在他的指挥网络上几乎一字不差地说同样的话。通过使用民用和野战电话，整个行动可能在完全没有无线电传输的情况下启动。这种方法减少了无线电通信，从而降低了被敌方截获和定位的风险，增强了行动的

隐蔽性和突然性。

第3装甲旅在策勒周围的一个集结区内待命。得益于师属后勤单位的高效运作，它的实力在很大程度上得到了恢复。旅部预先规划了五个选项：两个封锁行动和三个反击方案。这些选项的规划细节足够完善，以至于一个训练有素的旅能够在最少的后续指令下执行它们。因此，对于任何一个既定选项，预先存在的火力计划可能包括目标清单和指示，指出哪些目标应首先由火炮瞄准；但不会有更多的计划。行军计划如果需要的话可能给出进入集结区的行军序列（也可能让每个单位仅仅使用不同的路线），只包含最低限度的协调措施。

"野猪"反击行动设想敌军编队在汉诺威北部地区向西推进。旅部将用2个战斗群带头，从近乎正南方发起攻击：左翼是第33装甲营，右翼是第31装甲营。旅第3侦察连将向东侧发展，为侧翼提供掩护。在这里我们将跟随第31装甲营是视角。它由2个坦克连和1个步兵连组成，组织成三个类似的战斗小组。在部署起始线时，它们的坦克排在前面。请参阅图14-2，并与图14-1进行比较。

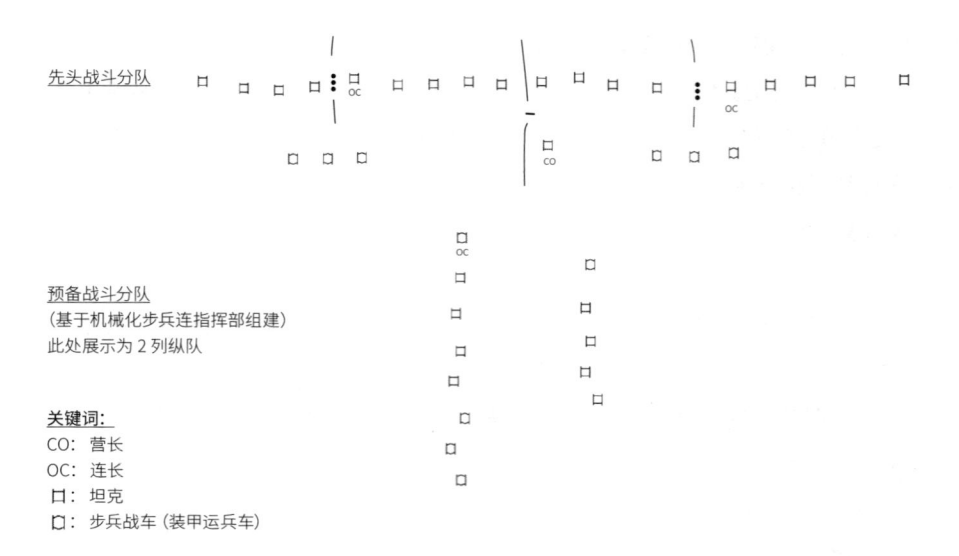

先头战斗分队

预备战斗分队
(基于机械化步兵连指挥部组建)
此处展示为 2 列纵队

关键词：
CO: 营长
OC: 连长
口: 坦克
口: 步兵战车 (装甲运兵车)

图 14-2：一个西德坦克加强营的攻击部署

如果领头的坦克间隔大约100米,那么营的正面宽度将为大约1英里(约合1500米)。由于实现了突袭并且从起始线看不到敌军,先头战斗群以最大速度向南移动。苏军第153坦克团正在向西移动,但受到第1装甲侦察营和来自第2装甲旅2个战斗群的部分兵力的阻挠而减缓。第153坦克团部署了侧翼安全巡逻队,但如同华约别的坦克团一样,它没有反坦克连。

第31装甲营在高速移动的同时开火,迅速摧毁了面前的苏联巡逻队,并直接攻击了右侧苏联营的侧翼。第31装甲营先头坦克开火时苏军几乎一无所知,突袭完全成功。德军从侧翼开火,一辆接一辆地摧毁了苏联坦克。

第31装甲营被命令迅速攻击,"不顾一切"——不顾及留下的敌军力量。在遭遇来自尼恩霍斯特(Nienhorst)村的抵抗时,第4连(前左)遮蔽了村庄并召唤了间接火力,而其他2个连迅速从右侧穿过。一旦他们通过,4连就脱离接触,回撤,并跟上。这一切在不到10分钟内完成。第2连的1个装甲掷弹兵排被分离出来,受命监视村庄后方,直到第4连赶上。[8] 如果有必要,稍后会清理村庄。

第1装甲师指挥部已经从师属防空团中调配了第12防空战斗群前来支援第3装甲旅。实际上,这相当于一个拥有3个"猎豹"防空连的防空营。此外,还有1个"罗兰"防空导弹连负责掩护该旅。因此,第31装甲营的战斗群在每个战斗小组都有2辆"猎豹"伴随,还有2辆"罗兰"在高空警戒。当营部通过尼恩霍斯特时,"猎豹"突然进入掩体并开始行动,面向东方。几架苏联Su-25"蛙足"对地攻击机被拦截。随着这些飞机飞离,苏联的炮火开始落在先头连队周围。一拨又一拨的Mi-24"雌鹿"直升机紧随"蛙足"之后。"猎豹"和"罗兰"反复开火。炮火越来越密集,令人担忧的是,炮着点也越来越准确。

反击逐渐放缓,最终停止,越来越多的西德装甲战斗车辆寻求掩护。突袭的优势已经丧失,对空域的控制也失去了。该旅冒着在没有任何良好目标的情况下暴露于一个突出部面前的风险。既然他已经无法阻止第153坦克团的推进,旅长取消了反击,并撤回了他的战斗群。炮兵、第32装甲掷弹兵营和旅属反坦克连掩护了他们撤回策勒的行动。

苏联的空袭和炮火攻击使得西德军队的反击行动彻底停滞。虽然最初的突袭取得了完全的意外效果，但德军部队未能充分利用这一初始优势。第153坦克团虽减缓了进攻速度，但并未被完全阻止。这或许阻止了它在当天获得莱内河的良好渡口，但也仅限于此。反击确实造成了重大伤亡：第153坦克团几乎损失了1/2的坦克和1/3的BMP步兵战车，其中大部分是在反击中被摧毁的。相比之下，第3装甲旅的损失较轻：仅有十几辆坦克和"黄鼠狼"步兵战车受损，几乎所有受损的车辆都被回收并送修。

9月24日至25日第11装甲旅的夜间行动

大约在16：00，第51高地团第1营营长向第11装甲旅的指挥官报告，他的连长们预计在1小时内到达。步兵连正从皇家空军的居特斯洛机场飞抵，应在午夜前全部抵达。经过简短讨论后，旅长向第51高地团第1营下达了当晚攻击并清除哈豪森和纽克鲁格的命令。

该营的侦察连、迫击炮连和反坦克连正从英吉利海峡的港口经公路赶来。他们预计还需18小时才能到达。步兵连在抵达第11装甲旅防区前将不会收到任何弹药（或配给）。不过，常备军的机动火力控制员小组已经到达，能够协调间接火力。同样，配属给此次行动的阿盖尔和萨瑟兰高地团第1营迫击炮连也能做到这一点。

第51高地团第1营营长于天黑前，在一个观察哨位向他的连长们发出了初步命令。他特别指示，在首次与敌军接触前不得吹奏风笛。预警命令通过邮政电话线发送至居特斯洛，转达给各连副连长。步兵连按时抵达，在格纳特山北侧下车集结。

苏联在村庄中的薄弱力量没有发现有设置前哨的迹象。经过简短的确认简报后，一个步兵排出发，侦察并标记起始线，如有必要，清除任何敌人。

V（"利物浦苏格兰"）连将清除轴线（教堂旁的道路）左侧的哈豪森，然后向东到铁路线。那是军布设雷区的后边界。K（"黑手表"）连将清除轴线右侧的哈豪森，直至（但不包括）纽克鲁格。之后，A连（同样是"黑手表"连）将穿过K连的防线，清扫纽克鲁格。G（"伦敦苏格兰"）连人数最少且最后一个到达，一开始是预备队，然后负责清除通往鲁登西部的道路。[9,10]

发现起始线无人防守，领头的连队未伤一兵一卒就占据了起始线，并在3：00发起了攻击。突袭效果完美。首次接触时，第4装甲师的3个炮兵团对村庄进行了打击，冲击效应叠加在了初始的突然性之上。随着营部通过市区，阿盖尔团的机动火力控制员与步兵连一起前进，提供了紧密的火力支援。抵抗很微弱，目标区域迅速被清除。突袭和冲击效应被有效利用。工兵在天亮前封闭了前沿防区障碍物中的缺口和裂缝。

概述

正如我们所见，荷兰和比利时的军在某些地方被迫后撤，但现在它们已经全面部署，就像大多数英国本土部队一样。美国第3军也正以强大的力量抵达战场。但是，华约的第二梯队也同样如此。接下来发生的事情，无论是战役层面的，还是战略层面的问题，都已经超出了战术层面的考量。也许不可避免的停顿会成为政治谈判的时间，也许其间会爆发核武器交战。但幸运的是，我们永远不会知道这一切了。

（注：本章所采用的战斗序列大体上是正确的。不过，关于北约在师级及以下的行动计划的任何信息，以及关于苏联行动计划的所有信息，就不详细讨论了。）

本章注释

1. Holz的意思是森林。

2. HQ 1 (BR) Corps OPO 1/89 – General Defence Plan GDP. Para 3.e.(2) (b), 4831205 G3 (Ops) dated 14 August 1989 in Arrcade Planner, p.165.

3. John Storr，个人回忆。

4. 作者个人回忆。

5. BAOR Order of Battle July 1989 <https://www.orbat85.nl/documents/BAOR-July-1989.pdf> accessed at 10.22hrs BST 12 May 2020, p70，表明到1988年营有2个连。

6. 在英国的用法中，陆军表格（Army Form，简称AF）W4811是根据北约标准化协议（NATO Standardisation Agreement，简称STANAG）2017的规定来使用的。

7. 英国的"小羚羊"直升机装备有稳定式的、安装在顶部的热成像瞄准设备，被称为GOA或"瞪羚"观测辅助装置。

8. 在西德军队的营级单位中，第1连通常是指挥部和后勤连。一线作战连队的编号从2到4。在步兵营中，迫击炮连通常是第5连。根据陆军第四序列，每个旅的第一个营是"混成型"的。在混成坦克营中，机械化步兵连是第2连。而在混成机械化步兵营中，坦克连则是第2连。

9. 第51高地团第1营是英国本土部队中地理分布最广泛的营级单位。营部设在苏格兰的珀斯（Perth）。黑手表连队驻扎在邓迪（Dundee）和柯克卡迪（Kirkcaldy）。他们将从爱丁堡的特恩豪斯机场（Turnhouse Airport）起飞。G连则在伦敦的盖特威克机场（Gatwick）登机，V连则在曼彻斯特的林戈韦机场（Ringway，即现在的曼彻斯特机场）登机。

10. 值得一提的是，在1914年万圣节，也就是10月31日，伦敦苏格兰团成为第一次世界大战中第一个走上前线的本土部队营级单位。利物浦苏格兰团则在1914年11月27日紧随其后，也加入了前线战斗。

第十五章

观察与结论

前一章节仅仅是为了把本书其余部分的内容综合表现出来。当然，它是一个基于大量推测的广泛虚构。但它受到了之前十三章的启发，并且与之保持一致。这本书主要不是为了详细描述各国军队打算做什么，尽管它确实包含了一些相关内容。相反，它专注于对可能发生的事情、可能如何发生，以及（最重要的是）我们能从中学到什么的探讨和理解。

每位读者带着对冷战期间中央防区战争和作战方式的不同理解来到这本书。我们能学到什么，在很大程度上取决于我们每个人事先所知，或者我们认为自己知道的东西。从未曾发生过的战斗中得出确定无疑的结论，未免显得过于武断，但是，提出一些观察是恰当的。我们将首先审视战争，然后是作战的方式。作战方式这一话题将包括对战术、装备和组织的评论。之后，我们将对战争和作战方式的研究做出一些观察。

装甲部队能够在战役层面上产生重大影响。20世纪初，装甲作战基本上是唯一能够取得大规模成功的战术构想。[1] 1991年和2003年的伊拉克战争两次重申了这一教训。冷战时期的各国军队都在某种程度上试图执行高强度、装甲化、多兵种联合、空地一体的作战行动。在此框架中，突然性、冲击效应与利用机会成为核心要素。

军队的条令指出但没有明确描述基于突然性、冲击效应和利用机会的战术。例如，1988年的美国军事理论指出，反击之所以成功，是因为突袭、侧翼攻击、速度和强硬执行。以色列国防军被描述为"游走在活力与彻底混乱之间"[2]，并展现出"突袭、决心和速度所能达到的效果"[3]。罗兰德和他的同事们有力地证明了，当军队能够突袭、冲击并对机会加以利用时，他们便能在战斗和战役中获胜。这并非巧合，因为军队就是为此而组织和训练的。

冷战时期陆地战争的多兵种特性往往被认为是理所当然的。军队以这种方式组织和训练了几十年。20世纪80年代，运筹学从数字上证明，综合或全兵种的组织和战术带来了协同效应，其结果确实是大于各部分之和的。[4]

主动权可以被视为能够主导军事事件进程的能力。它源于先发制人，维持主动权则依赖于决策速度、行动速度、反应速度和机动速度，但最重要的是思维速度，比对手更快地思考和行动需要敏捷的思维。很多这方面的能力可以通过良好的训练来实现，稍后会详细讨论。在撰写本书的过程中，最有趣的见解之一是米德尔多夫或他的同事使用了德语形容词"zeitraubend"[5]。这个词的意思是"耗时的"，然而其词根"rauben"的意思是"抢劫或偷窃"，隐喻不必要的拖延实际上是一种犯罪行为。巴顿引用吉布林的话抓住了类似的概念："用60个1秒去填满不容浪费的1分钟。"[6]然而冷战时期的英国指挥官似乎并没有以完全相同的方式看待这个问题。

空中力量几乎被视为一种环境要素。空中优势是绝对必要的。在20世纪80年代，它使空中侦察能够实现，或使敌人不能实现。在支持战役级别的突破时，它可以发挥巨大（但非必需）的作用。在骚扰被击败的敌人时，它可能表现得非常出色。但除此之外呢？公平地说，我们还没有考虑如果北约明确失去了空中控制权会发生什么。

苏联军事分析中有一条线索讨论了"创造胜利的初始条件"。例如，他们在1945年对中国东北的行动就是这样做的。很可能到了20世纪80年代，他们认为在中央防区，如果没有先发制人的核打击，就无法凭借现有的部队实现这一点。许多西方学者，如约翰·哈克特爵士将军，自信地预测北约即使在数量上处于劣势，也能实现5：1或6：1的损失交换比。兵棋模拟表明，即使不考虑战术水平的差异，这也是相当可能的。

从这个角度来看，第十四章中描绘的情景可能显得过于乐观。北约部队屡次获胜，这现实吗？让我们暂时回到公元5世纪初。罗马军队一次又一次地击败了野蛮人，然而不知何故，到了公元500年，西罗马军队却莫名其妙地消失了。德军也曾一次又一次地击败苏联军队，即使晚至1945年早春也是如此。但到了1945年5月的第二个星期，德军已不复存在。因此，即便北约的部队可能远比他们的华约对手更有效，也不等于说北约会在中央防区的任何一场重大战争中获胜。

战争是敌对的、高度动态的、复杂的和致命的。然而，在某些时刻，它会陷入停滞。发生这种情况有诸多原因。军事理论家们钟爱的"高潮点"（culminating point）便是其中之一，另一个原因则是"单点故障"的概念。尽管战争具有复杂性和动态性，但有时候，在关键时刻和地点，一件事情出错就足以使战术事件的进程戛然而止。这不仅仅是工兵需要意识到的问题。避免或克服这一问题将需要采取多种措施，比如尽可能沿多条路线前进和进攻。成功的行动不应只依赖戏剧性的单一英雄行为，而是应该看起来像是顺理成章（"一切都进展顺利"）。

无论是当时还是事后反思，有一种压倒性的印象，即西德国防军无疑比英国、美国或法国军队准备得更为充分。主要原因有三个：首先，它对如何打败苏联军队有着清晰的认识；其次，西德国防军对如何进行一般性战斗有着非常明确和敏锐的看法；第三，由于与战后重建有关的历史巧合（以及"德国经济奇迹"），西德国防军总体上拥有最好和最现代化的装备。

本书无法评估西德士兵为了保卫家园而战斗的动力有多强。可以说，近期的记忆给予了他们强烈的动力去这样做。同样，我们也难以评价非苏联的华约成员国军队为了实际上是别人的战争而战斗的动力。特别是当这场"别人的战争"的主导者是俄罗斯的时候。可能苏联指挥官对这个问题持有非常现实，并且负面的看法。

苏联武装力量无疑对其在中央防区的所有攻击目标有清晰的理解。但是，这种理解能否带来胜利？实际上，什么是胜利？冷战时期伟大的苏联学专家彼得·维戈尔写道，军事思想"常常因为对胜利的含义缺乏精确定义而陷入困境"。[7] 40多年后的今天，这个问题依旧没有变得清晰。研究者们并没有充分地探讨，更不用说解决这个问题。如果第二次世界大战的证据可以采信的话，苏联人认为战术上的成功主要体现在能够继续推进，几乎无论付出什么代价。"损失"并不是真正的损失，而仅仅是需要支付的代价。

传承和变革始终存在。军队所采用的组织结构，尤其是战术，显示出与第二次世界大战的强大联系。也许令人惊讶的是，装备反而显得更加短暂易变。例如，美军特有的M60坦克、M113装甲运兵车、"陶"式和"龙"式反坦克导弹的组合持续了大约10年（大约从1975年到1985年）。尽管低层级的战术确实经历了演变和发展，但从几十年的时间跨度来看，战术的变化似乎不如装备的变化那么大。

英美军队似乎在二战后丧失了许多关于战术细节的精深知识。这不是简单的"新旧更替"的问题。像反斜面防御或前哨阵地这样的问题仍然很重要，即便新的装备和技术要求战术做出改变也是如此。从20世纪70年代初期开始，英国编队级别的战术条令表明，到20世纪80年代，实践中已经在很大程度上遗忘了6~7个基于二战艰苦经历获得的知识点。

这种情况也可能适用于苏联、美国或法国军队。西德国防军显然属于不同的情况。然而，我们在评判时也不应过于苛责。观察"沙漠风暴"行动或"伊拉克自由"行动就可以发现，要在战争中达成自己的目标，并不需要做到完美：只需要比对方做得更好即可。然而，在一边倒的冲突中，重要的是，你越优秀，你在过程中承受的伤亡就越少。

在深入探讨战争细节之前，我们应该对冷战时期的军事状况做一个重要的剖析。尽管人们经常谈论苏联军队在第二次世界大战中庞大的规模，但在其巅峰时期，它只产生了大约30个坦克军（相当于装甲师）。[8]

德军也是同样的数量。

虽然通常认为，德军大部分都是由依赖马匹运输的步兵师组成，直到战争结束都是如此。但实际上，一个晚期的德军步兵师拥有的机动车辆数量超过苏联几乎同规模的步兵师两倍多，同时还有更多的马车。[9]但是，如果我们暂时抛开东线数百个步兵师不谈，很明显，双方对敌方造成的主要伤害是由装甲部队完成的。

德军没有将其全部约30个装甲师都部署在东线的主要原因是，它必须在西欧保留大约10个师。因此，从1943年中期开始，在一条长达1000千米以上的战线上，大约30个苏联坦克军面对的是大约20个德军装甲师。随着苏军接近柏林，这条战线缩短了，但同样，这些德军装甲师内部的坦克数量也在减少。

相反，如我们所见，20世纪80年代，北约最初能够在中央防区的640千米沿线部署大约23个装甲师或全机械化师。它们中的绝大多数都比德军的任何一个师要强大得多。这里的关键点是，装甲部队的密度将显著高于第二次世界大战期间。从1939年到1945年，没有任何一支军队能够在其整个前线部署装甲部队，当然防御时就更不可能。如果第三次世界大战真的发生，与第二次世界大战相比，这一点上将会显著不同。

再谈谈战术：如果说21世纪的西方军队似乎忘记了什么，那就是在战争中，只有简单的事情才会成功。[10] 在冷战时期，士兵和指挥官们知道这一点。因此有了"KISS"（Keep it simple, stupid）的训诫："保持简单、傻瓜。"然而，问题比仅仅是忘记更为严重。现在似乎有一种态度，即"简单"等同于"消耗战"，因此要成为"机动主义者"就需要复杂性。没有什么比这更错误的了。找到并攻击敌人的弱点，在概念上是简单的。"简单"并不意味着"显而易见"，从做一件非常简单的事情中可以产生巨大的复杂性。多轴渗透就是一个例子。当然，如果所有前进的小组对整体目标都只有一个简单、清晰的理解，那么总体效果可能是毁灭性的。

法国军队在七年战争后发明了师级系统，它是一种组织大量兵力迅速行进和战斗，共同达成目的的方式。我们稍后会探讨组织结构。在这里我们应该注意到，到20世纪80年代，一些军队似乎已经忽略了行进和战斗作为一个整体概念的想法。如果有什么区别的话，重点应该是行进，以便减少战斗的必要性，从而实现更高的作战节奏。[11] 因此，英美军队似乎拥有能移动的战斗机器，但行动笨拙；苏联则拥有高度机动的机械和编队，能够进行战斗。相比之下，西德国防军发展出了一种奇异的暴龙变体：行动迟缓的恐龙，但却能非常好地战斗。

"行进和战斗"支持突然性、冲击效应和利用机会。在战场上，大规模实现冲击效应的主要方式是集中炮火。它既有预定的效果，也有突发的效果。其中后者是有一些盲目的运气成分。"总有什么会发生"（战争是不可预测的）；优势通常会偏向于最能利用意外的一方，也就是最擅长扩大战果的一方。

因此，正如德国人常说的，最勇敢的行动往往是最正确的[12]，或者可以说"天助自助者，勇者得福"。[13] 夜晚和密闭地形通常更有利于在进攻或反攻中创造和利用突然性。空中力量是在行动初期造成冲击效应的好方法，也是骚扰被击败敌人的出色手段（因为飞机可以轻易克服地面撤退部队的原有优势）。

在多条路线上进行渗透是这一过程的关键部分。它可能实现突然性，能够帮助识别出实施进一步或更大规模突袭的机会。因此，它协助了冲击效应的实现，并且可以让进攻者不需要额外的努力就扩大战果。

有效的侦察是关键的推动因素。在未暴露的前提下，侦察部队查明敌人在或不在何处，就有机会检测到（或创造出）突袭的机会。反之，那些为获取信息而战的侦察部队，如果没有首先做好隐蔽，且迂回行动需经上级指挥官批准，将会系统性地放弃任何实现突袭的机会。实际上，这将导致其所属的军队不再重视突袭。就算这支军队的力量确实能造成冲击效应，它们也将处于不利位置，无法察觉到扩大战果的机会。

如果部队想要行进、战斗并因此实现高节奏的作战，它们必须能够迅速地从行进状态切换到战斗状态。如何部署是实现这一转换的关键。它应该是一个熟练的演练程序。它允许部队或编队快速无缝地从行进状态转变为战斗状态。在这方面，英国军队尤其疏忽。缺少部署演练实质上导致了每次部队在集结区集结时，都向敌人递上了夺取主动权的机会。

硬币的另一面是从战斗转向扩大胜利成果。随着攻击的成功，敌人可能陷入撤退甚至溃败的时刻。如果要抓住这些稍纵即逝的机会，就需要在最低层级果断行动，并沿着指挥链获得支持。

在防御作战中，关键问题不在于力量对比，而是兵力与空间的比例。[14] 必须有足够的兵力确保整个防区的连贯防御，并有预备队可在需要的时间和地点进行反击。防御主要依赖火力，但（成功的）反击能阻止敌人，使防守方重新掌握主动权。间接火力是防御者对进攻者施加冲击效应的少数方式之一。反击在城市和林地环境中尤其有价值，也可用于欺骗敌人（例如，掩护撤退）。

确实，在许多情况下，只需要相对较少的步兵就能建立起对敌方步兵的有效防御，特别是在侧翼机枪火力能够阻止敌方步兵进入相邻阵地的情况下。肩射反坦克武器的广泛使用使得装甲部队对步兵的攻击变得风险重重，除非防御者已被有效压制。而使用坦克来对抗敌方坦克并非总是最佳策略，这会浪费宝贵的且高效率的资产。在很多情况下，一个精心布置的反坦克导弹网，结合障碍物，就足以阻止装甲攻势。例如，在20世纪80年代初，美国的一个机械化营装备了24具"陶"式导弹发射器和40具"龙"式导弹发射器。如果正确使用，这显然已经足够了。

重要的是要认识到，步兵的战斗往往缓慢、消耗大且常常无法迅速决定胜负，这种特点可能会成为步兵自我形象的一部分。但这既不是有益的，也不是可取的，更不是必要的。试图像机械化部队那样作战并不是解决方案，在肩射反坦克武器丰富的环境下这样做会很危险。通过相对简单的战术和组织变革，大部分问题都能得到解决。这样的改变会加快战斗节奏，而且可能减少自身部队的伤亡。甚至可以禁止正面攻击，这一禁令曾在布尔战争中由基钦纳下令实施，在第一次世界大战中由鲁登道夫执行，在第二次世界大战中则被巴顿将军实际采纳。[15, 16] 事实上，早在1872年，英国的军事条令就强烈反对正面进攻。[17]

这样的改变将是战术上运用更为微妙的方法的一个方面。渗透不应该是一种独立和偶尔使用的战术。它就算不是全部，也应该是一种基本操作，是进攻行动（包括反击）中明确而独特的组成部分。渗透对于步兵班、装甲车辆、战斗分队乃至装甲师而言，都应成为常态。然而，它并不是突击的替代品。两者是互补的，即用手指感受、用拳头击打。但是，越多地感知，就会越多地发现弱电并加以利用；随之所需直接打击的次数也就越少。为了防御间接火力而分散开来的防御阵地，将变得容易受到渗透。反过来，如果进攻者在寻找恰当的时机，这些阵地就会容易遭受突袭。渗透在能见度受限的环境中特别有效：夜间、森林地带以及城市作战中。

战争中只有简单的事物才能成功的原因之一是，战争本质上是不可预测的。简单的计划可以迅速地根据事态发展进行调整以适应实际情况。不过，战场的情报准备工作，以及为了产生特定效果而设计布置的障碍，都是试图进行预测的努力。这些做法是在20世纪80年代还没有明显理论或实践根据的基础上发明出来的。我们不应抱有信心，认为投入在它们上面的时间和努力是值得的。

简单的计划要以简单的、设计良好的、应用得当的演练来补充。冷战期间，所有军队都在不同程度上继承、发展并教授了一系列在典型战场条件下能合理运作的演练模式。在总部内，这些被称为"标准操作程序"。应当理智地应用标准化程序，而不是盲目地遵循。应当根据具体情况进行适当的调整。它们的大部分价值在于发展过程中融入的理解和学习。然而，在实践中观察到的风险是，在漫长的和平岁月中，演练和标准操作程序可能变得愈发复杂，而这种复杂是不恰当的。

冷战期间，西德国防军似乎找到了平衡点。良好的演练，应用于正确的场合，使它在更高层级上获得了速度和灵活性。指挥官知道下属会在没有详细命令的情况下做好基本的事务。过于详细地命令他们反而会消耗宝贵的时间并带来其他问题。苏联则相反，恪守教条带来了所有可以预见的劣势。

简单的计划，经过实用的且经过深思熟虑的演练后再被执行，仍然需要协调。这大致有两种选择：第一种是生成并下达一系列的协调指令（或称为"控制措施"），所有这些都会约束下属，限制他们的行动自由；另一种选择是培训和教育下属，让他们了解在给定的行动中哪些方面的协调是必要的，并在实际可行的情况下，让他们自行安排这种协调。这样表述的话，正确的做法显而易见。在20世纪80年代初，大多数西方军队或多或少地实行了后一种方法。但到了这个10年的末尾，这种共识正在消失。书面命令变得越来越普遍，也越来越长。这具有讽刺意味：正是那个时候起，美国和英国的军队开始讨论指挥哲学。

很明显，在20世纪70年代以及20世纪80年代初，军队完全有能力比现在更快地规划和下达行动命令。现在他们为什么这么慢，没有合理的解释。冷战结束后，似乎出现了明显的程序爆炸。所有这些流程耗时更长，所以军队干脆选择花更多时间。这在没有遇到能够以更快的速度执行简单暴力行动的对手时，是没有问题的。这就是1940年和1941年发生的事情。如果军队不得不重新学习这一课，那将是很不幸的。

在"装备"这个主题下，我们将只关注几种类型的装备，并简要探讨装备采购政策。

如果战斗是唯一真实的需求裁判，步兵战车应该被淘汰。唯一有效的实战经验来自以色列人，俄罗斯人也勉强可以算。这两个国家的军队（某种程度上）采购了重型、基于坦克的装甲运兵车。几乎所有西方的步兵战车在它们的主要功能——即运送步兵排上都失败了。所有这些车辆都无法为步兵提供类似坦克的保护。它们不过是在装甲运兵车和武器载体之间的糟糕折中。

很难相信西德国防军的指挥官或工程师们是愚蠢的。基于与苏联、英国和美国坦克部队多年作战经验，西德国防军持续要求一种比"黑豹"坦克更轻、更快、炮火更强大的坦克。一旦能够自主设计，西德国防军指挥官就明确地采购了这样的坦克："豹"Ⅰ型，然后他们通过"豹"Ⅱ型作了进一步改进。同样，苏联人完全有能力生产超过50吨的坦克，但在20世纪50年代之后，面临多次选择他们却没有这么做。难道他们也是愚蠢的吗？还有些人，例如那些操作过"百夫长"坦克（但不是在战争中）的人认为，"豹"Ⅰ型"太轻无法战斗"。但是，我们应该批判性地考虑这些意见。究竟谁的意见更加有效？

从相似的、客观的角度看，似乎美国陆军是物资供应最为充足的，但仍然采购了最多的劣质装备。没有可靠的班用机枪对多个国家的步兵战术产生了负面影响，未能采购到优秀的隐蔽型侦察车辆可能也扭曲了其侦察战术。坚持使用的M2步兵战车和M3"布雷德利"侦察车基本上是同一款车型，同样影响了步兵战术。M60A2主战坦克、"谢里登"轻型坦克以及"约克军士"防空车是其他的例子，展示了不良装备如何进入或几乎进入了服役状态。

这并不意味着美国的工程师水平差。恰恰相反，美国的很多装备都是世界级的。美国陆军的装备预算，按照盟友的标准，是非常慷慨的。问题似乎出现在装备采购的过程中，这一过程允许（或几乎允许）一些劣质装备进入服役。其他国家也做出了类似糟糕的采购决策，然而，美国的陆军装备采购体系似乎一直拥有最多的失败案例。

这是一种普遍的失败，涉及多个国家，且源于"完美往往是优秀的敌人"这一观念。在很多情况下，军队未能部署某个系统来满足装备需求，往往是因为他们的要求过高，以致候选方案变得无法承担，最终使需求得不到满足。国防部经常提出一组"必需"条件，要求必须满足，甚至在具备可行性和负担得起的情况下，还要满足"期望"（或"扩展"）的要求。当"必需的"（即"优秀的"）条件被过度规定时，完美就成了优秀的敌人。是的，比如有可能将一枚高爆手榴弹投掷到200米外的窗户里，但这只应是"期望的"，而非"必需的"。它可能比一个能在30米距离完成同样任务的系统贵6倍，让人难以负担。如果试图采购"贵6倍"的系统（但没有成功）自然会阻碍30米系统的获取。哪怕后者本已经"足够好"，足以挽救生命，帮助赢得战斗。在实践中，装备采购往往受人为而非技术因素驱动。[18]

我们可以对组织做出几点观察。首先，对小型、敏捷师的需求——这是二战遗留下来未被吸取的教训。几位指挥官意识到了问题，但并未有效地抓住和阐述这一点。战后，"小"型师通常被视为必要性的结果，而非优点。因此，西方的师逐渐演变成庞然大物。最终，例如，旅甚至拥有了自己的工兵营。多么荒谬。

其次，师内的坦克连与步兵连的比例应接近1∶1，可能稍微倾向于步兵略多。否则，指挥官几乎没有能力调整他们的战斗群的构成，正如西德国防军和苏联军队所展示的那样。

4个战斗分队组成的战斗群通常难以驾驭。西德国防军在20世纪70年代意识到了这一点。英国军队可能也注意到了。美国陆军似乎为了使其师尽可能庞大而忽视了这一点。这在苏联模式中不适用，因为在苏联模式中，团和加强营（由1个坦克连和3个摩托化步兵连组成，坦克和步兵数量对调亦然）非常小。因此，例如，1个加强的摩托化步兵营最终通常由3个加强的摩托化步兵连组成。

低层级的灵活性非常重要。在战斗分队级别上交叉配属有利于渗透、反应速度、突袭和利用机会。

在审视低层级组织时，参谋人员有时会问错问题。例如，在常备军中，关键的限制通常是人力。因此，询问"步兵排的理想大小是多少？"并没有太大意义，因为增大的可能性不大。问题应该转变成如何最好地组织可用的人力。每个排24名士兵是分成3个8人小队更好，还是分成4个6人小队更好？（很可能后者更优。）3个连步兵战车里的42名炮塔射手是否发挥了最大作用？（可能并非如此。）

从研究冷战未战之战的过程中，我们能观察到什么呢？

这个问题很特殊。本研究使用的资料包括若干本著作（尤其是米德尔多夫的作品）、英美陆军的条令、一些第一手材料、少量的运筹学理论和一些模拟兵棋。所有这些资料都有其不足之处。书面条令并不等同于实际操作，米德尔多夫并没有告诉我们太多关于西德国防军在20世纪80年代的实际做法（尽管我有一位来自西德国防军的同事的第一手知识帮助纠正了这一点）。诸如此类。

历史是我们对未来最好的指引，但它是一面不完美的镜子。此外，关于某一时期或主题的历史著作越多，就越倾向于重复相同的观点。在这里，没有载进史册的历史，因为事件从未发生。苏联档案曾短暂开放，随后关闭。我们不应假设北约冷战时期的全部力量细节都已公之于众。实际上我们知道并非如此，至少在核武器和电子战问题上是这样。我们无法对地面部队的后勤保障或面对面战斗之外的制空权问题得出强有力的结论，这反映了这项研究所受到的局限。

据传林肯曾说，你尚未学到的唯一课程就在你未读过的史书中。对于西方军队而言，关于对抗苏联的重要战术教训存在于未被译成英文的书籍中。米德尔多夫和他的同事们撰写的两本书，为西德国防军提供了巨大的益处。这些书从未被翻译，究竟是纯属偶然还是出于沙文主义，我们永远无从得知。人们猜测，即使这些书被翻译了，也基本上会被忽视。

但正如之前所述，对我来说，米德尔多夫的书籍是一次启蒙。我相信我已经准确地翻译了相关章节。然而，我也坚信这本书未能充分展现书中描述的西德国防军的技能、精准和日常的勇气。更广泛地说，理解二战中军队的行为极大地帮助了我们理解冷战时期的条令和战术实践。

还有一些错误的说法已经被揭露。华约武装部队最初的数字优势并不像当时所呈现的那样巨大。"酋长"坦克并不是因为它过于沉重而成为当时世界上防护最好的坦克（它是防护最好的，但这与它的重量无关）。官方的保密，蓄意欺骗，为了政策理由而强调的半真半假的、让社会可接受的神话，和彻底的谎言之间存在着复杂的互动。随着我们进入21世纪，这个问题可能会变得更糟，而不是更好。

这本书从来不是为了告诉人们如何打赢下一场重大战争。最重要的是，自那时起，使用的技术已经发生了相当大的变化。战争的本质是永恒的，但其特点永远在变化。值得注意的是，尽管米德尔多夫的书籍洞察深刻，但它们提供的普遍适用的结论只有三个。这本书所做的，就像历史应该做的那样，是对过去的临时报告。在这种情况下，它是一份关于过去可能发生的一场战争的推测性报告。

确定权威来源同样困难。历史学家们有时会出乎意料地观察力不足。[19] 例如，为什么美国陆军在短短8年时间内生产了数千辆4种型号的坦克，然后又淘汰了其中的大部分？虽然我们倾向于认为战斗经验有极高的价值，甚至将其视为评判标准的黄金法则，但前线反映的情况往往显得随意且支离破碎。观察者不应被那些有过战斗经历的指挥官所震慑。而且，以一个可能引起争议的话题为例，步兵战车问题涉及成百上千名在全面战争中并未指挥过步兵战车的前线指挥官。

遗憾的是，我们已经发现了军队在数十年间遗忘可信证据的现象。这也许令人担忧，但肯定不算意外。这是一个人类普遍的问题，无论个人还是机构都会存在。这并不是什么新鲜事，它在几次战争的间歇期都被观察到过。问题不在于那些显而易见且明显重要的大事，而在于一些细微却至关重要的细节。

除此之外，还有另外一个问题。冷战结束已经超过30年了[20]，人类的记忆是不完美的，而且记忆往往相互矛盾。

运筹学不能告诉我们一切。它是一种使用严谨方法来支持决策制定的知识学科，一些研究结果可以非常有洞察力。运筹学的实践者知道其他人可能会质疑它的有效性。这种方法能够重现战场，且复杂程度足以令人头晕，这并不难做到，但为什么要这样做呢？问题出现时，往往是因为政治干涉了运筹学，或是试图夸大或贬低其结果。

本书早些时候提到，将兵棋推演作为运筹学的工具时，通常不会纳入敌对双方战术水平的差异。然而，战术水平的差异和其他类似因素是可以被感知到，甚至是被量化的，这些数据随后可以输入到模拟中。考虑到这一点，人们可能会合理地估计，在某些常见情况下，苏联军队与同等的北约部队的损失交换比可能会高达4∶1。而对于一些阿拉伯军队，这个比率可能高达11∶1，甚至16∶1。

请怀疑论者暂时搁置他们对于兵棋推演能否为冷战未战之战提供洞察力的不信任。我个人的看法是，实践出真知——也就是说，这更多是出于自然而非有意为之：

- 起初，我和我的兄弟进行了大量的兵棋推演，学习我们所使用的模拟系统的规则；
- 大约在同一时间，我们积累了足量的专业知识，可以在游戏中做正确的事情，并能识别何时结果是恰当的；
- 社会环境让我们对游戏意义上的"胜利"不感兴趣；
- 随着时间的推移，我们注意到了一些固有模式。到了那个阶段，我们能够辨识因果关系。我们还可以尝试缓解问题（比如在攻击中大量损失装甲运兵车或步兵战车）；
- 最终，通过记录下的组织和战术变革，我们能够以在现实世界中可行的方式克服这些问题。

兵棋推演让我们能够在当时看来不寻常且异常深入的层面上思考问题。后来，在准备撰写这本书时，我又回顾了这些思考。如果没有兵棋推演，这本书是不会被撰写下来的。然而，如果运筹学基于科学，而科学的结果应该是可重复的，那么我们面临一个问题。我不会建议任何人花费31年中的诸多周末，尝试复制我们的兵棋推演。

有些军官花了20年甚至更长的时间进行训练以应对冷战：可能从1970年到1990年，他们中的一些人最终指挥了一个营或更多的部队，但似乎没有人写书记录这些经历。但在那段时期内，例如，他们会指挥一次快速攻击中的战斗小组多少次？或者规划一次战斗群的防御阵地多少次？答案是：出奇地少。这并不是说用兵棋推演一个场景与在实地训练或演习中真正做这件事是一样的，完全不是。但是，通过多次兵棋推演，使用不同的军队并且（重要的是）从双方的角度出发，可以使得一些问题浮现出来，这些问题对于即使是看似经验丰富的实践者来说也不是那么容易发现的。

我有一场兵棋战例，与苏联在推进和攻击中的战术有关。在经历了47场战斗之后，我完全有可能让这些战术奏效，并相对频繁地取得突破成功。但我们无法做到的是在成功的同时保持可持续的伤亡水平，除非是运气好。读者可能并不对此感到惊讶，然而，我们可以学到，要解决这个问题，必须采取什么样的措施。然后，我们成功地做到了这一点。要知道在整个20世纪80年代，苏联（或华约）军队在冷战中都不太可能解决这个问题。

渗透则是另一个问题。我们通过经验，通过第94次战斗，在14年的兵棋推演后学会了如何进行渗透。[21] 随后我曾撰写过一篇论文，该论文促成了或有益于三次野外演练。[22] 但直到2018年阅读米德尔多夫的书籍时，我才意识到德军在第二次世界大战中就已经将渗透战术作为日常实践来使用。

对于战斗分队纵队的应用，情况也是如此。我在兵棋推演中明确地识别了这一点。之后，我在米德尔多夫的书籍中找到了它，并且在那之后，在20世纪70年代的美国和英国军队的教义中也发现了这一点。我第一次指挥装甲运兵车是在1982年。我在1996年参加了所谓的"战斗分队指挥官战术课程"。[23] 但在任何时候，我都未曾被告知战斗分队通常以纵队形式前进是正常的。

接下来是关于步兵战车的问题。我们尝试了数十次：参见第六章中相关描述。[24] 我们为自己提供了各种不同的装备：BMP、"布雷德利"、AMX-10P、"勇士"和（也许是最好的）"黄鼠狼"。我们尝试了各种方法，但无法让步兵战车发挥作用。我们得出的广泛结论是，它们是危险的。在全面战争中，它们会使大量的步兵无故丧生。唯一可能发挥作用的情况是，如果对方既无能又仅装备了烂透的武器。

我们可能有错。然而，我发现加拿大在1985年的运筹学研究中描述了非常相似的问题，这让我感到惊讶。[25] 然后，我发现作者实际上将克服这些问题视为信仰的一部分："［然而］在我看来，风险是可以接受的……"一个人的信仰可能是另一个人的迷信。因此：我们是否应该继续基于信念、信仰和迷信接受步兵战车表面上的价值？或者，我们应该像以色列人那样，根据实际的作战经验选择其他东西吗？或者，我们应该尽可能客观地尝试发现是否有更好的方式来运用相关的人力和投资？

即使是在短短10年的时间里，也能察觉到变化。20世纪80年代，技术的变化比战术变化得更快。技术和战术两者都对组织带来了一些改变。战术上最大的变化可能与美国陆军有关，但"空地一体战"理论是否在旅、战斗群和战斗分队层面带来了显著变化并不清楚。有几则参考文献描述了由于引入了更快的坦克而带来的低层级变化。更具体地说，这些变化与既能更快加速又能移动中准确射击的坦克有关。步兵战车的引入促使对机械化（即"装甲"）步兵战术进行了修订。

这些变化可以在书面条令中发现。这带来了问题，书面条令可能无法反映实践。它也可能是期待性的：它描述了作者希望读者做什么。因此（例如）在20世纪70年代后期，美国机械化步兵条令强调了乘车战斗。[26]这部分是因为这是作者（在德普伊的建议下）希望步兵做的事情，它也反映了"布雷德利"战车需要被设计去做的一些事情。

我们即将完结这本书。对于一些读者来说，他们可能觉得本书某些评论观点过于直白且显而易见，无须赘述；而对另一些人来说，可能并非如此。并且，关于冷战期间的陆战，没有一个标准的（尤其是国际标准的）文本。可能的例外是伊斯比的著作，它详细介绍了苏联的组织、装备和战术，但现在早已绝版。

本书并未试图用几句简洁有力的话来回答"我们能从冷战未发生的教训中学到什么？"这个问题，尽管确实提出了一些观点。撰写此类书籍的更广泛目的是帮助读者形成自己的判断。我们也无法断言谁会在第三次世界大战中"获胜"。正如我们之前所见，由于缺乏足够的材料，以任何可信的方式来做出这种判断几乎是不可能的。存在太多的未知数或难以预测的因素。大概可以说的是，西方的战斗群通常装备良好、指挥得当、训练有素，在大多数合理的情况下，哪怕数量上处于劣势，但仍能取得成功，并给对手造成不成比例的高伤亡。"沙漠风暴"行动的进程和结果都指向了这一点。但除此之外的一切都是猜测。

我们回到起点：1984年9月的西贝塞缺口。是的，西德国防军似乎在"那种事情"上做得更好。他们对如何在未来的任何战争中击败华约部队有着更为清晰、更为聚焦的理解。他们通常比北约同行更好地训练、组织和装备了自己的部队。但这些同行似乎至少在单位和可能的编制层面足够优秀。我们还有一件事值得感激：冷战结束了，似乎北约赢得了胜利。幸运的是，不曾需要太多的战斗。

本章注释

1. Storr, The Hall of Mirrors, p.190.

2. Luttwak, Edward and Horowitz, Dan. The Israeli Army (London: Allen Lane, 1975), p.173.

3. Townshend, Charles (ed.), The Oxford Illustrated History of Modern War (Oxford Oxford Univers:ity Press), p.147.

4. English, The Mechanized Battlefield, p.165ff.

5. Middeldorf, Handbook of Tactics, p.170.

6. Patton Jr, George S. War as I Knew it (Cambridge, MA; Houghton Mifflin, 1947), p.263.

7. Vigor, P.H., Soviet Blitzkrieg Theory (Basingstoke; Macmillan, 1983), pp.36-7.

8. Ellis, The World War II Databook, p.117.

9. Ellis前引，第204、222页。.

10. Ritter von Leeb。例如，Middeldorf前引，第12页。

11. Storr前引，第206页。

12. Middeldorf, The Russian Campaign, p.51.

13. Fortuna fortis adiuvat – Publius Terentius Afer, Phormio, line 203.

14. 详见第十章第6条注释（Middeldorf, The Russian Campaign, p.131）。

15. Storr前引，第81、109页。

16. Patton前引，第403页。

17. Hamley, Sir Edward Bruce, 'The Operations of War: Explained and Illustrated' in Dighton, Adam, 'Jomini Versus Clausewitz: Hamley's Operations of War and Military Thought in the British Army, 1866-1933', War in History Vol. 27 No. 2 (2020), p.189.

18. 从1997年到1999年，我在国防部（MOD）陆军系统采购部政策科工作。

19. Storr前引，第268页。

20. 详见本书致谢部分。

21. Personal notes, 20 January 1991.

22. Exercise Sea Wall, by 1st Battalion, the King's Regiment, 1996; Exercise Plain Dance, by 1st Battalion, the Argyll & Sutherland Highlanders, 1998; and 40 Commando Royal Marines TESEX 1999.

23. 它成了Combined Arms Tactics Course (CATAC).

24. 同上，第122页。

25. Jensen, Major K.G. CD, On Infantry Deployment in English, The Mechanized Battlefield, pp.157-65.

26. FM 71-2 (77) The Tank and Mechanised Infantry Battalion Task Force, p.1-4.

后记

1945年3月30日晚，位于德国帕德博恩东南方向几千米处的赫尔维格（Hellweg）附近（赫尔维格是威斯特法伦地区少数几条罗马古道之一）。美国第3装甲师的先头特遣部队遭遇了西德国防军第507重型坦克营的1个连队。几分钟之内，美国人损失了24辆坦克和"他们车队中的大多数轮式和半履带车辆"[1]。德国人则没有遭受任何损失。

1985年3月30日，同一地点：第507重型坦克营的一群老兵与美国第3装甲师现役军官以及几英里外森纳拉格尔训练中心的英国军官（该中心是驻德英军巴多博恩驻军的一部分）会面。

一位德国老兵写道："今天，我们可以讨论1945年3月30日我们取得成功的最重要原因是什么。是指挥官做出的正确战术决策，坦克乘员的战斗经验，还是更优秀的装甲和武器装备？当然，这些都是重要因素……"

第507重型坦克营的大多数成员在1943年被选中组建这个单位之前，在东线其他部队服役了2年。之后，该营在东线战斗了1年，直到1945年2月撤回到帕德博恩进行休整。

1985年，美国军官们略带责备地对第507营的老兵们说，他们的成功只是通过诱使韦尔伯恩特遣部队进入伏击圈才实现的。对此，德国老兵回应说，"就算把'在无植被的山丘前斜坡上设防'也算成是伏击，但在战争中，伏击并非非法行为，而是一种高明的战术。根据所呈现的证据，更准确的说法是我们为敌人缺少侦察和通信造成的情况做好了准备……为什么韦尔伯恩战斗群选择这条致命的西向道路，从而落入自己制造的陷阱，至今仍是个谜……"[2]

有趣的是，美国军官并没有将德国人的成功归因于他们坦克的质量。

***

确实，在1945年的那场交火后大约1个小时，美国第3装甲师的指挥官莫里斯·罗斯少将（Maurice Rose）在附近被射杀身亡。罗斯将军是第二次世界大战中在西北欧战场上被敌军直接击杀的美军最高级别军官。他的死亡发生在战争结束前仅9天，这无疑加深了这一事件的悲剧色彩。

本章注释

1. Schneider, Helmut (ed.), Tiger Battalion 507: Eyewitness Accounts from Hitler's Regiment (Barnsley: Greenhill Books, 2020), pp.251-63.

2. 同上。